广西大学马克思主义生态经济发展研究院、商学院特别委托项目

国家出版基金项目
NATIONAL PUBLICATION FOUNDATION

“十二五”国家重点图书出版规划项目
绿色经济与绿色发展丛书 / 刘思华 · 主编

绿色经济发展模式论

THEORY OF GREEN ECONOMIC DEVELOPMENT MODEL

高红贵　著

中国环境出版社 · 北京

图书在版编目（CIP）数据

绿色经济发展模式论/高红贵著. —北京：中国环境出版社，2015.12（2017.12 重印）
（绿色经济与绿色发展丛书/刘思华主编）
ISBN 978-7-5111-2626-9

Ⅰ. ①绿… Ⅱ. ①高… Ⅲ. ①绿色经济—经济发展模式—研究—中国 Ⅳ. ①F124.5

中国版本图书馆 CIP 数据核字（2015）第 303249 号

出 版 人 王新程
策　　划 沈　建　陈金华
责任编辑 沈　建　黄　颖
助理编辑 宾银平
责任校对 尹　芳
封面设计 耀午设计　彭　杉

出版发行 中国环境出版社
（100062　北京市东城区广渠门内大街 16 号）
网　　址：http://www.cesp.com.cn
电子邮箱：bjgl@cesp.com.cn
联系电话：010-67112765（编辑管理部）
010-67113412（教材图书出版中心）
发行热线：010-67125803，010-67113405（传真）
印　　刷 北京中科印刷有限公司
经　　销 各地新华书店
版　　次 2015 年 12 月第 1 版
印　　次 2017 年 12 月第 2 次印刷
开　　本 787×960　1/16
印　　张 14.75
字　　数 255 千字
定　　价 42.00 元

总　序

迈向生态文明绿色经济发展新时代

在党的十七大提出的“建设生态文明”的基础上，党的十八大进一步确立了社会主义生态文明的创新理论，构建了建设社会主义生态文明的宏伟蓝图，制定了社会主义生态文明建设的基本任务、战略目标、总体要求、着力点和行动方案，并向全党全国人民发出了“努力走向社会主义生态文明新时代”的伟大号召。按照生态马克思主义经济学观点，走向社会主义生态文明新时代，就是迈向生态文明与绿色经济发展新时代。这既是中华文明演进和中国特色社会主义经济社会发展规律与演化逻辑的必然走向和内在要求，又是人类文明演进和世界经济社会发展规律与演化逻辑的必然走向和内在要求。因此，绿色经济与绿色发展是21世纪人类文明演进与世界经济社会发展的大趋势、大方向，集中表达了当今人类努力超越工业文明黑色经济发展的旧时代而迈进生态文明绿色经济发展新时代的意愿和价值期盼，已成为人类文明演进和世界经济社会发展的必然选择和时代潮流。据此，建设绿色文明、发展绿色经济、实现绿色发展，是全人类的共同道路、共同战略、共同目标，是生态文明绿色经济及新时代赋予我们的神圣使命与历史任务。毫无疑问，当今世界和当代中国一个生态文明绿色经济发展时代正在到来。为了响应党的十八大提出的“努力走向社会主义生态文明新时代”的伟大号召，迎接生态文明绿色经济发展新时代的来临，中国环境出版社特意推出“十二五”国家重点图书出版规划项目“绿色经济与绿色发展丛书”（以下简称“丛书”）。笔者作为“丛书”主编，并鉴于目前“半绿色经济论”“伪绿色经济发展论”日渐盛行，故就“中国智慧”创立的绿色经济理论与绿色发展学说的几个重大问题添列数语，是为序。

一、关于绿色经济的理论本质问题

绿色经济的本质属性即理论本质：不是环境经济学的范畴，而是生态经济学与可持续发展经济学的范畴。西方绿色思想史表明，“绿色经济”这个词汇最早见于英国环境经济学家大卫·皮尔斯1989年出版的第一本小册子《绿色经济的蓝图》（后称“蓝图1”）的书名中。其后“蓝图2”的第二章的第一节两次使用了“绿色经济”这个名词，直到1995年出版“蓝图4”，也没有对绿色经济作出界定，这就是说4本小册子都没有明确定义绿色经济及诠释其本质内涵。对此，方时姣教授从世界绿色经济思想发展史的视角进行了全面评述：[①]“蓝图1”主要介绍英国的环境问题和环境政策制定，正如作者指出的“我们的整个讨论都是环境政策的问题，尤其是英国的环境政策”。“蓝图2”1991年出版，是把“蓝图1”的环境政策思想拓展到世界及全球性环境问题和环境政策。“蓝图3”1993年出版，又回到“蓝图1”的主题，即英国的环境经济与可持续发展问题的综合。“蓝图4”则又回到“蓝图2”讨论的主题，正如作者在前言中所指出的“绿色经济的蓝图从环境的角度，阐述了环境保护及改善问题”。因此，从“蓝图1”到“蓝图4”，对绿色经济的新概念、新思想、新理论，没有作任何诠释的论述，仅仅只是借用了绿色经济这个名词，来表达过去的25年环境经济学流派发展的新综合，确实是“有关环境问题的严肃书籍”。

皮尔斯等人在当今世界率先使用“绿色经济”这一词汇并得到了广泛传播，但基本上只是提及了这个概念，没有深入研究，尤其是理论研究。因此，在西方世界的整个20世纪90年代至2008年爆发国际金融危机的这一时期，仍然主要是环境经济学界的学者使用绿色经济概念，从环境经济学的视角阐述环境保护、治理与改善等绿色议题，其核心问题是讨论经济与环境相互作用、相互影响的环境经济政策问题，而关注点集中于环境污染治理的经济手段。在我国首先使用皮尔斯等人的绿色经济概念的是环境污染与保护工作者，并对其进行界定。例如，原国家环境保护局首任局长曲格平先生在1992年出版的《中国的环境与发展》一书中指出：“绿色经济是指以环境保护为基础的经济，主要表现在：一是以治理污染和改善生态为特征的环保产业的兴起；二是因环境保护而引起的工业和农业生产方式的变

① 方时姣：《绿色经济思想的历史与现实纵深论》，载《马克思主义研究》2010年第6期，第55～62页。

革，从而带动了绿色产业的勃发。”[①]在这里，十分清楚地表明了曲格平先生同皮尔斯等人一样，是借用绿色经济的概念来诠释环境保护、治理和改善的问题。其后，我国学界有一些学者把绿色经济当作环境经济的代名词，借用绿色经济之名，表达环境经济之实。总之，长期以来，国内外不少学者按照皮尔斯等人的学术路径，对绿色经济作了狭隘的理解而被看作是环境经济学的新概括，把它纳入环境经济学的理论框架之中，成为环境经济学的理论范畴。这就必然遮盖了绿色经济的本来面目，极大地扭曲了它的本质内容与基本特征，不仅产生了一些不良的学术影响，而且会误导人们的生态与经济实践。正如方时姣教授指出的：“把绿色经济纳入环境经济学的理论框架来指导实践，最多只能缓解生态环境危机，是不可能从根本上解决生态环境问题的，也不可能克服生态环境危机，也就谈不上实现生态经济可持续发展。”[②]

20世纪90年代，我国生态经济学界就有学者用绿色经济这一术语概括生态环境建设绿色议题和生态经济协调发展研究的新进展，论述重点是“一切都将围绕改善生态环境而发展，核心问题是要实现人和自然的和谐、经济与生态环境的协调发展。”[③]为此，笔者针对皮尔斯等国内外学者以环境经济学理论范式来回应绿色经济议题，在1994年出版了《当代中国的绿色道路》一书，以生态经济学新范式来回应绿色经济议题，以生态经济协调发展理论平台在深层次上阐述“发展经济必须与发展生态同时并举，经济建设必须与生态建设同步进行，国民经济现代化必须与国民经济生态化协调发展”的绿色发展道路。这就在国内外首次拉开了从学科属性上把绿色经济从环境经济学理论框架中解放出来的序幕。在此基础上，笔者于2000年1月出版的《绿色经济论——经济发展理论变革与中国经济再造》一书，深刻地论述了一系列重大的绿色经济理论前沿和现实前沿问题，科学地揭示了生态经济与知识经济同可持续发展经济之间的本质联系及其发展规律，破解了三者之间相互渗透、融合发展的绿色经济与绿色发展的内在奥秘，成为中国绿色经济理论与绿色发展学说形成的重要标志。尤其是该书把绿色经济看作是生态经济与可持续经济的新概括与代名词，并从这个新高度的最高层次对绿色经济提出了新命题：“绿色经济

---

① 转引自刘学谦、杨多贵、周志强等：《可持续发展前沿问题研究》，北京：科学出版社，2010年版，第126页。

② 方时姣：《绿色经济思想的历史与现实纵深论》，载《马克思主义研究》2010年第6期，第55～62页。

③ 郑明焕：《把握机遇，在大转变中求发展》，1992年3月28日《中国环境报》。

是可持续经济的实现形态和形象概括。它的本质是以生态经济协调发展为核心的可持续发展经济。”[①]这个界定肯定了绿色经济的生态经济属性，揭示了它的可持续经济的本质特征，从学科属性上把它从环境经济学理论框架中彻底解放出来，真正纳入生态经济学与可持续发展经济学的理论体系，成为生态经济学与可持续发展经济学的理论范畴，恢复了绿色经济的本来面目。虽然这个绿色经济的定义十分抽象，却反映了它的本质属性与科学内涵，得到了多数绿色经济研究者的认同和广泛使用。然而时至今日，在我国仍有少数学者尤其在实际工作中也有不少人还在用环境经济学范畴中的绿色经济理念来指导经济实践，这种现象不能继续下去了。

二、关于绿色经济的文明属性问题

绿色经济的文明属性不是工业文明的经济范畴，而是生态文明的经济范畴。世界绿色经济思想史告诉我们，在学科属性上把绿色经济当作环境经济学的新观念与代名词，纳入环境经济学的理论框架，就必然在文明属性上把它纳入工业文明的基本框架，成为工业文明的经济范畴，即发展工业文明的经济模式。这是因为，环境经济学是调整、修补、缓解人与自然的尖锐对立、环境与经济的互损关系的工业文明时代的产物，是工业文明“先污染后治理”经济发展道路的理论概括与学理表现。自皮尔斯等人指出环境经济学范畴的绿色经济概念以来，国内外一个主流绿色经济观点就是对绿色经济的狭隘的认识与把握，只是把它看成是解决工业文明经济发展过程中出现的生态环境问题的新经济观念，是能够克服工业文明的褐色经济或黑色经济弊端的经济模式。在我国这种观点比较流行。例如，有的学者认为：“绿色经济是以市场为导向、以传统产业经济为基础、以经济与环境的和谐为目标而发展起来的一种新型的经济形式即发展模式”，“是现代工业化过程中针对经济发展对环境造成负面影响而产生的新经济概念”。时至今日，这种工业文明经济范畴的绿色经济概念仍被人引用来论证自己的绿色经济观念。因此，在此我要再次强调：工业文明经济范畴的绿色经济观念，在本质上仍是人与自然对立的文明观，并没有从根本上消除工业文明及黑色经济反生态和反人性的黑色基因，丢弃了绿色经济是生态经济协调发展的核心内容和超越工业文明黑色经济、铸造生态文明生态经济的本质属性，从而否定了绿色经济是生态文明生态经济形态的理论内涵与实践价值。因此，

① 刘思华：《绿色经济论》，北京：中国财政经济出版社，2001年版，第3页。

以工业文明经济范式或理论平台来回应绿色经济议题，是不可能从根本上触动工业文明黑色经济形态的，是难以走出工业文明黑色经济发展道路的；最多是缓解局部自然环境恶化，是不可能解决当今人类面对的生态经济社会全面危机的。因此，决定了我们必须也应当以生态文明新范式或理论平台在深层次回应绿色经济与发展绿色经济议题，才能顺应21世纪生态文明与绿色经济时代的历史潮流。

生态马克思主义经济学哲学告诉我们：彻底的生态唯物主义者，不仅要在学科属性上把绿色经济从环境经济学的理论框架中解放出来，成为生态经济与可持续发展经济的理论范畴，而且在文明属性上，要把它从工业文明的基本框架中解放出来，作为生态文明的经济范畴。前面提到的笔者所著的《当代中国的绿色道路》《绿色经济论》这两部著作，是实现绿色经济这两个生态解放的成功探索。早在1998年笔者在《发展绿色经济，推进三重转变》一文中就明确提出了发展绿色经济的新的经济文明观，明确指出："人类正在进入生态时代，人类文明形态正在由工业文明向生态文明转变，这是人类发展绿色经济、建设生态文明的一个伟大实践。"[①]邹进泰、熊维明的《绿色经济》一书中指出：绿色经济发展"是从单一的物质文明目标向物质文明、精神文明和生态文明多元目标的转变。发展绿色经济，尤其要避免'石油工业''石油农业'造成的高消耗、高消费、高生态影响的物质文明，而要造就高效率、低消耗、高活力的生态文明"。[②]可见"中国智慧"在世界上最早实现绿色经济的两个生态解放、纳入生态文明的基本框架，是人与自然和谐统一、生态与经济协调发展的建设生态文明的必然产物。下面还要作几点说明：

(1)按照人类文明形态演进和经济社会形态演进一致性的历史唯物主义社会历史观的理论思路，生态文明是继原始文明、农业文明、工业文明（包括后工业文明）之后的全新的人类社会文明形态，它不仅延续了它们的历史血脉，而且创新发展了它们尤其是工业文明的经济社会形态，使工业文明从人与自然相互对立、生态与经济相分裂的工业经济社会形态，朝着生态文明以人与自然和谐统一、生态与经济协调发展的生态经济社会形态演进。这是人类文明经济社会的全方位、最深刻的生态变革与绿色经济转型，可以说是人类文明历史发展以来最伟大的生态经济社会变革运动。

① 刘思华：《刘思华文集》，武汉：湖北人民出版社，2003年版，第403页。

② 邹进泰、熊维明等：《绿色经济》，太原：山西经济出版社，2003年版，第12页。

(2) 我们要深刻认识和正确把握绿色经济的概念属性与本质内涵，正是这个属性和内涵决定了它是生态文明生态经济形态的实现形式与形象概括。世界工业文明发展的历史表明，无论是资本主义工业化，还是社会主义工业化；无论是发达国家工业化，还是发展中国家工业化，都走了一条工业经济黑色化的黑色发展道路，形成了工业文明黑色经济形态。据此，工业文明主导经济形态的工业经济形态的实现形态与形象概括就是黑色经济形态。而生态文明开辟了经济社会发展绿色化即生态化的绿色发展道路，最终形成生态文明绿色经济形态。它是对工业文明及其黑色经济形态的批判、否定和扬弃，是在此基础上的生态变革和绿色创新。这就是说，绿色经济的根本属性与本质内涵是生态经济与可持续发展经济，使它必然在本质上取代工业经济并融合知识经济的一种全新的经济形态，是生态文明新时代的主导经济形态的现实形态。所以，笔者反复指出："绿色经济作为生态文明时代的经济形态，是生态经济形态的现实象征与生动概括。"①这不仅肯定了绿色经济是生态经济学与可持续发展经济学的理论范畴，而且界定了绿色经济是生态文明的经济范畴，恢复了绿色经济的本来面目。

(3) 绿色经济实现"两个生态解放"之后，就应当对它重新定位。现在我们可以将绿色经济的科学内涵和外延表述为：以生态文明为价值取向，以自然生态健康和人体生态健康为终极目的，以提高经济社会福祉和自然生态福祉为本质特征，以绿色创新为主要驱动力，以促进人与自然和谐发展和生态与经济协调发展为根本宗旨，实现生态经济社会发展相统一并取得生态经济社会效益相统一的可持续经济。因此，发展绿色经济是广义的，不仅是指广义的生态产业即绿色产业，而且包括低碳经济、循环经济、清洁能源和可再生能源、碳汇经济以及其他节约能源资源与保护环境、建设生态的经济等。②这个新界定正确地揭示了绿色经济的本质属性、科学内涵、概念特征与实践主旨，准确地体现了绿色经济历史趋势与时代潮流；绿色经济观念、理论是人与自然和谐统一、生态与经济协调发展的生态文明新时代的理论概括与学理表现。只有这样认识和把握绿色经济，才能真正符合生态文明与绿色经济发展的客观进程与内在逻辑。

(4) 生态文明经济范畴的绿色经济包含两层经济含义：一是它作为理论形态是

---

① 中国社会科学院马克思主义学部：《36位著名学者纵论中国共产党建党90周年》，北京：中国社会科学出版社，2011年版，第409页。

② 刘思华：《生态文明与绿色低碳经济发展总论》，北京：中国财政经济出版社，2001年版，第1页。

生态文明的经济社会形态范畴，是生态文明时代崭新的主导经济，我们称之为绿色经济形态。二是它作为实践形态是生态文明的经济发展模式，是生态文明崭新时代的经济发展模式，我们称之为绿色经济发展模式。这就决定了建设生态文明、发展绿色经济的双重战略任务，既要形成生态和谐、经济和谐、社会和谐一体化的绿色经济形态，又要形成生态效益、经济效益、社会效益最佳统一的绿色经济发展模式。据此，建设生态文明、发展绿色经济应当是经济社会形态和经济社会发展模式的双重绿色创新转型发展过程，这是革工业文明的黑色经济形态和经济发展模式之故、鼎生态文明的绿色经济形态和经济发展模式之新的过程。因此，每个战略任务都是双重绿色使命：一方面背负着克服、消除工业文明的黑色经济形态与发展模式的黑色弊端，对它们进行生态变革、绿色重构与转型，改造成为绿色经济形态与绿色经济发展模式；另一方面担负着创造人类文明发展的新形态，即超越资本主义工业文明（包括高度发达的后工业文明）的社会主义生态文明，构建与生态文明相适应的绿色经济形态和绿色经济发展模式。这是生态文明建设的中心环节，是绿色经济发展的实践指向，因此双重绿色经济就是我们迈向生态文明与绿色经济发展新时代，也是推动人类文明形态和经济社会形态与发展模式同步演进的双重时代使命与实践目标。实现双重时代使命所推动的变革不仅仅是工业文明形态及其黑色经济形态与发展模式本身的变革，而且是超越工业文明的生态文明及其他的经济形态与发展模式的生态变迁与绿色构建。这才符合生态文明与绿色经济的本质属性与实践主旨。

三、关于绿色发展理论与道路的探索问题

自 2002 年以来的 10 多年间，一直流传着联合国开发计划署在《2002 年中国人类发展报告：让绿色发展成为一种选择》中首先提出绿色发展，中国应当选择绿色发展之路。这个“首先”之说不知是何人的说法，是根本不符合绿色发展思想理论发展的历史事实的，是一种学术误传。

1. 我们很有必要对中国绿色发展思想理论发展的历史作简要回顾

如前所述，1994 年笔者在《当代中国的绿色道路》一书中，以生态经济学新范式及生态经济协调发展的新理论平台来回应绿色发展道路议题，阐述了绿色发展的一系列主要理论与实践问题，明确提出中国绿色发展道路的核心问题是“经济发展生态化之路”，“一切都应当围绕着改善生态环境而发展，使市场经济发展建立在

生态环境资源的承载力所允许的牢固基础之上，达到有益于生态环境的经济社会发展。”[①]1995 年著名学者戴星翼在《走向绿色的发展》一书中首次从“经济学理解绿色发展”的角度，明确使用“绿色发展”这一词汇，诠释可持续发展的一系列主要理论与实践问题，并认为“通往绿色发展之路”的根本途径在于“可持续性的不断增加”。[②]在这里，绿色发展成为可持续发展的新概括。2012 年著名学者胡鞍钢出版的《中国：创新绿色发展》一书，创新性地提出了绿色发展理念，开创性地系统阐述了绿色发展理论体系，总结了中国绿色发展实践，设计了中国绿色现代化蓝图。所以，笔者认为该书虽有不足之处，但从总体上说，丰富、创新、发展了中国绿色发展学说的理论内涵和实际价值，提出了一条符合生态文明时代特征的新发展道路——绿色发展之路。总之，中国学者探索绿色发展的理念、理论与道路的历史轨迹表明，在此领域“中国智慧”要比“西方智慧”高明，这就在于绿色发展在发展理念、理论、道路上突破了可持续发展的局限性，“将成为可持续发展之后人类发展理论的又一次创新，并将成为 21 世纪促进人类社会发生翻天覆地变革的又一次大创造。”[③]

2. 21 世纪的绿色经济与绿色发展观

进入 21 世纪以后，绿色经济与绿色发展观念逐步从学界视野走进政界视野，尤其是面对 2008 年国际金融危机催化下世界绿色浪潮的新形势，以胡锦涛为总书记的中央领导集体正确把握当今世界发展绿色低碳转型的新态势、未来世界绿色发展的大趋势，站在与世界各国共建和谐世界与绿色世界的发展前沿上，直面中国特色社会主义的基本国情，提出了绿色经济与绿色发展的一系列新思想、新观点、新理论，揭示了发展绿色经济、推进绿色发展是当今世界发展的时代潮流。正如习近平同志所指出的：“绿色发展和可持续发展是当今世界的时代潮流”，其“根本目的是改善人民生活环境和生活水平，推动人的全面发展。”[④]李克强还指出：“培育壮大绿色经济，着力推动绿色发展”，“要加快形成有利于绿色发展的体制机制，通过政策激励和制度约束，增强推动绿色发展的自觉性、主动性，抑制不顾资源环境承

① 刘思华：《当代中国的绿色道路》，武汉：湖北人民出版社，1994 年版，第 86 页、第 101 页。

② 戴星翼：《走向绿色的发展》，上海：复旦大学出版社，1998 年版，第 1～23 页。

③ 胡鞍钢：《中国：创新绿色发展》，北京：中国人民大学出版社，2012 年版，第 20 页。

④ 习近平：《携手推进亚洲绿色发展和可持续发展》，2010 年 4 月 11 日《光明日报》。

载能力盲目追求增长的短期行为。”[①]笔者曾发文把以胡锦涛为总书记的中央领导集体的绿色发展理念概括为“四论”，即绿色和谐发展论、国策战略绿色论、绿色文明发展道路论、国际绿色合作发展论。[②]在此我们还要重视的是胡锦涛同志在2003年中央经济工作会议上明确指出：“经济增长不能以浪费资源、破坏环境和牺牲子孙后代利益为代价。”其后，他进一步指出：“我国是社会主义国家，我们的发展不能以牺牲精神文明为代价，不能以牺牲生态环境为代价，更不能以牺牲人的生命为代价。”“我们一定要痛定思痛，深刻吸取血的教训。”[③]胡锦涛提出的不能以“四个牺牲为代价”换取经济发展的绿色原则，反映了改革开放以来，我国经济发展的基本经验和严重教训，这实质上是实现科学发展的四项重要原则，是推进绿色发展的四项重要原则。凡是以“四个牺牲为代价”换取的经济发展就是不和谐的、不可持续的非科学发展，这种发展可以称为黑色发展；凡是没有以“四个牺牲为代价”的经济发展就是和谐的、可持续的科学发展，这种发展可以称为绿色发展。正是在这个意义上说，不能以“四个牺牲为代价”是区分黑色发展和绿色发展的四项绿色原则。

3．依法治国新政理念：发展绿色经济、推进绿色发展

当下中国执政者对绿色经济与绿色发展的认识与把握，已不只是学界那样把发展绿色经济、推进绿色发展视为全新的思想理论，而是一种崭新的全面依法治国的执政理念、发展道路与发展战略。党的十八大首次把绿色发展（包括循环发展、低碳发展）写入党代会报告，是绿色发展成为具有普遍合法性的中国特色社会主义生态文明发展道路的绿色政治表达，标志着实现中华民族伟大复兴的中国梦所开辟的中国特色社会主义生态文明建设道路是绿色发展与绿色崛起的科学发展道路。这条道路的理论体系就是“中国智慧”创立的绿色经济理论与绿色发展学说。它既是适应世界文明发展进步，更是适应中国特色社会主义文明发展进步需要而产生的科学发展学说，甚至可以说，是一种划时代的全新科学发展学说。对此，近几年来，我多次强调指出：绿色经济理论与绿色发展学说不是引进的西方经济发展思想，而是中国学界和政界马克思主义学人自主创立的科学发展新学说。它是立足中国、面向世界、通向未来的马克思主义发展学说，必将指引着中国特色社会主义沿着绿色发展与绿色崛起的科学发展道路不断前进。

---

① 李克强：《推动绿色发展　促进世界经济健康复苏和可持续发展》，2010年5月9日《光明日报》。

② 刘思华：《科学发展观视域中的绿色发展》，载《当代经济研究》2011年第5期，第65～70页。

③ 中共中央文献研究室：《科学发展观重要论述摘编》，北京：中央文献出版社，2008年版，第34页、第29页。

"中国智慧"不仅从绿色经济的根本属性与本质内涵论证了绿色经济是生态文明的经济范畴，而且从绿色发展的根本属性与本质内涵界定了绿色发展是生态文明的发展范畴。故笔者把绿色发展表述为："以生态和谐为价值取向，以生态承载力为基础，以有益于自然生态健康和人体生态健康为终极目的，以追求人与自然、人与人、人与社会、人与自身和谐发展为根本宗旨，以绿色创新为主要驱动力，以经济社会各个领域和全过程的全面生态化为实践路径，实现代价最小、成效最大的生态经济社会有机整体全面和谐协调可持续发展，因此，绿色发展必将使人类文明进步和经济社会发展更加符合自然生态规律、社会经济规律和人自身的规律，即支配人本身的肉体存在和精神存在的规律（恩格斯语）"[①]或者说"更加符合三大规律内在统一的"自然、人、社会有机整体和谐协调发展的客观规律。现在我要进一步指出的是，从学理层面上说，绿色发展的理论本质是"生态经济社会有机整体全面和谐协调可持续发展"；从实践层面上看，绿色发展的实践主旨是实现"生态经济社会有机整体全面和谐协调可持续发展"。现在我们完全可以作出一个理论结论：绿色发展是生态经济社会有机整体全面和谐协调可持续发展的形象概括与现实形态。正是在这个意义上说，绿色发展是永恒的经济社会发展。这是客观真理。

4．绿色发展学说中若干基本理论观点和现实问题

(1) 绿色发展的经济学诠释，就是绿色经济与绿色发展内在统一的绿色经济发展。笔者在 2002 年《发展绿色经济的理论与实践探索》的学术报告中，首次提出了绿色经济发展新观念和构建了绿色经济发展理论的基本框架，明确指出："发展绿色经济是建设生态文明的客观基础和根本问题"，"绿色经济发展是人类文明时代的工业文明时代进入生态文明时代的必然进程"，"是推进现代经济的'绿色转变'，走出一条中国特色的绿色经济建设之路"，"必将引起 21 世纪中国现代经济发展的全方位的深刻变革，是中国经济再造的伟大革命"，还强调指出："只有建立生态市场经济制度才能真正走出一条中国特色的绿色经济发展道路。"[②]因此，21 世纪中国绿色发展道路在经济领域内，就是绿色经济发展道路，这是中国特色社会主义经济发展道路走向未来的必由之路。

(2) 20 世纪人类文明发展事实表明工业文明发展黑色化是常态，故工业文明确实是黑色文明，其发展是黑色发展，它的一切光辉成就的取得，说到底是以牺牲

① 刘思华：《生态马克思主义经济学原理》（修订版），北京：人民出版社，2014 年版，第 578～579 页。

② 刘思华：《刘思华文集》，武汉：湖北人民出版社，2003 年版，第 607～612 页。

自然生态、社会生态和人体生态为代价，创造着黑色的文明史。因此，生态马克思主义经济学哲学得出一个人类文明时代发展特征的结论："工业文明是黑色发展时代，生态文明是绿色发展时代……'中国智慧'对从工业文明黑色发展向生态文明绿色发展巨大变革的认识，是21世纪中华文明发展头等重要的发现，是科学的最大贡献。"[①]从工业文明黑色发展走向生态文明绿色发展是生态经济社会有机整体的全方位生态变革与全面绿色创新转变，是人类文明发展史上最伟大的最深刻的生态经济社会革命。它的中心环节是要实现工业文明黑色发展道路向生态文明绿色发展道路的彻底转轨，其关键所在是要实现工业文明黑色发展模式向生态文明绿色发展模式的全面转型。[②]只有实现这两个"根本转变"，人类文明形态演进和经济社会形态演进才能真正迈向生态文明与绿色经济发展新时代。

(3) 和谐发展和绿色发展是生态文明的根本属性与本质特征的两种体现，是生态文明时代生态经济社会有机整体全面和谐协调可持续发展的两个方面。这是因为：① 生态马克思主义经济学哲学告诉我们，人类文明进步和经济社会发展的实质就是自然、人、社会有机整体价值的协调与和谐统一，是实现人与自然、人与人、人与社会、人与自身的全面和谐协调，成为人类文明进步与经济社会发展的历史趋势和终极价值追求。因此，笔者在《生态马克思主义经济学原理》一书中就指出了狭义与广义生态和谐论，指出"狭义生态和谐"就是人与自然的和谐发展即自然生态和谐，这是狭义生态文明的核心理念。而和谐发展不仅是人与自然的和谐发展，还包括人与人、人与社会及个人的身心和谐发展，于是我把这"四大生态和谐"称之为"广义的生态和谐"的全面和谐发展。这是广义生态文明的根本属性与本质特征，就必然成为生态文明的绿色经济形态与绿色发展模式的根本属性与本质特征。② 生态马克思主义经济学哲学还认为，从自然、人、社会有机整体的四大生态和谐协调发展意义上说，生态和谐协调发展已成为当今中国和谐协调发展的根基。这是绿色发展的核心与灵魂。因此，建设生态文明、发展绿色经济、推进绿色发展，必须贯穿于中国生态经济社会有机整体发展的全过程和各个领域，不断追求和递进实现"四大生态关系"的全面和谐发展，这是绿色发展的真谛。

---

① 刘思华：《生态马克思主义经济学原理》（修订版），北京：人民出版社，2014年版，第579页。

② 胡鞍钢教授在《中国：创新绿色发展》一书中认为："以高消耗、高污染、高排放为基本特征的发展，即黑色发展模式。"我认为应当以高投入、高消耗、高排放、高污染、高代价为基本特征的发展就是工业文明黑色发展模式，而以"五高"黑色发展模式为基本内容与发展思路就是工业文明黑色发展道路。

(4) 全面生态化或绿色化是绿色发展的主要内容与基本路径。2011 年夏，中国绿色发展战略研究组课题组撰写的《关于全面实施绿色发展战略向十八大报告的几点建议》一书指出：按照马克思主义生态文明世界观和方法论，生态化应当写入党代会报告，使中国特色社会主义旗帜上彰显着社会主义现代文明的生态化发展理念，这是建设社会主义生态文明的必然逻辑，是发展绿色经济、实现绿色发展的客观要求，是构建社会主义和谐社会的必然选择。这里所说的生态化发展理念，就是绿色发展理念。后者是前者的现实形态与形象概括，在此我们很有必要作进一步论述：

☞ 生态化是一个综合科学的概念，是前苏联学者首创的现代生态学的新观念：早在 1973 年苏联哲学家 B. A. 罗西在《哲学问题》杂志上发表的《论现代科学的"生态学化"》一文中，就将生态化称为"生态学化"，其本质含义是"人类实践活动及经济社会运行与发展反映现代生态学真理"。以此观之，生态化主要是指运用现代生态学的世界观和方法论，尤其依据"自然、人、社会"复合生态系统整体性观点考察和理解现实世界，用人与自然和谐协调发展的观点去思考和认识人类社会的全部实践活动，最优地处理人与自然的自然生态关系、人与人的经济生态关系、人与社会的社会生态关系和人与自身的人体生态关系，最终实现生态经济社会有机整体全面和谐协调可持续的绿色发展"。[①]生态化这个术语是国内外学者，尤其在中国新兴、交叉学科的学者广泛使用的新概念，其论著中使用的频率最高，当代中国已经出现新兴、交叉经济学生态化趋势。因此，这个界定从学理上说，我们可以作出一个合乎逻辑的结论：生态化应当是生态文明与绿色发展的重要范畴，甚至是基本范畴。

☞ 当今人类生存与发展需要进行一场深刻的生态经济社会革命，走绿色发展新道路，推进人类生存与发展的生产方式和生活方式的生态化转型，实现人类生存方式的全面生态化。它就内在要求人类社会的经济、科技、文教、政治、社会活动等经济社会运行与发展的全面生态化。在当代中国就是使中国特色社会主义生态经济社会体系运行朝着生态

---

① 刘思华：《论新型工业化、城镇化道路的生态化转型发展》，载《毛泽东邓小平理论研究》2013 年第 7 期，第 8～13 页。

化转型的方向发展。这种生态化转型发展就成为生态经济社会运行与发展的内在机制、主要内容、基本路径与绿色结果。这样的当代中国走生态化转型发展之路，是走绿色发展的必由之路与基本走向。可以说，“顺应生态化转型者昌，违背生态化转型者亡。”[①]这不仅是当今人类文明进步和世界经济社会发展，而且是中国特色社会主义文明进步和当代中国经济社会发展的势不可当的生态化即绿色化发展大趋势。

☞ 生态马克思主义经济学哲学强调生态文明是广义和狭义生态文明的内在统一，[②]并把广义生态文明称为绿色文明，既然生态化是生态文明的一个重要范畴，那么它就同生态文明，也是广义与狭义生态化的内在统一；这样说，可以把广义生态化称之为绿色化。两者的本质内涵是完全一致的。2015 年 3 月 24 日，中共中央政治局审议通过的《关于加快推进生态文明建设的意见》首次使用了绿色化这一术语，要求在当前和今后一个时期内，协同推进新型工业化、城镇化、信息化、农业现代化和绿色化。如果说绿色发展（包括循环发展和低碳发展）是生态文明建设的基本途径，那么可以说生态化发展是生态文明建设的内在机制和基本内容与途径。这是因为生态文明建设的理论本质是以生态为本，即主要是以增强提高自然生态系统适应现代经济社会发展的生态供给能力（包括资源环境供给能力）为出发点和落脚点，既要构建优化自然生态系统，又要推进社会经济运行与发展的全面生态化，建立起具有生态合理性的绿色创新经济社会发展模式。所以“生态文明建设的实践指向，是谋求生态建设、经济建设、政治建设、文化建设与社会建设相互关联、相互促进，相得益彰、不可分割的统一整体文明建设，用生态理性绿化整个社会文明建设结构，实现物质文明建设、政治文明建设、精神文明建设、和谐社会建设的生态化发展。这是中国特色社会主义生态文明建设的真谛。”[③]

☞ 笔者借写“丛书”总序之机，代表中国绿色发展战略研究组课题组和“丛书”的作者们向党中央建议：两年后把“绿色化”或“生态化”

---

① 刘本炬：《论实践生态主义》，北京：中国社会科学出版社，2007 年版，第 136 页。

② 刘思华：《生态马克思主义经济学原理》（修订版），北京：人民出版社，2014 年版，第 540～542 页。

③ 刘思华：《生态马克思主义经济学原理》（修订版），北京：人民出版社，2014 年版，第 549 页。

写入党的十九大报告，使它成为中国特色社会主义道路从工业文明黑色发展道路向生态文明绿色发展道路全面转轨的一个象征，成为当今中国社会主义经济社会发展模式从工业文明黑色发展模式向生态文明绿色发展模式全面转型的一个标志，成为中国特色社会主义文明迈向社会主义生态文明与绿色经济发展新时代的一个时代标识。

四、关于迈向生态文明绿色发展的使命与任务问题

自 2008 年国际金融危机以来，绿色经济与绿色发展迅速兴起，是有着深刻的生态、经济和社会历史背景的。应当说，首先是发源于回应工业文明黑色发展道路与模式的负外部效应所积累的全球范围“黑色危机”越来越严重，已经走到历史的巅峰。“物极必反”，工业文明黑色发展道路与模式的历史命运也逃避不了这个历史的辩证法。它在其黑色发展过程中自我否定因素不断生成，形成向绿色经济与绿色发展转型的因素日渐清晰彰显，使我们看到了绿色经济与绿色发展的时代晨光，人类正在迎来生态文明绿色发展的绿色黎明。这是人类实现生态经济社会全面和谐协调可持续发展的历史起点。

1. 我们必须深刻认识和正确把握生态文明的绿色发展道路与模式的时代特征

迈向生态文明绿色经济发展新时代的时代特色应是反正两层含义：一是当今世界仍然处于黑色文明且达到了全面异化的巨大危机之中，使当今人类面临着前所未有的工业文明黑色危机的巨大挑战；二是巨大危机是巨大变革的历史起点，开启了绿色文明绿色发展的新格局、新征途，使人类面临着前所未有的绿色发展历史机遇，并给予全面生态变革与绿色转型的强大动力。因此，当今人类正处于工业文明黑色发展衰落向生态文明绿色发展兴起的更替时期。这是危机创新时代，黑色发展危机逼进绿色创新发展，绿色创新发展走出黑色发展危机。毫无疑问，当今世界和当代中国的一个生态文明绿色创新发展时代正在到来。对此，我们必须从工业文明黑色发展危机来认识与把握生态文明绿色发展道路与模式的历史必然性和现实必要性与可能性。

(1) 历史和现实已经表明，自 18 世纪资本主义工业革命以来，在工业文明（包括其最高阶段的后工业文明）时代资本主义文明及工业文明成功地按照自身发展的工业文明发展模式塑造全世界，将世界各国都引入工业文明黑色经济与黑色发展道路与模式，形成了全球黑色经济与黑色发展体系。当今中外多学科学者在对工业文

明黑色发展的反思与批判中，有一个共识：黑色文明发展一方面使物质世界日益发展，物质财富不断增加；另一方面使精神世界正在坍塌，自然世界濒临崩溃，人的世界正在衰败。它不仅是自然异化，而且是人的物化、异化和社会的物化、异化。当今世界的南北两极分化加剧，以美国为首的国际垄断资本主义势力为掠夺自然资源不断发动地区战争，没有硝烟的经济战和经济意识形态战频发；恐怖主义嚣张，物质主义、拜金主义、消费主义盛行，道德堕落和精神与理智崩溃，无论是发达国家还是发展中国家内部的贫富悬殊、两极分化正在加剧，各种社会不公正与不平等的社会生态关系恶化加深，已成为当今世界的社会生态黑色发展现实。因此，当今工业文明黑色发展的黑色效应已经全面地、极大地显露出来了，使工业文明黑色发展成为当今世界以及大多数国家和民族发展的现状特征。正是在这个意义上，我们完全可以说，当今人类已经陷入工业文明发展全面异化危机及黑色深渊，使今日之工业文明黑色发展达到了可以自我毁灭的地步，同时也包含着克服、超越工业文明黑色发展险境的绿色发展机遇和种种因素条件，也就预示着黑色发展道路与模式的生态变革与绿色转型是历史的必然。这就是说，如果人类不想自我毁灭的话，就必须自觉地走超越工业文明的生态文明绿色发展的新道路，及构建绿色发展的新模式。这是历史发展的必然道路，是化解当今工业文明黑色发展危机的人类自觉的选择，也是唯一正确的选择。

(2)深刻认识和真正承认开创生态文明绿色发展道路与模式的现实必要性和紧迫性。这首先在于当今世界系统运行是依靠“环境透支”“生态赤字”来维持，使自然生态系统的生态赤字仍在扩大，将世界各国都绑在工业文明黑色发展之舟上航行。工业文明发展的一切辉煌成就的取得，都是以自然、人、社会的巨大损害为代价，尤其是以毁灭自然生态环境为代价的，这是西方各学科的进步学者的共识，也是中国有社会良知的学者的共识。在 1961 年人类一年只消耗大约 2/3 的地球年度可再生资源，世界大多数国家还有生态盈余。大约从 1970 年起，人类经济社会活动对自然生态的需求就逐步接近自然生态供给能力的极限值，自 1980 年首次突破极限形成“过冲”以来，人类生活中的大自然的生态赤字不断扩大，到 2012 年已经需要 1.5 个地球才能满足人类正常的生存与发展需要。因此，《增长的极限》一书的第 2 版即 1992 年版译者序就明确指出：“人类在许多方面已经超出了地球的承载能力之外，已经超越了极限，世界经济的发展已经处于不可持续的状况。”足见工业文明黑色发展确实是一种征服自然、掠夺自然、不惜以牺牲自然生态来换取经济发展的黑色发展道路，使“今天世界上的每一个自然系统都在走向衰落”。[①]进入21世纪的15年间，生态赤字继续扩大、自然生态危机及黑色发展危机日益加深。对此，《自然》杂志发文说：“地球生态系统将很快进入不可逆转的崩溃状态。”[②]联合国环境规划署2012年6月6日在北京发布全球环境展望报告中指出，当今世界仍沿着一条不可持续之路加速前行，用中国学者的话说，就是人类仍在继续沿着工业文明黑色发展道路加速前行。因此，从全球范围来看，“目前还没有一个国家真正迈入了‘绿色国家的门槛’”[③]，这是不可否认的客观事实。据报道，今年春季欧洲大面积雾霾污染重返欧洲蓝天，使巴黎咳嗽、伦敦窒息、布鲁塞尔得眼疾……这是今春西欧地区空气污染现状大致勾勒出的一幅形象的画面。这就意味着这些欧洲各城市又重新回到大气危机的黑色轨道上来了，因此，人们发出了西欧“霾害根除”还只是个传说之声。这的确是事实，欧洲遭遇空气污染已经不是新鲜事。2011年9月7日英国《卫报》网站曾报道，欧洲空气质量研究报告称空气污染导致欧洲每年有50万人提前死亡，全欧用于处理空气污染的费用高达每年7 900亿欧元。2014年11月19日西班牙《阿贝赛报》报道，欧洲环境署公布的空气质量年度报告显示空气污染问题造成欧洲每年大约45万人过早死亡，其中约有43万人的死因是生活在充满$PM_{2.5}$的环境中。2014年4月初，英国环境部门监测到伦敦空气污染达10级，是1952年以来最严重的污染，引发全国逾162万人哮喘病发[④]。近年来欧洲大面积雾霾污染事件，击碎了英国、法国、比利时等发达国家是“深绿发展水平国家”的神话。

(3) 一个国家和民族或地区经济社会运行，从生态盈余走向生态赤字并不断扩大的发展道路，就是工业文明的黑色发展道路，其自然生态环境必然是不断恶化的，没有绿色发展可言。与此相反，从生态赤字逐步减少走向生态盈余的发展道路，就是迈向生态文明的绿色发展道路，其自然生态环境不断朝着和谐协调绿色发展的方向前行。因此，逐步实现生态赤字到生态盈余的根本转变，构成判断是不是绿色发展及一个国家和民族及地区是不是“绿色国家”的一个基础根据与根本标准。据此，抛弃工业文明黑色发展模式，坚定不移走绿色发展道路，其根本的、最终的目标与

① 保罗·替肯：《商业生态学》（中译本），上海：上海译文出版社，2001年版，第26页。
② 详见2012年7月28日《参考消息》，第7版。
③ 杨多费、高飞鹏：《绿色发展道路的理论解析》，载《科学管理研究》第24卷第5期，第20～23页。
④ 戴军：《英国：“霾害根除”还只是个传说》，2015年3月22日《光明日报》。

首要任务就是尽快扭转自然生态环境恶化趋势，实现生态赤字到生态盈余的根本转变，达到生态资本存量保持非减性并有所增殖，这是人类生态生存之基、绿色发展之源。

2. 开创绿色经济发展新时代的绿色使命与历史任务

当今人类发展已经奏响绿色经济与绿色发展的新乐章。发展绿色经济、推进绿色发展是开创绿色经济发展新时代的绿色使命与历史任务，必将成为人类文明演进与经济社会发展的时代潮流。从全球范围来看，迄今为止，世界上还没有一个国家或地区真正是生态文明的绿色国家或绿色地区，中国也不例外。但是当今世界主要发达国家和发展中国家，已经奏响经济社会发展绿色低碳转型的主旋律，开始朝着建设绿色国家或地区，推进绿色发展的方向前行。在此我们要指出的是，发展绿色经济、推进绿色发展是世界各国的共同目标和绿色使命。2010 年美国学者范·琼斯出版的《绿领经济》一书谈到美国兴起的绿色浪潮时说："不管是蓝色旗帜下的民主党人还是红色旗帜下的共和党人，一夜之间都摇起了绿色的旗帜。"[①]奥巴马政府实行绿色新政，主打绿色大牌，实施绿色经济发展战略，其战略目标是要促进经济社会发展的绿色低碳转型，再造以美国为中心的国际政治经济秩序。以北欧为代表的部分国家如瑞典、丹麦等在实施绿色能源计划方面走在世界前列。日本推进以向低碳经济转型为核心的绿色发展战略总体规划，力图把日本打造成全球第一个绿色低碳国家。韩国制定和实施低碳绿色增进的经济振兴国家战略，使韩国跻身全球"绿色大国"之列。尤其是在绿色新政席卷全球时，不仅美国而且英、德、法等主要发达国家，都企图引领世界绿色潮流。这些事实充分表明发展绿色经济、推进绿色低碳转型、实现绿色发展，是世界发展的新未来、新道路，已成为 21 世纪人类文明进步和经济社会发展的主旋律即绿色发展主旋律，标志着当今人类发展已经开启了迈向绿色经济发展新时代的新航程。

然而，历史发展不是一条直线，而是螺旋式上升的曲线。当今人类历史仍处在资本主义文明及工业文明占主导地位的时代，主要资本主义国家仍有很强的调整生产关系、分配关系和社会关系的能力和活力。因此，主要资本主义国家尤其是西方发达资本主义国家，在工业文明基本框架内对生态环境与绿色经济的认识，制定和实行生态环境保护、治理与生态建设政策、措施和行动，并发展绿色经济，来调节、

① 范·琼斯：《绿领经济》（胡晓姣、罗俏鹃、贾西贝译），北京：中信出版社，2010 年版，第 55 页。

缓解资本主义生态经济社会矛盾，力图走出工业文明发展全面异化危机即黑色发展困境。但是，正如一些学者所指出的，“事实的真相”则是到目前为止，西方发达资本主义国家所实施的绿色经济发展战略和自然生态环境治理与修复的思路与方案，主要是在工业文明基本框架内进行①，仍然没有根本触动工业文明也无法超越现存资本主义文明的黑色经济社会体系。这主要表现在两个方面：一是西方发达资本主义国家对内实行绿色资本主义的发展路线。目前西方发达国家主要是在不根本触动资本主义文明及工业文明黑色经济体系与发展模式的前提下，通过单纯的技术路线来治理、修复、改善自然生态环境，寻求自然生态环境和资本主义协调发展，缓解人与自然的尖锐矛盾，并在对高度现代化的工业文明重新塑造的基础上走有限的“生态化或绿色化转型发展道路”，即绿色发展道路，实践已经论证，这是不可能走出工业文明黑色危机的。今春欧洲大面积雾霾污染重返欧洲蓝天就是有力佐证。二是目前西方发达资本主义国家对外实行生态帝国主义政策，主要有3种形式：资源掠夺、污染输出和生态战争，使发达资本主义大多数踏上了生态帝国主义黑色之路，使西方发达国家的黑色发展道路与模式所付出的高昂生态环境成本即发生巨大黑色成本由发展中国家为他们“买单”。因此，我们从现实中可以看到，绿色资本主义和生态帝国主义的路线与实践不仅可以成功地改善资本主义国家国内的自然生态环境，缓解甚至能够度过“生存危机”，而且可以“在承担着创造后工业文明时代资本主义的‘绿色经济增长’和‘绿色政治合法性’新机遇的使命。”②

当今人类虽然正在迎来生态文明即绿色文明的黎明，但人类文明发展却是在迂回曲折中前进的。自2008年国际金融危机之后，先是美国实行“再工业化战略”，推进“制造业回归”。随后欧洲发达国家纷纷宣称要“再工业化”，不仅把包括绿色能源战略在内的绿色经济发展战略纳入经济复苏的轨道，而且还针对经济虚拟化、产业空心化，试图通过实施“再工业化战略”和“回归实体经济”，重塑日益衰落的工业文明生态缺位的黑色经济，重新走上工业文明增长的经济发展道路。这是向高度现代化的工业文明发展的回归，阻碍着人类文明发展迈向生态文明绿色经济发展新时代。

按照生态马克思主义经济学哲学观点，在资本主义文明及工业文明框架的范围

① 张孝德：《生态文明模式：中国的使命与抉择》，载《人民论坛》2010年第1期，第24～27页。

② 郇庆治：《“包容互鉴”：全球视野下的“社会主义生态文明”》，载《当代世界与社会主义》2013年第2期，第14～22页。

内，是不可能从根本上走出工业文明发展全面异化危机即黑色危机的深渊。对此，连西方学者也认为：在资本主义文明及工业文明的“基本框架内对经济运行方式、政治体制、技术发展和价值观念所作的任何修补和完善，都只能暂时缓解人类的生存压力，而不可能从根本上解决困扰工业文明的生态危机。”①这就是说，绿色资本主义和生态帝国主义的推行会使全球自然生态、社会生态和人类生态的黑色危机越来越严重。这与20世纪90年代以来世界各国在工业文明框架内实施可持续发展一样，其结果是“20多年来的可持续发展，并没有有效遏制全球范围的环境与生态危机，危机反而越来越严重，越来越危及人类安全。”②因此，世界人民有理由把更多的目光集聚到社会主义中国，将开创工业文明黑色发展道路与模式转向生态文明绿色发展道路与模式，这一人类共同的绿色使命与历史任务寄托于中国建设社会主义生态文明。2011年在美国召开的生态文明国际论坛上有位美国学者说道：“所有迹象表明，美国政府依然将在错误的道路上越走越远。”“所有目光都聚到了中国。放眼全球，只有中国不仅可以，而且愿意在打破旧的发展模式、建立新的发展模式上有所作为。中国政府将生态文明纳入其发展指导原则中，这是实现生态经济所必需的，并使得其实现变为可能，是一个高瞻远瞩的规划。”③

3. 中国在当今世界已经率先拉开超越工业文明的社会主义生态文明绿色经济发展新时代的序幕，引领全人类朝着生态文明绿色经济形态与绿色发展模式的方向发展

我国改革开放以来，始终坚持保护环境和节约资源的基本国策，实施可持续发展战略，一些省市和地区实行“生态立省（市）、环境优先、发展与环境、生态与经济双赢”的战略方针。从发展生态农业、生态工业到建设生态省、生态城市、生态乡村；从坚持走生产发展、生活富裕、生态良好的文明发展道路，建设资源节约型、环境友好型经济社会，到发展绿色经济、循环经济、低碳经济；从大力推进生态文明建设到着力推进绿色发展、循环发展、低碳发展等，都取得了明显进展和积极成效。特别是党的十八大确立了社会主义生态文明科学理论，提出和规定了建设

① 转引自杨通进：《现代文明的生态转向》，重庆：重庆出版社，2007年版，总序第4页。

② 胡鞍钢：《中国：创新绿色发展》，北京：中国人民大学出版社，2012年版，第9页。

③ 《第五届生态文明国际论坛会议论文集（中英文）》，April 28-29，2011，Claremont，CA，USA，Fifth International Forum on Ecological Civilization：toward an Ecological Economics。

中国特色社会主义的两个“五位一体”[①]：建设中国特色社会主义“五位一体”总体目标，使中国特色社会主义道路的基本内涵更加丰富；建设中国特色社会主义“五位一体”总体布局，使中国特色社会主义的基本纲领更加完善。这不仅是奏响我们党“领导人民建设社会主义生态文明”（新党章语）的新乐章，而且标志着全国人民踏上社会主义生态文明绿色发展道路的新征途。因此，党的十八大明确提出“努力建设美丽中国”是社会主义生态文明建设的战略目标，即建设美丽中国首先是建设绿色中国，其中心环节就是走出一条生态文明绿色经济发展道路，构建绿色经济形态与发展模式。据此而言，党的十八大向全党全国人民发出的“努力走向社会主义生态文明新时代”的伟大号召，意味着中国特色社会主义文明发展要努力迈向生态文明绿色经济与绿色发展新时代。为此，《中共中央 国务院关于加快推进生态文明建设的意见》中又提出把经济社会绿色化作为生态文明建设与绿色发展的核心内容与基本途径，从而在当今世界率先开拓了从工业文明黑色发展道路与模式转向生态文明绿色发展道路与模式，使当下中国朝着生态文明绿色经济形态与发展模式的方向发展，努力成为成功走出工业文明的新型工业化道路、真正进入生态文明的绿色化发展道路的榜样国家。

当然，当今中国的客观现实还是一个加速实现工业化的发展中国家，刚走过发达国家100多年所走过的工业文明发展历程，成为以工业文明为主导形态的工业大国。在这几十年间，中国工业化、现代化道路的探索，尽管在一定程度上符合中国国情和实际情况，但仍然走的是工业文明黑色发展与黑色崛起道路，它在本质上是沿袭了西方发达资本主义文明所走过的高碳高熵高代价的工业文明——“先污染后治理、边污染边治理”的黑色发展道路。因此，我们“不得不承认，我们原先走在黑色发展和崛起的征途上，所以尽管我们即使按西方工业文明的标准未达到发展与崛起的程度，但是黑色发展和崛起的一切代价和后果我们都已尝到了。”[②]历史经验教训值得重视，党的十八大之前的20多年里，我们在没有根本触动刚刚形成的工业文明经济社会形态前提下，换言之，在工业文明基本框架内实施可持续发展战略、生态环境治理与修复，建设生态省市，走文明发展道路以及发展绿色经济等，是不可能有效遏制、克服工业文明黑色发展道路与模式的黑色效应，工业文明发展异化

① 刘思华：《生态马克思主义经济学原理》（修订版），北京：人民出版社，2014年版，第561～566页。
② 陈学明：《生态文明论》，重庆：重庆出版社，2008年版，第22页。

危机即黑色危机反而日益严重。它突出体现在 3 个方面[①]：一是当下中国自然生态恶化状况从总体上看，范围在扩大、程度在加深、危害在加重；二是城乡地区差距不断扩大、分配不公与物质财富占有的贫富悬殊已成常态；三是平民百姓生活质量相对变差等社会生态恶化，公众健康相对变差的国民人体生态恶化等，使得生态经济社会矛盾不断积累与日益突出甚至不同程度的激化，已成为建设美丽中国、全面建成小康社会的重大"瓶颈"，是实现绿色中国梦的最大桎梏。因此，我们必须正视当下中国"自然、人、社会"复合生态系统的客观现实，深刻认识与正确把握当今中国从工业文明黑色发展道路向生态文明绿色发展道路的全面转轨，从工业文明黑色发展模式向生态文明绿色发展模式的全面转型的必要性、迫切性、重要性与艰巨性。事实上，近年来，我国学术界有人为了所谓填补研究空白、标新立异，制造一些伪绿色发展论，不仅把西方主要发达国家说成是"深绿色发展国家"，掩盖当今资本主义国家工业文明发展全面恶化危机即黑色危机的客观现实；而且把处于"十面霾伏"的雾霾污染重灾区的京津冀、长三角、珠三角的一些城市界定为"高绿色城镇化"，这完全不符合客观事实的假命题，否定不了当下中国及城市自然生态危机仍在加深的严峻事实，动摇不了我国以壮士断腕的决心和信心，打好大气、水体、土壤污染的攻坚战和持久战。

所谓攻坚战和持久战，就在于当前国内外事实表明，大气、水体、土壤污染治理与修复已成为世界性的难题。而当今中国大气、水体、土壤污染日益严重，应当说是长期中国工业化、城市化黑色发展积累的必然恶果，是中国工业文明黑色发展道路与模式对自然生态损害的直观展示，是对中国过去 GDP 至上主义发展的严厉惩罚及严重警示。改革开放 30 多年，中国经济发展规模迅速扩大，快速成长为工业文明经济大国，这是世所罕见的。然而，它所付出的自然生态环境代价也是世所罕见的。当今世界上很少有国家像中国这样，以如此之高的激情加速折旧自己的生态环境未来，已经是世界头号污染排放大国，正如国内外学者所指出的，中国已经成为世界上最大的"黑猫"，"全球最大的生态'负债国'"[②]。目前中国生态足迹是生物承载力的两倍，生态系统整体生态服务功能不断退化，生态赤字还在扩大。中

---

① 刘思华：《论新型工业化、城镇化道路的生态化转型发展》，载《毛泽东邓小平理论研究》2013 年第 7 期，第 8～13 页。

② 卢映西：《出口导向型发展战略已不可持续——全球经济危机背景下的理论反思》，载《海派经济学》2009 年第 26 辑，第 81 页。

国生态系统的生态负荷已达到临界状态，一些资源与环境容量已达支撑极限，经济社会发展是依靠“环境透支”与“生态赤字”来维持。因而，生态赤字不断扩大，生态（包括资源环境）承载力日益下降，在大中城市尤其是大城市十分突出，如上海市人均生态足迹是人均生态承载力的46倍，广州市为31倍，北京市为26倍。在存在生态赤字的国家中，日本是8倍，其他国家均在2～3倍，中国大城市特大城市普遍存在巨大的生态赤字，都面临比其他国家更为严峻的自然生态危机[①]。由此要进一步指出，目前全国600多个大中城市，特别是大城市，其高速发展不仅正在遭遇各种环境污染，如水、土、气三大污染之困，而且正在遭遇“垃圾围城”之痛，有2/3的城市陷入垃圾的包围之中，有1/4的城市已没有适合场所堆放垃圾，从而加剧了城市生态系统的黑色危机。近日有学者发文认为，“中国城镇化离绿色发展要求的内涵、绿色发展的模式相去甚远”，“中国的绿色发展目标尚未实现”[②]。这就是说，迄今为止，我国还没有一个大中城市真正走入按照社会主义生态文明的本质属性与实践指向所要求的生态文明绿色城市的门槛，这是不容争辩的客观事实。

综上所述，无论当今世界还是今日中国，生态足迹不断增加，生态赤字日益扩大，这是自然生态危机的核心问题与根本表现。而当下中国各类环境污染呈现高发态势，已成民生之患、民心之痛、发展之殇；生态赤字与生态资本短缺仍在加重，使我国进入生态“还债”高发期，良好的自然生态环境已经成为最为短缺的生活要素、生产要素及生存发展要素。这就决定了生态环境问题是严重制约中国生态经济社会有机整体、全面和谐协调可持续发展的最短板，是建设美丽中国、实现绿色中国梦的最大阻碍，是中国绿色发展与绿色崛起面临的最大挑战与绿色压力。因此，我们要直面这一严峻现实，必须也应当摆脱与摒弃过去所走过的工业文明高碳高熵高代价的黑色发展道路，与工业文明黑色发展模式彻底决裂，积极探索生态文明低碳低熵低代价的绿色发展道路及发展模式，使中国特色社会主义文明发展尽早实现从工业文明黑色发展道路与模式向生态文明绿色发展道路与模式的根本转变，成功地建成生态文明绿色强国。

---

① 齐明珠、李月：《北京市城市发展与生态赤字的国内外比较研究》，载《北京社会科学》2013年第3期，第128～134页。

② 庄贵阳、谢海生：《破解资源环境约束的城镇化转型路径研究》，载《中国地质大学学报（社科版）》2015年第2期，第1～10页。

五、关于“绿色经济与绿色发展丛书”的几点说明

“绿色经济与绿色发展丛书”是目前世界和中国规模最大的绿色社会科学研究与出版工程，覆盖数十个社会科学学科和自然科学学科，是现代经济理论与发展思想学科群绿色化的开篇，故不得不说明几点：

（1）“丛书”站在中国特色社会主义文明从工业文明走向生态文明的文明形态创新、经济社会形态创新、经济发展模式及发展方式创新的新高度，不仅探讨了中国社会主义经济的发展道路、发展战略、发展模式和发展体制机制等生态变革与绿色创新转型即生态化、绿色化发展，而且提出了从国民经济各部门、各行业到经济社会发展各领域等方面，都要朝着生态化、绿色化方向发展。为建设社会主义生态文明和美丽中国，实现把我国建成绿色经济富国、绿色发展强国的绿色中国梦，提供新的科学依据、理论基础和实践框架及路径。

（2）“丛书”力争出版45部，涉及学科很多、内容广泛，理论与实践问题研究较多，大致可以归纳为4个方面：一是深化生态文明和绿色经济与绿色发展的马克思主义基础理论研究；二是若干重大宏观绿色化问题研究；三是主要领域、重要产业与行业发展绿色化问题研究；四是微观绿色化问题研究。因此，整部“丛书”是以建设生态文明为价值取向，以发展绿色经济为主题，以推进绿色发展为主线，比较全面、系统地探讨生态经济社会及各领域、国民经济各部门、各行业与其微观基础的绿色经济与绿色发展理论和实践问题；向世界发出“中国声音”，展示中国的绿色经济发展理论与实践的双重探索与双重创新。

（3）“丛书”是新兴、交叉学科群绿色化多卷本著作，必然涉及整个经济理论与发展学说和马克思主义的基本原理与重要的基本理论问题，并涉及众多的非常重要的现实的前沿话题，难度很大，有些认识还只能是理论的假设与推理，而作者和主编的多学科知识和理论水平又很有限，因而“丛书”作为学科群绿色化的开篇，很难说是一个十分让人满意的开头，只能是给读者和研究者提供一个学术平台继续深入探讨，共同迎接绿色经济理论与绿色发展学说的繁荣与发展。

（4）“丛书”把西方世界最早研究生态文明的专家——美国的罗伊·莫里森所著的《生态民主》译成中文出版。《生态民主》一书于1995年出版英文版，至今已有20年了，中国学界和出版界却无人做这项引进工作，出版中译本。近几年来，在我国研究生态文明的热潮中，很多论文和著作都提到《生态民主》一书，尤其我

国权威媒体记者多次采访莫里森，使这本书在中国有较大影响。然而，众多研究者介绍本书时都没有具体内容，既没有看英文版原版，又无中译本可读，只是相互转抄、添油加醋，就产生了一些学术误传，不利于正确认识世界生态文明思想发展史，更不能正确认识中国马克思主义生态文明理论发展史。因此，笔者下决心请刘仁胜博士译成中文，由中国环境出版社出版，与中国学者见面。在此，我要强调指出的是莫里森先生所写中译本序言和该书一些基本观点，并不代表我作为“丛书”主编的观点，我们出版中译本是表明学术思想的开放性、包容性，为中国学者深入研究生态文明提供思想资料与学术空间，推动社会主义生态文明理论与实践研究不断创新发展。

（5）“丛书”的作者们在梳理前人和他人一些与本领域有关的思想材料、引用观点时，都尽可能将原文在脚注和参考文献中一一列出，也有可能被遗漏，在此深表歉意，请原著者见谅。在此，我们还要指出的是，“丛书”是“十二五”国家重点图书出版规划项目，多数书稿经历了四五年时间才完稿，有的书稿所引用的观点和材料是符合当时实际的。党的十八大后，党和政府对市场经济发展进程中出现的某些经济社会问题，认真地进行治理并有所好转，但在出版时对书稿中过去的材料未作改动，把它作为历史记录保留在书中，特此说明。总之，“丛书”值得商榷之处一定不少，缺点甚至错误在所难免，故热切盼望得到专家指教和广大读者指正。

刘思华

2015 年 7 月

目　录

Contents

第 1 章

绪　论

当今世界仍然处于黑色文明全面异化的多重危机之中，使人类面临着前所未有的工业文明黑色危机的巨大挑战；多重危机是巨大变革的历史起点，开启了绿色文明绿色发展的新格局、新征途，使人类面临着前所未有的绿色发展历史机遇。

1.1　绿色发展的全球背景：威胁人类生存和发展的多重危机

1.1.1　全球气候危机

全球气候变化已成为 21 世纪人类生存和发展的最大挑战。所谓气候变化是指由于人类活动排放温室气体造成大气成分的变化，引起以变暖为主要特征的全球气候变化。这一人为因素主要是 1750 年工业革命以来的经济活动引起的，如化石燃料的燃烧、土地利用的变化。

有关研究资料显示，自 1750 年工业化以来，大气中温室气体明显增加。目前地球大气层中所包含的二氧化碳（CO_2）含量较 200 年前增加了 33%，而这 200 年正是欧洲和北美工业革命后人们开始大量消耗能源和使用化石燃料的时代。正如美国学者勒夫科维茨（Rochelle Lefkowitz）所言，工业革命开创了一个全新的、使用“地狱燃料”（如煤炭、石油、天然气）的时代。所有“地狱燃料”都来自地下，可以耗尽，在燃烧的同时产生二氧化碳和其他污染物。然而，这些物质可以吸收环境中热辐射的能量，引起大气进一步升温。温室气体中最主要的组成部分就是从工业生产、居民生活和交通中释放出来的二氧化碳。近百年来，全球地表平均温度升高了 0.74℃，根据中新网 2013 年初报道，联合国新闻中心发布消息称：全球大气二氧化碳浓度日均值最近超过了 400×10^{-6}，创百万年新高，人类生存也因此进入了“危险地带”。[①]全球变暖是一个不争的事实，而地球平均气温的升高对气候来说是一场浩劫。

（1）气温升高使极端气候事件发生的频率增加，造成越来越多严重的自然灾害。根据气候科学家阿曼达 • 施陶特的测算，气温每升高 1℃，闪电次数将增加 6%。现实的情况更严峻，2009 年 8 月，科学家们称北极圈内的闪电次数增加了 20 多倍，1995—2008 年，太平洋的热带区域共形成了 111 次飓风，其中 2008 年与 1995 年相比增长了 75%。[②]目前呈现给我们的现实情景：更多的雷暴，更多的闪电，更少的冰层，全球地表的主要特征都已经发生了巨大的变化，极端天气逐渐变成常态化，且短期内反复出现。据中工网报道，2014 年年初，美国暴雪、美国和阿根廷干旱、英国暴雨、澳洲高温、非洲水灾，全球多地普遍出现极端气候，这无不与气候变化有关。

（2）气候变暖造成粮食危机。严重的旱灾和洪涝损毁了农田，妨碍了农作物的生长，使世界粮食储备急剧下降，粮价飙升。2008 年 12 月，IPCC 副主席马丁•帕里在波兰召开的一次学术会议上指出：“2008 年粮食危机是气候变化迄今为止给我们造成的最重大影响”。粮食危机的后果之一就是，2008 年，4 000 万人被新加入“濒临饥饿边缘”的人员名单，使此类人口总数增至 9.63 亿，约占世界总人口的 1/6。中国政府曾在 2008 年发布研究报告称，气候变化将在未来 50 年中导致国内小麦、玉米及水稻产量下降 1/3。这是一个不小的损失——就如同每售出 3 袋大米就有 1 袋被白白地扔掉。

据 2012 年 8 月 11 日《环球时报》报道，由于美国、俄罗斯旱灾，巴西暴雨，印度季候风延后等自然灾害，总部位于罗马的联合国粮农组织发布报告，对全球粮食前景发出警告。该报告称，全球粮食价格 2012 年 7 月上涨了 6%，创 2009 年 11

① 中国新闻网：《二氧化碳创百万年新高　人类进入“危险地带”》，2013-05-14，http：//finance.chinanews.com/ny/2013/05-14/4813746.shtml。

② 比尔 • 麦吉本：《即将到来的地球末日》（束宇，译），北京：中信出版社，2010 年版，第 13～19 页。

月以来的最大升幅。其中谷类粮食价格指数为260点，已逼近2008年史上最高数值274点。粮农组织警告称，粮食价格可能持续上涨，有关国家可能采取粮食出口禁令。全球或再度出现类似2007—2008年期间出现过的粮食危机。美国广播公司报道，根据该报告，极端天气导致了全球粮价上升，谷类和蔗糖价格分别上涨了17%和12%，玉米的价格已比6月暴涨了60%。有关数据显示，国际大豆等价格上涨了30%。根据东方网2012年8月30日消息，美国农业部已经把30多个州的将近2 000个县确定为自然灾害主要灾区，其中1 670个县为干旱灾区；63%的牧场遭受旱灾，几乎是2008年粮食危机时的两倍多。

（3）气候变暖给人类造成难以计数的直接和间接经济损失。2006年10月底，英国一项大型的经济分析报告预测，在21世纪结束时，持续的气候变化效应将使人类财富减少20%，它所造成的经济冲击，会比两次世界大战和1929—1933年经济大萧条加起来还要严重。

“气候变化及其对金融机构影响”专门顾问安德鲁·德卢戈列斯基指出，大气相关事件造成的损失，每年大约增加10%。“如果这样的增长不断延续”，他说，“到2065年，风暴所带来的损失将会超过世界生产总值。而世界显然在那之前早就破产了。”安德鲁的基本观点只不过是说，气候变化可能是毁灭性的、破坏性的，代价极大。2006年年底，世界银行前任首席经济学家尼古拉斯·斯特恩在一份报告中预测，气候变化的长期代价有可能超过世界生产总值的20%。[①]东盟2011年10月首次发布的《东盟国家减灾融资和保险》报告称，东盟地区平均每年因自然灾害而遭受的损失约为46亿美元，约占该地区国内生产总值（GDP）的0.3%。据美国《基督教科学箴言报》2014年6月25日报道，两家专业公司完成的行业风险评估报告指出，由于气候变暖，到2050年，被上涨的海水淹没的财产总价值可高达660亿～1 060亿美元，这一数字将在2100年达到2 300亿～5 070亿美元。预计到21世纪末，暴风雪和飓风导致的海平面上升将给美国东部和沿岸地区造成1 080亿美元的经济损失。美国中西部及南部的农业也将因气候变化而减产50%～70%。

（4）全球变暖威胁着人类的身体健康和生命安全。一方面，气候变暖使一些热带疾病向较冷的地区传播。海拔较高处的环境也越来越有利于蚊子和它们所携带的疟原虫等微生物生存。另一方面，气候变暖将导致地球空气质量恶化。据美国《科

① 莱斯特·R. 布朗：《B模式3.0——紧急动员 拯救文明》（刘志广，等译），北京：东方出版社，2009年版，第72页。

学美国人》月刊网站2014年6月23日报道，根据《自然-气候变化》月刊23日刊登的一份研究报告，气候变暖将导致地球许多地方空气质量恶化。到21世纪末，世界半数以上人口将暴露在日益停滞的空气环境中，热带和亚热带将首当其冲地受到糟糕的空气质量的影响。室外空气污染物是中风、心脏病、肺癌和哮喘等疾病的一大致病因素。世界卫生组织估计，2012年室外空气污染造成全球370万人早逝。

（5）气候变暖导致海平面上升、洪水、干旱、荒漠化，造成气候难民增多。国际环境与发展协会2007年分析气候变化带来的灾难，认为中国是最容易受伤害的国家之一，有1.44亿潜在的气候难民。印度和孟加拉国随后，分别有6 300万和6 200万潜在的气候难民。越南有4 300万、印度尼西亚有4 200万易受伤害人口。其他易受伤害人口数排在前3位的国家包括：日本——3 000万，埃及——2 600万，美国——2 300万。根据气候研究专家们的预测，到21世纪中叶，全球90亿人口中将有7亿人成为气候变化的难民。据2008年6月25日中新网报道，第62届联合国大会主席克里姆24日在瑞士日内瓦举行的第一届"全球人道主义论坛"上发言时指出，由气候变化导致的难民已经不仅仅是一个概念，而是一个令人难过的事实。

气候变暖还严重破坏了人类赖以生存的生态环境，可以说对人类生存和发展的影响是全面的，是世界各国共同面临的重大挑战。

1.1.2 全球能源危机

所谓能源危机，是指可供人类利用的能源的不充分，而不是能源本身的不足。具体表现在：能源转化的方向性、能源分布的不均性、日益增加的人口导致能量分配不足。席卷全球的能源危机，必然会引发一系列相关的全球问题，如人口增加与资源供需的矛盾日益尖锐，资源的不合理开发利用导致日益严重的能源短缺等。我们可就如今面临的现实情况做如下讨论。

（1）持续减少的能源和自然资源。自从20世纪第二次世界大战以来，人类对自然资源的消耗成倍增长。尤其人类对自然资源掠夺的、没有节制的消耗，使人类赖以生存的资源基础遭到了严重的削弱。1901—1997年的97年，全世界采出的矿物原料价值增长了近10倍，其中后20年为前60年的1.6倍。根据有关统计资料表明，人均国民生产总值与人均能源消耗成正比例关系。人均国民生产总值不到1 000美元时，人均能耗在1 500 kg标煤以下；人均国民生产总值达4 000美元时，人均消耗在 10 000 kg 标煤以上。从人类整体的发展角度来看，人类的消费水平现在已经是整个地球所能承受的 3 倍之多，这种经济增长显然不可能继续维持。能源经济学家维勒格（Philip K. Verleger Jr.）说，1951—1970 年全球能源消费以每年 5%的速度增长。“这个能源需求快速增长的过程和日本及西欧的战后重建、美国的战后发展过程同步”，维勒格在 2007 年 9 月 22 日的《世界经济》中写道：“伴随着中国、印度和其他国家从发展中国家向发达国家前进的脚步，历史很可能在 2001—2020 年重演。”“能源消费的增长速度很有可能和欧洲、日本、美国战后时期的消费速度相似。”[①]中国石油集团经济技术研究院 2015 年 1 月 28 日发布最新年度《国内外油气行业发展报告》显示，2014 年中国石油表观消费量（当年生产量加上净进口量）超过 5.18 亿 t，实际消费速度维持低位。但石油进口继续增长，全年石油净进口约为 3.08 亿 t，同比增长 5.7%。石油对外依存度达到 59.5%，较上年上升 1.1 个百分点。[②]由中国石油和化学工业联合会最近发布的一份题为《我国天然气发展面临的不确定因素》调研报告显示，2014 年中国天然气表观消费量为 1 800 亿 m^3，同比增长 7.4%，其中进口天然气 580 亿 m^3，对外依存度达 32.2%。[③]

（2）能源短缺。在全球经济体系下，任何商业活动都与石油和化石能源息息相关。种植粮食需要化学肥料和杀虫剂，水泥、塑料等建筑材料的市场需要化石燃料，大部分药剂的制造也需要化石燃料。整个人类文明都建立在石炭纪[④]储存的碳资源上。很明显，在一个极其依赖石油和其他化石燃料的经济体系里，就推动经济增长而言，我们已经竭尽全力。同时，我们正处于石油世纪的最后阶段，全球化受阻的原因是人均石油占有量已达到了峰值，这是一个令人难以接受的严峻现实。国际能源署《2010 年世界能源展望报告》显示，全球原油产量在 2006 年可能就已达到峰值，当时每天的产量为 7 000 万桶。根据《BP 世界能源展望 2030》，未来 20 年，全球煤炭需求净增长将全部来自中国和印度，全球 94%的石油需求净增长、30%的

① 托马斯·弗里德曼：《世界又热又平又挤》（王玮沁，译），长沙：湖南科学技术出版社，2009 年版，第 35 页。

② 《中国石油对外依存度近 60%　全年净进口约 3.08 亿吨》，新华网，2015-01-29，http://news.xinhuanet.com/energy/2015-01/29/c_127434780.htm。

③ 《我国天然气对外依存度升至 32.2%　未来发展面临挑战》，新华网，2015-01-19，http://news.xinhuanet.com/fortune/2015-01/19/c_127397546.htm。

④ 这一时期的煤炭储量约占全世界总储量的 50%以上。参见大卫·伯尔尼：《简明自然百科全书》（俞玉赟，译），哈尔滨：黑龙江科学技术出版社，2007 年版，第 37 页。

天然气需求净增长，以及48%的非化石燃料需求净增长都将来自中印两国。由于全球能源需求持续高涨，传统化石能源的供求关系将长期保持紧张局面，新兴国家对矿产资源的需求逐步增大，世界各国对资源的争夺加剧，原油、煤炭等主要资源价格总体保持上涨趋势。根据国际能源署的预测，平均原油进口价格指数在2020年将达到每桶100美元，2030年将达到每桶115美元，在此基础上计算的国际市场原油名义价格在2030年将可能上涨到每桶198美元。[①] 根据美国石油研究所2011年的研究——这份研究涵盖了所有石油和天然气公司，到2030年，全美所有可能存在的石油储量也不过每天增加200万桶。[②]尽管石油在供应，但供应量在减少。

最近几年，最大的油田出现的种种迹象表明其储量开始下滑，而且有充分的数据能够说明，截至目前没有任何新发现的油田能够弥补其下滑的储量。根据《BP世界能源统计年鉴》（2014年）（以下简称《年鉴》）显示，2013年全球石油消费增长远远超过生产增长，因此，石油库存量下滑。2013 年美国石油也再次出现严重的供应减产。然而，2013年，全球石油消费增长140万桶/d，高于2012年增长率及过去10年平均水平。《年鉴》显示，截至2013年年底，世界石油探明储量为1.6 879万亿t，可以满足全球53.3年的生产需要，全球天然气探明储量为185.7万亿m^3，可以保证全球54.8年的生产需要，全球煤炭探明储量8 915亿t，可以保证全球113年的生产需要。[③]由于石油逐渐减少，我们不能再过多地消耗它。化石燃料驱动的工业时代即将结束，很多人还没有理解这一事实。现在，没有哪个国家能够在能源自立的旗帜下独善其身。因此，人类必须进行绿色能源革命，不是等待充足的、清洁的、可靠的、廉价的能源出现，而是需要开发最廉价的低排放能源去填补能源需求的缺口，用最清洁的方式获得经济增长。

1.1.3 全球经济危机

马克思主义政治经济学理论告诉我们，经济危机的根源在于资本主义私有制与社会化大生产之间所形成的根本性矛盾，只有在资本主义条件下，在资本主义国家

---

① International Energy Agency，*World Energy Outlook 2009*，2011，p. 64.

② 杰里米·里夫金：《第三次工业革命——新经济模式如何改变世界》（张体伟，等译），北京：中信出版社，2012年版，第24页。

③《从全国能源危机中感受中国的特高压》，北极星电力网新闻频道，2015-01-28，http://news.bjx.com.cn/html/20150128/585712.shtml。

才会爆发经济危机。当今社会科技革命，使社会和文明不断进步，经济和文化的快速发展，交通更加便利，信息共享；原本分割的世界、分离的经济、特征各异的文化将逐步整合或融合为一个体系。因此，经济危机不可能只在一个国家或一个地区爆发，而是迅速扩散到全球整个经济领域或全部经济体系，扩散到整个社会。

2008 年下半年由美国次贷危机引爆全球经济危机的第一个火种，迅速传导成银行危机、陷入货币危机，酿成了一场历史罕见、冲击力极强、波及范围极广的全球金融海啸，造成多个国家经济衰退、失业率上升、社会动荡，以及引发了一系列债务危机，使世界各国受到几十年来最严重的经济危机的影响。这次危机的表征：通货膨胀，债台高筑，坏账增多，经济衰退，收入锐减，失业奇高，需求不振，企业破产，经济复苏乏力，贸易保护主义盛行，各国大打贸易战、汇率战、货币战，全球经济陷入低迷动荡的大萧条时代。由于美国、欧洲和亚洲的银行、金融相互交织，这次信贷危机超过美国，席卷全球经济。

这次引爆全球经济危机的全球金融危机看上去是因为人类的贪婪，将大量资金投入到难以收回的次等房贷，实际上表现出金融危机与经济危机、气候危机之间存在隐秘的关联。金融危机的根源是以美国为代表的超前消费模式，而这种消费模式是建立在高消费、高享受的传统黑色工业文明经济发展模式之上的。更糟糕的是，2010 年，家庭负债与国内生产总值的比率是 100%；而在 20 世纪 90 年代中期，家庭负债与国内生产总值的比率是 65%。这足以说明，美国消费者已不能用他们的购买力支撑全球化。

以迪拜为例，代表着“贪婪之心”的世界热钱以及迪拜政府的大幅举债，让迪拜非常容易地获得资金来打造“与环境不适”的摩天大楼、豪华宾馆、最大的人造港口、最大的独立炼铝厂、最大的购物中心。在遭受金融危机的打击之后，迪拜出现大量的“烂尾楼”，房价暴跌，投资人撤离。2009 年 11 月 25 日迪拜财政部突然宣布，由政府持有的迪拜世界公司及旗下的房地产分支棕榈岛集团将推迟偿付数十亿美元的债务最少 6 个月，以便进行债务重组，从而引发了“迪拜危机”，再次引起全球金融动荡。2012 年迪拜经济开始复苏，政府又在 2012 年 11 月宣布了房地产振兴计划，规模庞大的发展目标包括：建设全球最大规模的购物中心，建造 100 多家酒店，还要打造一座全世界占地面积最大的公园，甚至比伦敦海德公园还要大。但是近年来世界经济持续滑坡再次打击了迪拜经济。迪拜股市 2014 年 5 月初在房地产股票领衔下开始大幅跳水，6 月 24 日收盘价较历史峰值高位时下挫 20%，为

2005 年以来“最熊”状态。再次宣布了迪拜房地产经济的脆弱性。

迪拜模式是建立在超前消费模式能够持续的基础之上的，但是过度依赖化石能源、以掠夺式消耗全球生态资源的发展模式是不可持续的。联合国秘书长潘基文曾讲道，“我们现在过度依赖化石燃料的经济正在毁灭我们星球”，如果我们把上亿美元继续投向化石燃料，就好比投资次级房贷，我们基于化石燃料的经济结构就是有毒的经济结构，这就好像是有毒的资产，正在威胁着全球的资源配置和组合。

现实中，无论是政客、企业家，还是普通百姓，对金融危机的关注远远超过气候危机。席卷全球的金融危机让人们体会到切肤之痛——失业、减薪、房贷难以为继，而气候危机总会让人们觉得离自己非常遥远，如果不亲身经历飓风、洪水、暴风雪、干旱等恶劣天气，仅凭电视、新闻里的灾难报道也许只是让人感觉到只是“受灾地方的人运气不好”。实际上这两个危机都是全球迄今为止遭遇到的最大危机之一。这一事实更是证明了由发达国家所主导的、以消费主义价值观为核心的、严重依赖化石能源的资本主义生产方式的不可持续性。

我们暂且不考虑孰轻孰重的问题，而是考虑两者的关联性。应对金融危机在一定程度上影响了减缓气候变化的进程，因为解决气候危机的同时——无论是投资新能源、提高能源利用率，还是建立生态商业的战略，都会对金融危机有一定缓解。因此，有专家和国际组织建议各主要经济体应将短期应对与长期可持续增长措施结合起来，实现所谓的“绿色新政”和“绿色复苏”。从目前情况看，全球似乎已经度过了最困难的时期，一些国家开始复苏，但长期可持续增长仍难以预期。

1.1.4 全球生态环境危机

由于人类盲目地、过度地开发和掠夺自然资源的生产活动，引起生态环境被严重破坏，造成生态平衡严重失调，生态系统全面退化，森林资源日益减少，生物多样性大量消失。

联合国《千年生态系统评估报告》指出地球生态堪忧。该报告显示：人类活动已经使得地球上的生物多样性发生不可逆转的迅速改变，从而使得生态系统发生了剧烈改变。气候变化、外来物种入侵、物种过度利用和环境污染等带来了生物多样性的丧失。“世界上一半的热带和温带森林已经消失了。大约一半的湿地和 1/3 的红树林已经消失了。”报告指出，“大约 90%的食肉鱼已经灭绝了……20%的珊瑚礁没有了，另外 20%的生存状况正面临严重的威胁。”“生物种类以超出正常情况 1 000 倍的速度消失。”[①]到 21 世纪末，气候变化及其影响将成为全球生物多样性丧失和生态系统服务变化的最主要的直接驱动因素。据预测，到 2050 年，将有 10%～20%的草原和森林被转为农业用途。这将导致已经十分严重的荒漠化问题进一步加剧。过度伐木和毁林开荒，使森林土地每年至少消失 1 000 万～1 200 万 hm^2。森林面积缩小，代价巨大。

第四次联合国气候报告提醒我们：地球的化学性质正在发生变化。到 21 世纪末，地球表面的温度有可能上升至少 3℃，气温会显著提高。根据科学家们的观点，仅仅 1.5～3.5℃的变化，就能导致动植物在不到 100 年内大量灭绝。这一观点意味着，将有最少 20%、最高超过 70%的物种灭绝。在最近的 4.5 亿年里，地球上已发生了 5 次物种灭绝事件。每次都是一个大毁灭，需要 1 000 万年才能恢复生物物种的多样性。[②]人类活动引起的气候变化对人类生存产生了最大的威胁。追求短期经济增长的结果造成了大量自然资本被破坏，引发了全球范围的生态与环境危机。有关资料估算显示，因巨大的环境危害引起的早亡和疾病，大约占负债国家疾病总负担的 1/5。主要的环境危害包括洁净水缺乏、卫生设施不足、室内空气污染、城市空气污染、疾病、农业化学物质和废物等，14%的疾病由洁净水缺乏、卫生设施不足和室内空气污染造成，其中，贫困家庭的儿童和妇女是主要的受影响人群。因工业、汽车排放和家庭化石燃料燃烧引起的空气污染造成的死亡人口每年超过 270 万人，主要死于呼吸道疾病、心肺病和癌症。[③]越来越多的证据表明，基于化石能源的世纪正在成为过去，地球面临气候变化的现实，但人类仍然不愿意接受这一现实，相反，而是寄希望于寻找越来越少的石油和天然气。2014 年 4 月，墨西哥湾发生漏油事件，接近 500 万桶石油流入世界上最重要的生态系统，杀死野生动物，破坏脆弱的栖息环境，甚至把墨西哥湾变成了死海。环境灾难给人们带来巨大的痛苦回忆，但为了保持经济正常运行，人们仍然乐此不疲地去寻找化石能源，并乐于承担其带来的风险，即使这意味着生态系统毁灭。我们现在正处于非常危险的阶段，应

---

① 托马斯·弗里德曼：《世界又热又平又挤》（王玮沁，译），长沙：湖南科学技术出版社，2009 年版，第 42 页。

② 杰里米·里夫金：《第三次工业革命——新经济模式如何改变世界》（张体伟，等译），北京：中信出版社，2012 年版，第 19～20 页。

③ 胡鞍钢：《中国：创新绿色发展》，北京：中国人民大学出版社，2012 年版，第 81 页。

该努力去避免这一困境。也就是说，人类必须摒弃传统的发展模式，学会摒弃开采费用高昂的能源，减少使用那些污染性的能源，尽快结束化石燃料的时代。

1.1.5 全球社会危机

据新加坡《联合早报》2011 年 6 月 23 日报道，联合国一项最新报告指出，世界正面临一场“全球性社会危机”。[①]该报告指出，“这场危机源自 2008—2009 年经济衰退带来的广泛失业，粮食和燃料价格暴涨和其他种种冲击。”当 2008 年 7 月世界油价冲到创纪录的每桶 147 美元时，发达国家中消费者恐慌情绪开始蔓延。大豆和大麦价格上涨了 1 倍，小麦价格上涨了 2 倍，大米价格上涨了 4 倍。世界范围内的购买力急速下降。全球各地出现政治骚乱的恐惧，引发社会不安定。从全球来看，从各国出现社会危机的表征来看，社会危机是由经济危机所引爆的，社会危机有可能与经济危机相伴随爆发，两者是交织在一起的。

经济危机爆发，大萧条开始，实际失业率逐月上升，经济崩溃一触即发，危机拉大贫富差距。国际扶贫发展机构乐施会（Oxfam）曾报告称，金融危机过后，全球身价超过 10 亿美元的亿万富翁不减反增，翻两倍多，由 2009 年 3 月的 793 人增至 2014 年 3 月的 1 645 人。[②]如果一个国家各阶层之间贫富差距过于悬殊，便会出现各种社会矛盾。贫富差距会引起社会的部分动荡不安，自杀现象暴增和社会治安恶化，最终导致社会走向分崩离析。

贫富差距持续扩大是全球社会危机的根源。收入差距过大是社会危机的前兆，由较少数的人占有较多的社会财富。19 世纪初，英国是世界上最富裕的国家，其人均收入比最贫困的非洲撒哈拉沙漠以南地区高出 3 倍左右。到 21 世纪初，美国成了世界上最富裕的国家，其人均收入大约比最贫困的非洲撒哈拉沙漠以南地区高出 20 倍。[③]美国经济学家保罗·克鲁格曼在《不平等是一种拖累》一文中指出，“贫

---

① 《联合国报告：世界正面临一场“全球性社会危机”》，中国新闻网，2011-06-23，http：//www.chinanews.com/gj/2011/06-23/3130930.shtml。

② 《危机拉大贫富差距？金融危机后全球亿万富翁倍增》，中国社会科学网，2014-11-04，http：//www.cssn.cn/hqxx/tt/201411/t20141104_1388876.shtml。

③ 杰弗里·萨克斯：《共同富裕——可持续发展将如何改变人类命运》（石晓燕，译），北京：中信出版社，2012 年版，第 31 页。

富差距已经达到极端程度，正在对经济造成严重破坏”。[①]一项最新统计数据显示，世界上最富有的40个国家的民众财富比40个最穷国高出198倍。最富有的5个国家人均财富比最贫困的5个国家高出1 700倍。[②]世界各国收入差距日益拉大，不管从哪个方面来说都是危险的，尤其对穷人来说更危险。有关资料显示，每年都有数百万人死于赤贫。越是贫困，越是营养不良，环境越差。

贫富差距问题是全球许多国家在发展过程中都会出现的问题。在中国，分配不公是导致贫富差距过大，乃至导致社会危机的主要原因。收入分配失衡导致需要收入的人没有钱，而不需要花钱的人钱太多。俞可平（2012）认为，收入分配不公是导致社会不公的重要根源。如果不解决这种状况，贫富差距会日益拉大。[③]由此，进一步恶化了广大中低收入群体的经济环境。贫富差距拉大会造成犯罪率升高等潜在的社会危机。

1.1.6 在全球多重危机的背景下，绿色经济发展模式的时代价值与时代使命

多重危机往往是人类文明从一种形态向另一种形态进化的推动力。进入21世纪，世界面临的最大挑战是全球气候变化及其影响，最大的机遇就是生态革命与绿色发展。2010年年底在墨西哥召开的坎昆会议通过了一揽子平衡的决定，促使各国政府更加坚定地迈向低排放的未来之路，并支持加强发展中国家应对气候变化的行动。大会下设的《联合国气候变化框架公约》缔约方（194个国家）会议及《京都议定书》缔约方（184个国家）会议，通过了应对气候变化的两份重要决议，并决定设立绿色气候基金。

2008—2009年金融危机过后，各国出于寻找新的经济增长点而出现生态革命和绿色发展。国际上提出了通过国际多边合作及在国家层面推行“绿色经济倡议”，以应对多重危机、谋求经济可持续发展的战略选择。

在联合国环境规划署（United Nations Environment Programme，UNEP）发起的全球绿色经济倡议中，重点关注的是绿色政策，其包括能够让自然资源价值得到反

---

① 连国辉：《美报：严重贫富差距拖累经济增长》，2014年8月12日《参考消息》。

② 《人均财富最富五国高出最穷五国1700倍》，新浪财经，2013-11-14，http://finance.sina.com.cn/money/zcsh/20131114/091617320029.shtml。

③ 俞可平：《收入分配不公是导致社会不公重要根源》，2012年11月19日《东方早报》。

映的产权和价格政策等；以实现环境效益、经济效益双重目标的财税政策以及推动绿色经济增长的科技政策、机制与体制等。最重要的是要确保不同政策的相互融合和协调一致。各国纷纷提出绿色增长计划，英国提出在2012年初建立“绿色投资银行”，韩国制定“国家绿色增长计划”，日本推动绿色技术创新，丹麦发展“对环境、自然和气候进行高度保护的现代农业”，新西兰提出建立“绿色高层咨询委员会”。尽管各国绿色增长方案侧重点不同，但都是为实现可持续的经济复苏创造绿色就业机会，创造新的竞争力，各国的绿色增长计划是实现绿色经济发展的基础。①

美国奥巴马政府、西欧各国政府以及亚洲国家的政府都将巨额资金投到清洁技术上，并为绿色经济吸引更多的资本投资。美国的经济刺激计划中包括未来10年为美国清洁能源项目提供560亿美元的拨款和税收减免，并将每年拨出150亿美元的预算。在世界各国出台的总额为2.796万亿美元的经济刺激中，绿色投资约为4 360亿美元，占15.6%，集中在能源效率和可再生能源领域。在中国的4万亿元人民币的经济刺激方案中，直接用于环境保护的投资占5%，对环境保护有间接推动作用的投资比重高达34%左右。②

2012年联合国可持续发展大会（“里约+20”峰会）认为，绿色经济是实现可持续发展目标的一条途径，绿色经济将可持续发展理念贯穿于经济活动全过程，绿色经济的核心是“绿色发展”。绿色经济要求减少资源消耗、降低污染排放和减轻对生态环境的压力，也要求保障经济的可持续发展。“里约+20”峰会深化了人们对“绿色经济”的认识，提出了“绿色经济模式”的多元性，认为存在“适合于不同国情、不同地区的绿色经济模式”，指出致力于“绿色经济”模式研究和能力建设工作，将成为全球可持续发展道路上的首要任务。绿色经济发展模式优先关注人类的健康与福祉，减少人类活动对环境的损害，充分认识自然生态系统和人工生态系统提供的服务功能和价值，并通过不断创新和高效管理相结合获取新的绿色经济增长点。

中国面对资源与环境压力，已经开始探索新发展模式和发展道路。党的十七大报告首次提出“建设生态文明”的概念。生态文明是中国向世界承诺和平崛起的文明之路。

---

① 高红贵、刘忠超：《中国绿色经济发展模式构建研究》，载《科技进步与对策》2013年第12期，第23～26页。

② 孙海燕、孙杨：《绿金时代》，北京：中信出版社，2010年版，第174～175页。

1.2 中国实施绿色发展的机遇与挑战

回望国内发展，在看到我国经济取得举世瞩目的成就的同时，面对日益强化的资源环境约束，人们也越来越多地反思传统发展方式带来的深刻教训，越来越多地反思粗放经济增长付出的能源、资源和环境的代价，更加清醒地认识到以大量消耗资源、高排放、高污染为特征的传统发展方式难以为继，必须在科学发展观的指导下，推动绿色发展，实现绿色转型。但是，当前中国处于经济社会转型的新时期，很多因素都处于不稳定状态，这对于中国的绿色发展而言是一次机遇，当然，也会面临诸多挑战。

1.2.1 绿色发展是 21 世纪中国拥有的最大战略机遇

人类进入 21 世纪，在国际金融危机的诱发下，在全球生态危机背景的压力下，世界正开启一场前所未有的绿色革命，绿色经济迅速兴起。中国作为世界上最大的发展中国家、最大的碳排放国以及最大的生态危机受害国，必须充分利用这一契机，抢占世界绿色经济制高点。

中国政府积极促进绿色经济发展，自 2000 年以来先后提出了一系列与绿色发展有关的方略，包括走新型工业化道路、坚持科学发展观、建设节约型社会、建设生态文明等。特别是 2003 年，中国领导人首创科学发展观，倡导绿色发展观。绿色发展成为科学发展观不可分割的部分。2004 年中国政府提出要加快建设节约型社会，以节约资源和提高资源利用效率为核心，将节约资源、节约用水、节约原材料、节约和集约利用土地、推进资源综合利用和发展循环经济作为重点和优先领域，并且纳入“十一五”规划（2006—2010 年）中付诸实施。该规划还凸显了“必须加快转变经济增长方式”的基本原则，承认“我国土地、淡水、能源、矿产资源和环境状况对经济发展已构成严重制约”。①

“十一五”规划不仅首次将国家发展目标根据政府责任和市场机制的不同划分为约束性指标和预期性指标，经济发展指标所占比重降至历史最低水平，而且节能

① 《中共中央关于制定国民经济和社会发展第十一个五年规划的建议》，载《十六大以来重要文献选编》（中），北京：中央文献出版社，2006 年版，第 1064 页。

减排及环境保护相关指标比重提升至历史最高水平，绿色发展指标数共 16 个，其中绿色发展的直接指标为 12 个，间接指标为 4 个，优先指标为 11 个，次优先指标为 5 个，充分体现了中国经济向绿色发展转向的愿望。根据有关统计资料显示，“十一五”规划的最优先指标中有 8 个绿色发展直接指标已全部完成，“十一五”规划为推动中国经济转向奠定了良好的基础。

为促进科技创新，推动绿色发展，科技部、国家发展和改革委员会、外交部、工业和信息化部、环境保护部、中国气象局 6 部门于 2010 年 11 月 18—19 日在北京召开绿色发展与科技创新高层论坛。这是我国在绿色发展和科技创新领域召开的一次重要会议。中共中央政治局委员、国务委员刘延东在贺信中指出，当今世界全球气候变化问题日益突出，引起广泛关注，依靠科技创新实现绿色发展，已经成为人类的共同选择，也是世界经济发展的大势所趋。全国政协副主席、科技部部长万钢提出要积极推进科技创新与发展绿色经济紧密结合，加快经济发展方式转变；要大力推进人才战略，努力增强自主创新能力，促进绿色科技进步；要深化国际合作，全球共同努力，推动绿色发展。①

2011 年以来，国务院和相关部门先后发布了《中华人民共和国国民经济和社会发展第十二个五年规划纲要》《国务院“十二五”节能减排综合性工作方案》《工业转型升级规划（2011—2015 年）》和《工业节能“十二五”规划》《节能减排规划（2011—2015 年）》。“十二五”规划在“十一五”规划的基础上提出绿色发展的概念，进一步明确了绿色发展的目标和措施。

2011 年 5 月 26—27 日在中国香港召开首届“世界绿色论坛”年会，本次论坛就世界绿色经济发展模式、国际绿色经济发展交流平台与体系的建立、东西方绿色经济经验等问题展开深入讨论与交流，探讨区域绿色管理新政，提出绿色发展政策、绿色科技创新战略、绿色投融资方案。以论坛为窗口，向世界展示了绿色发展的最新成果，推动国际社会对可持续发展的理解与支持，促进了全球绿色经济的研究与发展，加深了中国与其他国家在绿色经济领域的交流与合作。中国与欧盟在绿色经济领域的合作成为人们关注的热点话题之一。②

近年来，我国各级政府也在积极探索和实践绿色发展之路。为应对全球气候变暖，西藏在经济发展中坚持生态保护与经济建设并重，走有“中国特色、西藏特点”

---

① 《“绿色发展与科技创新”高层论坛在京召开》，人民网，2010-11-19，scitech.people.com.cn/GB/13258674.html。

② 《首届“世界绿色论坛”在香港举行》，中国网，2011-06-02，www.china.com。

的可持续发展之路。西藏东南部林区加快转变经济发展方式，经济发展已从过去依靠木材加工为主向以生态经济为主的特色、绿色、优势产业转变。2008 年 1 月，西藏制定并颁布了《西藏自治区节能减排综合性工作方案》。西藏扎实推进生态屏障三大类十大工程建设，即退耕还林、天然草原退牧还草、小水电代燃料、水土流失治理、防沙治沙等工程。总投资达 155 亿元的西藏生态安全屏障保护与建设，将在 2030 年基本完成。第八次全国森林资源清查结果显示，西藏自治区林地面积 1 783.64 万 hm^2，占全区面积的 14.52%；森林面积 1 471.56 万 hm^2，占林地面积的 82.50%，比例位居全国第五，森林覆盖率 11.98%。活立木总蓄积 22.88 亿 m^3，其中森林蓄积量 22.62 亿 m^3，占 98.86%，位居全国第一。①

“十一五”时期，江西工业初步走上了一条有市场、有后劲、高效益、低能耗的科学发展之路。② 面对困难和危机，面对发展不足的省情，江西省调整产业结构，转变发展方式，寻求“绿色增长”。光伏、电子信息、生物医药等新兴产业异军突起；技术改造、转型升级、延伸产业链，让传统产业方式巨变。高能耗、高污染、低附加值的发展路径已走到尽头。绿色、低碳成为各地发展共识，工业能耗逐年下降。规模以上工业增加值连续 5 年保持 20%以上的增速。江西省樟树市工业呈现绿色崛起的喜人态势，全市工业企业已步入增产不增污、增效不增耗的发展轨道，整个工业经济运行呈现“吃得少、产得多、排得少”的趋势。

1.2.2　转变经济发展方式是中国面临的最大挑战

改革开放之后的 30 多年来，我国经济增长方式呈现出“四高四低”的特点，即“高投入、高消耗、高污染、高速度”与“低产出、低效率、低效益、低科技含量”。在这 30 多年的经济发展中，虽然在经济增长方式上出现了许多新观点、新思想，提出了“探索新路子”“转变发展方式”等战略思想，但是，传统“三高三低”的增长方式却依然存在。

进入 21 世纪以来，中国能源消费和温室气体排放迅速增加。在过去的 60 年，特别是近 30 年来，我国经历了经济高速发展的时期。与 1980 年相比，2010 年中

① 《西藏森林蓄积量全国第一　将建 20 座木材检查站》，中国西藏新闻网，http：//www.chinatibetnews.com/2014/0321/1327709.shtml，2014-03-21。

② 《工业主导“绿色增长”》，2010 年 12 月 16 日《江西日报》。

国的 GDP 增长了 15 倍，相应的能源消费增长了近 4 倍，钢材增长了 21 倍，水泥增长了 22 倍，货运周转量增长了 10 倍。[①]对化石能源消费的急剧增加，必然导致温室气体（CO_2）排放量大幅增加。国际能源署（IEA）2012 年上半年公布的统计数据显示，2011 年全球二氧化碳排放量比 2010 年增长 3.2%，达到 316 亿 t，创历史新高。其中，中国、印度等新兴国家的排放量增长迅速。全球二氧化碳排放量 2006—2010 年的年平均增量为 6 亿 t，2011 年排放增长迅速，增量达 10 亿 t。全球最大的排放国——中国，2011 年排放量增加 7 亿 t 以上，增幅达 9.3%。

之所以出现这样的情况，是因为经济方式的转变存在诸多客观因素。特殊的资源禀赋结构使得粗放型增长方式得以产生和延续，经济发展阶段的制约强化了粗放型增长方式的惯性，重速度、轻效益的思维定式拖慢了增长方式转变的步伐。过去 60 年，中国基本上沿袭西方的经济发展模式。西方的经济模式——以化石燃料为基础、以汽车为中心的一次性经济——并不适合中国。[②]西方发达国家的工业文明是“黑色文明”，其工业经济活动是建立在以化石能源为主的不可再生资源消耗的基础上，发展的工业经济是一种碳基能源经济。全球气候变化的事实从本质上宣告了西方自工业革命以来的高投入、高排放、高污染的增长模式是不可持续的。这种以牺牲环境为代价的经济发展模式不仅威胁着中国的长期可持续发展，也对人类的发展造成了巨大的威胁。如果我们继续按照工业文明的传统发展模式快速发展下去，整个人类将不复存在。2009 年 5 月《今日美国》刊载的《全球变暖的后果或许比之前的预计糟糕两倍》的文章，表达了“那个孕育人类文明的地球已经不复存在了。孕育人类文明的稳定环境也已经消失，划时代的剧变正在发生。”因此，全世界所有国家都必须认真对待气候变化问题，必须在未来几年中从根本上减少温室气体排放，否则我们留给子孙后代的将是一个严重缩水的地球。

因此，在未来中国经济发展中，传统的经济增长方式只能逐步实现转变，不可能在短期内得到彻底的清除和改造，传统经济增长方式呈现出来的特点还将持续存在并逐步弱化。这可能会使中国绿色发展进程放缓脚步，但我们必须努力推进工业文明的经济模式与发展方式向生态文明的经济模式与发展方式转变。联合国开发计

① 中国科学院可持续发展战略研究组：《2010 中国可持续发展战略报告》，北京：科学出版社，2010 年版，第 19 页。

② 莱斯特 • R. 布朗：《B 模式 3.0——紧急动员　拯救文明》（刘志广，等译），北京：东方出版社，2009 年版，第 12 页。

划署发表的《2002中国人类发展报告：绿色发展，必选之路》，首次提出了中国应当选择绿色发展之路。中国经济发展模式要告别长期以来实行的黑色发展道路，转向更加积极主动的资源节约型、环境友好型、生态安全型的“绿色发展”。绿色发展是对传统发展道路的一种模式创新。2012年“里约+20”峰会的主题之一是“在可持续发展和消除贫困的背景下发展绿色经济”，明确了绿色经济与可持续发展的关系，提出了深化推进可持续发展的新思路。绿色发展是可持续发展的理论深化和实践推进，是可持续发展的自我扬弃和提升，是人类发展模式在可持续发展战略之后的又一次新转型。

1.2.3 中国正踏入“绿色发展时代”

“十二五”规划是首次以“绿色发展”为主题的经济社会发展规划，强调提高生态文明建设水平。

“十二五”规划的一个突出特点是成为中国的首部绿色发展规划，成为21世纪上半叶中国绿色现代化的历史起点，也是中国参与世界绿色革命的行动方案规划。主要特点：第一，绿色指标的比重大幅度上升，“十一五”规划资源环境指标为7个，占27.2%；“十二五”规划为8个，占33.3%。如果以实际指标数来看，“十二五”规划资源环境指标达12个，占了42.9%。另外，还有1个提高服务比重，以及4个教育科技指标，这些指标都间接促进了绿色发展，绿色发展的直接指标达到了17个，占60.7%。[①]第二，首次明确提出积极应对全球气候变化，制定了到2015年单位GDP二氧化碳排放减少17%的量化指标，提出了增加森林覆盖率、林木蓄积量、新增加森林面积固碳能力的量化指标。这充分反映了中国特色的控制温室气体排放、增加适应气候变化能力的特点。第三，明确了绿色发展的激励约束机制。首次将深化资源型产品价格和环保收费改革作为5年计划改革攻坚的方向。要求强化节能减排目标责任考核，合理控制能源消费总量，把绿色发展贯穿经济活动的各个环节。第四，充分强调经济系统、自然系统和社会系统全面公平和谐可持续发展，以绿色增长带动绿色福利和绿色财富。[②]“十二五”规划成为真正意义上的“绿色发

① 《解码“十二五”规划纲要　开创科学发展新局面》，新华网，2011-03-07，http://news.xinhuanet.com/observation/2011-03/07c_121155540.htm。

② 胡鞍钢：《中国：创新绿色发展》，北京：中国人民大学出版社，2012年版，第141～145页。

展规划”，这标志着中国进入“绿色发展时代”，这将在全世界产生积极深远的影响。

党的十八大报告指出，“建设生态文明，是关系人民福祉、关乎民族未来的长远大计。”面对我国当前资源约束趋紧、环境污染严重、生态系统退化的严峻形势，必须树立尊重自然、顺应自然、保护自然的生态文明理念，党的十八大强调“把生态文明建设放在突出地位，融入经济建设、政治建设、文化建设、社会建设各方面和全过程。”按照党的十八大报告提出的要求，着力推进绿色发展、循环发展、低碳发展，形成节约资源、保护环境的空间格局。

由此，可以看出中国特色的绿色发展模式：第一，加快经济发展方式转变，大力发展绿色产业。我国既有的经济发展方式，属于资源依赖型、投资主导型、高碳经济型的经济发展方式。这种发展方式是造成中国当前一系列发展难题的根源所在，是不可持续的。因此，必须转变经济发展方式，大力发展生态农业、生态工业、生态服务业，完善现代化生态化产业体系；大力发展环保产业。第二，有效控制温室气体排放，积极应对全球气候变化。调整产业结构和能源结构，通过节约能源、提高能效、增加森林碳汇等多种手段，大幅度降低能源消耗强度和二氧化碳排放强度，有效控制温室气体排放。第三，大力倡导文明、节约、绿色、低碳的消费理念，推动形成与我国相适应的绿色生活方式和消费模式。

第2章

绿色经济发展模式的必然选择

中国为什么要选择走绿色发展道路？目前全世界使用自然资源的强度和规模是如此之大，以至于我们正在改变着地球上最根本的自然生命支撑系统，全世界的生态环境、人口以及经济都已经进入了不可持续发展的轨道，这意味着，如果我们对此视而不见，并且继续使“一切按现有模式运转”，那么我们将会面临更具有灾难性后果的社会危机和生态危机。我们必须迎接各种挑战，创造将经济发展、生活质量提高与生态环境可持续发展有机统一的发展模式。

绿色发展是一种新的发展模式，是在传统发展模式基础上的一种模式创新，是建立在生态环境容量和资源承载力的约束条件下，将环境保护作为实现可持续发展重要支柱的一种新型发展模式。简而言之就是：传统的发展道路（传统的发展模式）已经不可持续，新的绿色发展机遇已经出现。胡锦涛在中国科学院第十五次院士大会、中国工程院第十次院士大会（2010年6月7日）上对“绿色发展”的内涵作了明确阐述：“绿色发展，就是要发展环境友好型产业，降低能耗和物耗，保护和修复生态环境，发展循环经济和低碳技术，使经济社会发展与自然相协调。”绿色发展能使经济发展摆脱对高资源消耗、高碳排放和高污染的依赖。它可能是工业革命以来最深刻、最全面的变革，它会带来生产方式、消费方式、组织模式、商业模式等全方位的改变。①

① 张永生：《中国为什么要走绿色发展道路》，载《中国发展观察》2012年第8期，第44～48页。

因此，我们不能用工业文明工业化的思维来思考绿色经济发展，也不能用环境经济学思维来思考绿色经济发展，必须用生态文明与可持续经济学发展的思维来考虑绿色经济发展，必须以生态马克思主义经济学哲学思维来思考绿色经济发展。刘思华先生按照建设生态文明的本质要求与实践指向，把绿色发展表述为："以生态和谐为价值取向，以生态承载力为基础，以有益于自然生态健康和人体生态健康为终极目的，以绿色创新为主要驱动力，以经济社会各个领域和全过程的全面生态化为基本路径，旨在追求人与自然、人与人、人与社会、人与自身和谐发展为根本宗旨，实现代价最小、成效最大的生态经济社会有机整体全面和谐协调可持续发展。"①

2.1 如何理解绿色经济发展模式

纵观人类社会经济发展的历史，从世界发达国家和地区所走过的工业化道路以及人类所选择的经济发展模式来看，人、生态与环境的关系经历了农业原始型协调发展阶段—工业化初期的掠夺型失调阶段—工业化后期和后工业社会的可持续型协调发展三个阶段。

农业文明时期，生产力水平极端低下，人类只能用简单的劳动工具从事物质资料的生产，经济结构以农业为主、手工业为辅，有少量的铸造业，生产效率低下，人与自然始终能够处于一个相对和谐的状态。这一时期人类造成的环境污染、生态破坏没有超过自然生态系统的承载力。工业文明时期，人类经历了三次科技革命，每一次都使生产力发生了巨大的飞跃，对生产方式产生了极其深刻的影响。这一时期的社会主体是工人和资本家，资本家拥有社会主要财产——资本，拥有先进的机器系统、电子计算机等技术工具，在高度机械化、自动化的生产方式下，疯狂地掠夺自然资源，消耗巨额的可再生与不可再生自然资源，创造的物质财富远远超过了农业社会发展时期。工业文明在创造了高度发达的生产力和丰富的财富之后，也生产出了许多"副产品"，比如，人口的急剧膨胀、资源消耗无度、环境污染严重。资本主义发展模式的原动力在于资本贪婪的逐利性，使资本扩张的无限性与自然资

① 引用刘思华在中国生态经济建设·2013杭州论坛上讲话《深化社会主义生态文明理论研究　促进中国特色社会主义文明绿色创新发展》；刘思华：《生态马克思主义经济学原理》（修订本），北京：人民出版社，2014年版，第578页。

源的有限性之间的矛盾越来越不可调和。正是在这一矛盾下，资本主义的发展模式体现出以过度消费主义为导向，以高消耗、高污染、高排放为基本特征的发展，即黑色经济发展模式。

黑色经济发展模式主导了人类过去 200 多年工业化、现代化的发展，已经成为人类发展的最大桎梏，导致了人类空前巨大的危机。在自然危机压力下，西方国家被动地对发展方式进行了调整，但没有改变过度的消费方式，其结果是危机越来越严重，越来越危及人类安全。人类必须摒弃传统的黑色经济发展模式，主动地选择出一种符合人类社会需求和趋势的社会经济发展新模式，彻底地变革旧的、传统的、黑色的经济发展模式，正确处理好人与自然的关系、生态环境与社会经济发展的关系。

我们对黑色经济发展模式与绿色经济发展模式的理论基础、运行机制、运行结果等进行比较分析，以便于更清晰地认识和理解绿色经济发展模式。

2.1.1 绿色经济发展模式是一种以生态文明为导向的经济发展模式，而黑色经济发展模式是一种以工业文明为主导的经济发展模式

以西方工业文明为主导的工业化模式，是一种粗放型的发展模式，是以生态与经济相脱节为特征的发展模式，该模式的理论根源就在于以“经济人”假设为出发点的西方主流经济学的工业文明经济理论，是以环境经济学为理论基础。“经济人”是工业化和商品经济的产物，是随着资本主义市场经济的形成而出现的。“经济人”假设把“人”高高置于自然界之外，将既有收入约束下消费越多则效用水平越高的效用最大化原则作为衡量消费者的理性尺度，把追求最小的预付资本获得最大利润、把实现自身的经济利益的最大化作为企业生产经营的唯一目的、内在动力和最高原则。这种发展模式的主要特征是增长速度与资源消耗强度、GDP 增加与环境负荷增大在速率上成正比，形成典型的“三高一低”，即高（资源）消耗、高污染（排放）、高（碳）排放和低产出，其路径是建立在自由竞争与自利的市场基础之上的资本驱动型的发展道路，是一种“资源—产品—污染排放”的单向线性开放式经济过程。这种经济发展道路，必然形成高增长、高代价的经济发展态势，“许多全球危机正是由于持续的高速增长带来的”。[①] 随着工业的发展、生产规模的扩大和

① 米哈依罗·米莎诺维克等：《人类处在转折点》（刘长毅，等译），北京：中国和平出版社，1987 年版，第 9 页。

人口的增长，环境的自净能力较弱乃至丧失，这种发展模式导致的环境问题日益严重，资源短缺的危机凸显。在工业革命过去了200多年之后，大量积累的二氧化碳排放，成为全球气候变化的根源。从本质上来说，西方工业文明的经济发展模式，是“先污染、后治理”“先致富、后清理”“以增长优先”的黑色经济发展模式，是以“掠夺”自然资源、损失自然资本为核心的经济发展模式，也是不可持续的经济发展模式。

绿色经济发展模式是对工业文明经济发展模式的根本变革。1989年，英国经济学家皮尔斯在《绿色经济蓝皮书》中首次提出“绿色经济”概念。联合国环境规划署（UNEP）在其发布的《绿色经济报告》中，对绿色经济给出的定义是：“从长期来看，能够使人类的福利水平改善，使不平等程度降低，同时不会使后代面临环境风险和生态稀缺性的经济形式”。

绿色经济发展要求摒弃工业文明的黑色经济形态的黑色弊端，克服和消除工业文明的经济发展模式，是以生态与经济相融合并强调生态凌驾于经济之上为特征的经济发展模式。该模式的理论基础是生态经济学，体现了生态文明的绿色经济发展模式。这种经济发展模式不仅要求将现有产业进行绿色转型，更重要的是大力发展生态产业，创造有利于绿色经济发展的市场空间，建立起经济增长与生态优先相结合的“三低一高”的经济发展道路，即低（资源）消耗、低污染（排放）、低排放（包括低碳甚至零碳排放）和高增长。这种生态与经济协调互促型的现代经济发展模式，其路径建立在消费和生产的绿色化之上。从消费看，要形成自律式的合理消费的绿色市场，从生产看，要形成“资源—产品与用品—再生资源”的物质反复循环流动的绿色生产过程。该过程和结果的“绿色化”“生态化”是绿色经济发展的主要内容和途径。这种经济发展道路，必然形成低代价、高发展的经济发展态势。绿色发展着眼于处理人与自然之间的关系，从对自然的掠夺性、肆意性变为和谐性、自律性，从以往经济中心主义和单纯经济利益导向发展转变为对于生态社会经济的全面衡量和对于人类和自然的全面尊重。①从本质上来说，绿色经济发展模式，是一种以积累绿色财富和增加人类绿色福利为根本目标，达到“全面、协调、可持续发展”的预想目标。绿色经济发展模式是将人类的一切活动放在自然界良性运行的大格局中考量，准确观察、判断整个人口、资源、环境、经济、社会、民生等的总

① 胡鞍钢：《中国：创新绿色发展》，北京：中国人民大学出版社，2012年版，第34页。

体结构及其运行状况，找出优化发展的对策，按照自然生态规律办事，以实现人与人之间和谐、人与自然之间和谐为根本宗旨的发展模式，是一种不给后人留下“遗憾”或“后遗症”的可持续发展模式。

2.1.2 绿色经济发展模式是以生态法则为导向的经济运行机制体系，而黑色经济发展模式是以市场力量为导向的经济运行机制体系

传统经济发展模式[①]（即黑色经济发展模式）与绿色经济发展模式的区别，就在于经济运行机制体系存在明显的不同。这主要表现在经济运行目标机制、经济动力机制、要素配置机制、经济激励机制、经济决策机制、经济协调机制等方面。[②]

2.1.2.1 经济运行目标机制

在工业文明时代里，人类的一切活动和发展行为几乎都是围绕着一个共同的，甚至可以说是唯一目标进行，这就是一味地追求物质财富的无限增长。这样的经济运行目标决定了经济运行中体现的表征是：经济决定一切，经济解决一切，经济评判一切。这种传统的经济发展观强调经济增长就是发展，并认为经济增长必然带来社会财富和人类文明福利的无限增加，而财富及其增长是衡量社会发展的基本尺度。单纯追求速度，而不重视质量和效益，不重视经济、政治和文化的协调发展，不重视人与自然的和谐。一味地重视追求经济目标，而忽视社会目标和生态目标，使生态目标与经济目标相分离。传统经济发展模式天生具有反生态、反人性及反社会的性质。自工业革命以来，人类以极高的生态代价和经济成本换取经济高速增长与物质财富急剧增加，把工业文明引入了绝境。

《我们共同的未来》指出，“可持续发展是一个全球的目标”，可持续发展要求决策者在制定政策时确保经济增长“建立在它的生态基础上”，也就是说经济运行要遵循生态法则，遵循生态经济规律。中国的绿色经济发展模式不同于片面强调重工业的苏联模式，也不同于追求高消耗、高消费、高增长的美国模式。它旨在摆脱传统经济发展模式的弊端，走出一条重质量、以提高真实财富为目标的独特发展模式。绿色经济发展强调“自然规律先于经济规律”，把“遵循自然规律、按自然法则办事”作为首要原则。绿色发展是一条低代价、高收益的发展。其根本目标就是

---

① 本书把传统经济发展模式称为工业文明经济发展模式，下同。

② 刘思华：《刘思华文集》，武汉：湖北人民出版社，2003 年版，第 613 页。

以最小的生态经济代价换取最大的经济发展，实现人类的最高目标——生态目标。实际上，在绿色经济发展中存在众多的目标：生态目标、经济目标、社会目标。在实现众多的目标过程中，强调社会经济发展要把生态目标放在优先位置，强调实现生态目标与经济目标、社会目标的有机统一。绿色经济发展中的多元化、多层次目标相互作用、相互发生影响，从而增进人的福利与实现人的全面发展。

2.1.2.2 经济动力机制

按照马克思的观点，物质利益是人类经济活动的一个基本动力，但并不一定就表现为个人追求经济利益的利己心。在马克思看来，对个人利益的追求将被共同劳动的意志和乐趣所代替，物质利益原则表现为追求集体的、公共的利益，而不是狭隘的、个人的利益。

从人类生态行为理论来看，工业文明时代的黑色经济是反人性（社会）和反自然（生态）的文明形态，是反人性（社会）和反自然（生态）的现代经济。其经济动力机制就是追求经济高速增长，追求物质利益的增加，追求眼前利益和局部利益的增加。并在诸多利益面前，把追求经济利益的增加放在优先的位置，在追求经济利益时根本不考虑人类经济社会的可持续发展问题。传统经济发展模式中的动力机制主要朝着取得经济效益的单一方向进行。

绿色经济发展的动力机制与西方工业文明的“黑色发展”有截然不同的含义。绿色经济发展是和谐协调发展，是可持续发展，是全面综合发展，它不再盲目追求人类发展的物质增长速度与物质财富的积累，不仅注重发展的物质成本，而且更加注重发展的生态成本，注重生态建设和环境保护。绿色发展模式以人的全面发展为根本动力。人类必须把发展，首先是人的发展作为首要因素与根本动力。这里的人，不仅指当代人，还指后代人。工业文明发展到今天，正在从兴盛走向衰落，西方工业文明的黑色经济发展模式已经走到尽头，使人们深刻认识到，当前全球已经陷入了环境污染危机、能源资源危机、极端异常气候变化及全球生态危机，不仅直接威胁人的生存，甚至直接危害人的发展。

绿色经济发展不仅以保证当代人福利的增加为动力，还以后代人有与当代人相同甚至更高的福利水平为动力。因此，绿色经济发展既要增加经济效益，也要增加生态效益和社会效益，把增加生态效益放在优先地位，寻求生态效益、经济效益与社会效益有机统一的实现形式，坚定不移地向着兼顾生态、经济和社会三大效益的方向前进。

2.1.2.3 资源和环境要素配置机制

在传统经济学或传统市场经济理论中，只有那些能够确定产权并能通过市场交换实现货币价值的生产要素，才属于资源的范围；那些公共性资源，如大气环流、生态环境、生态资本等都被排除在资源的范围外。与此不同，可持续发展经济学中的资源，是一切影响人类当前与长久福利的因素，不仅包括可市场化的资源，而且包括一切虽然不能被市场化，但会对整个人类的利益产生影响的因素，空气质量、生态环境、生物多样性、生态资本等，都属于资源的范畴。

西方发达的市场经济国家是以传统市场经济理论为依据，传统经济学是从当代人的利益角度来考虑资源和环境要素配置效果的好坏。资源和环境要素的配置主要是依靠市场方式、依靠价格信号来配置，主要是通过价值决定、供求导向、竞争调节这些相互关联的机制来实现资源优化配置。这种市场经济体制和运行机制，均与环境保护和生态建设“无缘”，甚至有些是相矛盾的。市场经济基本上是一种生态环境资源配置的失效经济，因为它的价格不能正确反映资源及其利用过程中的外部性，也没有考虑对子孙后代福利的影响，更没有考虑对整个社会的影响。现代社会经济无论是单一的计划配置或单一的市场配置都不能很好地解决资源配置问题。工业文明时代的黑色经济发展模式，遵循的是传统经济学资源观，认为自然资源的供给能力是无限的，经济增长和物质财富增长所依赖的自然资源在数量上是不会枯竭的，自然环境的自净能力具有无限性。因此，人类把经济增长建立在贪婪地索取自然资源、大量地消耗化石能源基础上，任意挥霍浪费自然资源，忽视经济发展与人类、资源、环境之间的协调关系。随着人口增长、经济规模扩大，人类对资源的需求量将大大超过其拥有量。有研究表明，只要自然资源的产权具有独占性、转让性和执行性，买卖资源的市场就不会导致人们只注重短期收益。也就是说产权界定清晰时，资源的市场配置是有效的。然而当资源的开采需要承担外部的环境成本时，市场配置通常就会失效。[①]市场的缺陷就在于它无法从根本上解决“外部不经济”，尤其是对自然生态系统破坏产生的“不经济”。

绿色经济发展观是生态文明的发展观，以生态经济理论和可持续发展经济理论为依据，要求经济发展必须是科学发展。可持续发展是从代际公平、从子孙后代人的利益角度来考虑资源配置效果的好坏。绿色经济发展要考虑资源及其利用过程中

---

① 汤姆·泰坦伯格：《环境与自然资源经济学》（第 5 版），北京：经济科学出版社，2003 年版，第 138～140 页。

的外部性影响，考虑其对整个世界的影响、对全社会的影响以及对子孙后代的影响。当今人类面临能源供应失衡、失控的气候变化、人口爆炸、全球变暖等危机。人类要应对这些危机，在生态文明时代，绿色经济运行机制应该是以计划配置（以生态环境优化为目标）为主导、与市场配置（以市场为基础配置资源和环境要素）、生态配置（以生态平衡为基础配置资源）相协调的多元配置机制。该资源配置机制，除了传统的市场配置和政府配置外，还要发挥信息、社会资本、诚信、集体行动等因素在环境资源配置领域的作用，以纠正市场失灵和政府失灵。资源配置机制运行的结果：一是通过解决国际社会及其各国内部资源分配和财富占有的不公平问题，从而实现地球有限资源环境最佳配置，使资源环境在代内和代际间公平地配置，实现资源环境配置效率的帕累托最优；二是通过合理地、科学地、节约地利用资源，从而实现资源的可持续利用，达到以最小的资源环境代价来获取最大的经济效益，极大地提高资源环境的利用效率；[①]三是要让自然资源和生态环境要素在能够准确反映市场供求和资源稀缺程度、体现生态价值和代际补偿的资源有偿使用的价格体系中来进行有效合理的配置。

2.1.2.4 经济激励机制

传统的经济激励方式主要是物质激励和精神激励，是朝着追求经济利益最大化、GDP 最大化的单一目标前进的，不管是物质刺激还是精神激励都偏离了可持续发展运行的轨道，都没有考虑过人类经济社会可持续发展问题，更不可能考虑同代人、不同代人之间的社会公平问题。因此，这种激励方式不利于资源的合理配置，不利于人类经济社会的可持续发展和人类共同利益的实现。

这里所讲的绿色经济激励机制，主要是指一些激励性的制度安排，包括绿色财政制度、绿色金融制度、绿色税收制度、绿色投资制度等。这些激励性制度相互影响、相互作用，必将对生态环境、资源利用和保护提供有效的制度保障。只有实行最严格的、最合理的制度，才能促进绿色经济发展。通过绿色财政补贴、绿色信贷等制度，可以鼓励和引导资源配置向无污染、少污染项目转移；也可以通过重税、取消财政补贴迫使经济个体放弃高污染的经济行为，使人类自觉地改变对自然资源的“大量索取、大量投入、大量消耗、大量废弃”的利用模式与生产方式。把经济发展切实转移到生态与经济良性循环的轨道上来，使人、社会与自然重新成为有机

---

① 刘思华：《刘思华文集》，武汉：湖北人民出版社，2003 年版，第 405 页。

统一体。

2.1.2.5 经济决策机制

无论发达国家还是发展中国家现存的市场经济都存在着一个共同的缺陷，即资源配置主要受市场力量所左右，并非受生态学原理所制约。也就是说，每个人作出经济决策，都以市场信息为指导，依靠市场来指导他们的决策。由于市场不能反映生态学的真理，不能反映商品和服务的全部成本，特别是没有反映各种经济活动的环境成本和生态代价，所以市场提供给各级经济决策者的信息往往是误导人的信息，他们经常低估产品和服务的价格。由于不能及时从市场得到可靠的信息，以致政府作出错误的决策：对人们尽情地耗费资源或者对那些会给环境带来严重破坏的活动还实施补贴。这种经济与生态的偏离，是现有经济决策机制的巨大缺陷，已经酿成一个恶果："为我们造就了一种与地球生态系统很不合拍的，亦即被扭曲了的经济——一种正在戕害其自然支持系统的经济。"①

绿色经济发展模式以生态学为基础，建立在人类和自然界相互依存、相互影响的基础之上，是一种以市场为导向转变成以生态法则为导向、寻求经济有效性与生态安全性最佳结合而发展起来的一种新经济形式。"一个能维系环境永续不衰的经济——生态经济，要求经济政策的形成，要以生态原理建立的框架为基础。"②因此，在作出这种新经济模式发展决策时，既要尊重经济规律，也要尊重生态规律。这是因为经济发展的实际载体是生态经济系统，它必然要受经济和生态两种客观规律的制约。经济的可持续发展一方面必须有经济的有效性作保证，另一方面，必须要有生态的安全性作保证，绿色经济发展才能够实现经济有效性和生态安全性的有机结合与统一。

2.1.2.6 经济协调机制

传统经济发展模式通过单纯追求经济增长伤害了经济社会与生态环境的协调发展，传统发展观片面强调发展的速度和发展的数量，并严重忽视对资源的合理开发利用，忽视自觉地调整人口、经济、社会与资源、环境、生态的协调关系。它把经济发展过程看成是与自然生态发展无关甚至对立的纯粹的经济运行过程，完全违背了经济的增长和物质财富的增加要以生态环境良性循环为基础的这个铁的法则，从而使人们的行为和发展方式越来越脱离人、社会与自然界的协调发展。这正是工

---

① 莱斯特·R. 布朗：《生态经济》（林自新，等译），北京：东方出版社，2002 年版，第 84 页。

② 莱斯特·R. 布朗：《生态经济》（林自新，等译），北京：东方出版社，2002 年版，第 2 页。

业文明危机的症结所在，造成人、社会和自然界的关系不和谐、不协调。

绿色经济协调机制就是要把现代经济发展的生态代价和社会成本减少到最低限度，实现经济、社会、自然三大系统、“三位一体”的统一、统筹、协调发展。[①]绿色经济协调机制既要协调人与自然之间的矛盾，也要协调人与人之间的矛盾，还要协调人与社会之间的关系。完整把握经济、社会、自然之间的协调关系，至少要处理好三种协调关系：一是必须坚持在生态环境系统承受能力可以支撑的前提下，解决当代经济社会和生态发展的协调关系；二是必须坚持在不危及后代人需要的前提下，解决当代经济发展与未来可持续发展之间的关系；三是必须坚持在不危害全人类整体经济发展的前提下，解决当代不同国家、不同地区以及各国内部各地和各种经济发展的协调关系。[②]在这样的经济协调机制作用下，才能更好地促进人与自然全面协调发展，人与人全面协调发展。

理论和实践表明，绿色经济运行机制是一种寻求经济发展和生态环境相互适应与协调发展的内在机制，是构建现代经济和生态环境联动运转与最佳结合的互动协调机制。

2.1.3 绿色经济发展按照代内公平和代际公平相统一、三种资本相互促进与生态资本优先增长的要求来配置资源

传统经济发展方式下，经济增长是以牺牲当代人、后代人甚至后几代人的自然生态环境为代价的，资源配置的核心问题就是追求经济效益，追求 GDP。绿色经济发展方式下，资源的配置要求人们遵循代内公平与代际公平相统一的原则，只有这样，才能真正实现经济永续发展。当今社会道德存在的一个普遍而突出的问题，就是资源的占有、使用和产品的分配等各方面都存在着差距。如发达国家以不到20%的人口，却使用了世界70%以上的各种资源。尤其美国，只有不到世界人口的5%，却使用了世界能源的25%以上；而占世界人口70%以上的广大发展中国家的人民，使用的能源却不到世界能源供给的30%。

绿色经济发展将资源配置的内涵拓展到生态、经济、社会等方面。更重要的是把价值、财富、资源的分配与占有从代内延伸到代际两个方面，达到“时空”的统

① 胡鞍钢：《中国：创新绿色发展》，北京：中国人民大学出版社，2012年版，第34页。

② 刘思华：《刘思华文集》，武汉：湖北人民出版社，2003年版，第405页。

一。由于资源的有限性和部分资源的不可再生性，而当代人要满足自己的福利需要又一定要消耗资源，这种资源的消耗则不可避免地会影响或损害后代人的利益，因此，如何在代际间公平合理配置资源，是实现人类社会经济可持续发展的核心问题，必须做到代内公平与代际公平之间的统一。

传统经济学把社会总资本[①]运动看成是和生态资本运动过程毫不相关的，甚至对立的纯粹的经济资本运动过程。因而生态资本运动过程就被排除在社会总资本运动过程之外。传统经济学研究的社会总资本是由物质资本和人力资本两类资本构成的，把生态资本作为经济发展的外生变量，把生态环境看作是经济的一个子系统，忽视生态资本的形成与积累，轻视生态资本对经济发展的制约作用和基础性的决定作用。人类长期以来一直以牺牲生态资本、生态财富为代价换取物质资本、物质财富的积累。工业资本的积累已经增长到需要过度利用自然资源的程度。其结果虽然使人类的物质财富和物质享受达到空前的程度，但却导致了严重的生态危机，并且使传统的经济增长方式难以持续下去。

和传统经济学相比较，作为现代经济学的生态经济学最基本的特征，就是把经济看作是环境的一个子系统，将经济系统和生态系统作为有机整体来研究经济运动的规律性。从生态经济学再生产理论来看，社会生产与再生产过程，既是人类通过经济活动不断进行自然物质变换，使物质财富不断形成和增加的自然过程、价值不断形成和增殖的社会过程，也是人类通过经济活动把生态资本变换成物质资本进而形成人力资本或知识资本的过程。这个过程决定了生态环境和生态资本必然是社会经济发展过程中的内生变量。物质资本、人力资本或知识资本、生态资本是经济可持续发展系统的组成部分，它们之间是可以相互替代转化的，但这三类资本之间的替代性是受限制的，尤其是物质资本和知识资本与生态资本之间的替代是有严格限制的。这主要是因为生态环境和自然资源的开发利用具有不可逆性，并且生态资本在技术上难以被人造资本替代。所以，确保生态资本的非减性或增殖性，是人类持续生存和经济可持续发展的基本条件。这三类资本相互增殖是绿色经济发展模式的最佳实现形态。21 世纪是生态文明时代，任何现代企业，都必须承担保护环境、改善生态、建设自然的责任与义务。在生态资源配置上，要求企业在生产经营过程中考虑到生态环境成本，将消耗生态资源造成的外部不经济性内部化，即还原生态

① 社会总资本是由一个社会的生态资本与物质资本和知识资本的结合。

资源的合理价格，实现真正的等价交换，纠正生态资源配置上的“市场失灵”，从而使生态环境资源在经济活动中得到优化配置和合理利用。

2.1.4 运行结果：绿色经济发展模式促进生态效益、经济效益、社会效益的有机统一与最佳结合，而黑色经济发展模式注重经济效益

以传统环境经济学理论为指导的经济运行过程是“生产—分配—交换—消费”的单向度的线性运行过程。认为生态资源是取之不尽、用之不竭的，花钱可能买到，甚至不花钱也能使用。因此将生态系统看作是经济系统之外能够自我增殖的资源，而无视生态系统的复杂性、整体性、有机联系性，无视生态系统的自组织、自演化和生态平衡与生态阈限等自然规律，也无视生态系统对人类生存和发展的内在的价值。建立在大量消耗自然资源、牺牲生态环境基础上的传统经济发展，是单纯的经济增长，经济增长愈快，生态负荷超载愈重，经济与生态环境逆向发展愈演愈烈，最终导致日益严重的自然资源枯竭、环境质量恶化、生态条件退化等生态经济问题。

绿色经济发展是经济社会的可持续发展、全面综合发展，是科学发展。发展的核心是以人为本，强调人的发展，人的发展不但是物质需求得到满足，而且是生态需求也要得到满足，因此，绿色发展始终强调经济发展的生态化，是效率最大化的经济发展，是工业文明到生态文明的人类文明层次的巨大进步。绿色经济发展不是单纯的经济增长，而是生态、经济、社会三个方面高度统一与协调发展，是这三个方面都得到全面进步的可持续发展。绿色经济发展模式要求人类在经济活动中，要重视和研究生态资源的利用、恢复、增殖的规律，寻求资源消耗最少、环境污染最轻、生态损害最小的可持续经济发展；寻求促进生态效益、经济效益和社会效益的有机统一。

2.2 以生态环境和经济社会协调发展为视角探寻绿色经济发展模式

人口、资源、环境同经济社会的协调发展，实质上是生态经济协调发展。生态经济协调发展理论，就是关于经济建设和人口、资源、环境相互关系的生态经济可持续发展理论。随着生产的发展和科学技术的进步，人口、资源、环境成为经济系

统中的内生变量和最基本要素。以人为主体的社会系统、经济系统和自然系统，通过协同作用形成社会—经济—自然复合生态系统。绿色经济发展模式就是强调这三大系统全面公平和谐可持续的发展。①

2.2.1 生态环境是经济社会发展的内生变量，驱动经济持续发展

生态环境是经济系统最基本的因素，是最基本的内生变量，这可以从马克思主义著作和研究论点中找到答案。马克思主义认为，作为社会产物的人，归根结底是自然界长期发展的产物，没有自然界就没有人本身。恩格斯在《反杜林论》中明确指出："人本身是自然界的产物，是在他们的环境中并且和这个环境一起发展起来的。"②所以我们可以说，人类和人类社会都是自然界不同形式的表现而已。马克思、恩格斯都从多视角研究了自然环境是人类及人类社会存在与发展的自然生态基础问题。按照马克思主义的观点，在人和自然的关系中，一方面是自然对人、对于人类社会而言，自然界对人类及人类社会的存在具有本源的制约性；另一方面是人对于自然而言，人类社会生存和社会存在与发展对自然界存在着本源的依赖关系。马克思主义历来认为，人不能脱离外部自然界及生态环境而生存，但是人绝对不是消极地适应自然，而是能够认识、掌握、遵循自然规律，从而利用、控制、调节、改变外部世界，实现人生存与发展的目的。因此，我们要牢牢地记住，人们在利用自然界时不要把自己放在"征服者"的地位，"相反的，我们同我们的肉、血和头脑一起都是属于自然界，存在于自然界之中。"③人类的生存与一切实践活动永远离不开自然界的养育，现代社会的发展永远离不开自然界的庇护。人类的一切经济活动都是在最大的生态系统即生物圈中进行的，因而，人类经济活动与生态系统发生着必然的、内在的联系。人类实践活动不能超越自然界及自然规律，即经济社会发展不能超越生态环境的承载能力，这是自然对人所规定的生态法则。

在传统经济学领域，生态环境在经济发展过程中常常被当作外生变量，自然界

① 胡鞍钢：《中国：创新绿色发展》，北京：中国人民大学出版社，2012年版，第48页。

② 马克思、恩格斯：《马克思恩格斯全集》第20卷（中共中央马克思恩格斯列宁斯大林著作编译局，译），北京：人民出版社，1971年版，第38～39页。

③ 马克思、恩格斯：《马克思恩格斯选集》第4卷（中共中央马克思恩格斯列宁斯大林著作编译局，译），北京：人民出版社，1995年版，第384页。

被看作是一个永无止境的自然资源宝库和垃圾场。其结果是，人类赖以生存的空间和场所被破坏了，人类的生存和发展难以为继。传统发展观完全不适应当代人口、经济、社会与资源、环境、生态之间的协调关系和可持续发展，与它对立的可持续发展观便应运而生。与传统经济学不同的是，可持续发展经济学强调整个现代社会的生态、经济、社会诸方面都得到全面的发展。因此，《中国21世纪议程》将中国可持续发展战略目标确定为“建立可持续发展的经济体系、社会体系和保持与之相适应的可持续利用的资源和环境基础”。这就是说，可持续发展是“生态—经济—社会”三维复合系统整体的可持续发展。

生态环境作为经济系统的内生变量，与经济系统之间具有相互联系、相互制约的生态平衡性。每个子系统都具有其内部自组织性功能结构特征，正是因为有这种自组织结构特征，内生变量才能形成协同或协调运动。如果破坏这种自组织结构，就有可能导致系统无序运动。也正是因为它们具有各自的特点，导致了它们各自在整体复合系统中所处的地位和作用有所不同，但是它们之间的协同关系、系统性、复合性、整体性的规律不会改变，因而经济再生产的可持续性也就不会改变。同时，人口、资源、生态环境问题制约着人类社会的发展，它深刻地反映着一个重大而基本的问题——人与自然的关系问题。追求人与自然的和谐是实现社会经济持续、稳定、协调发展的基本原则和根本保证。

目前，我国的生态环境形势相当严峻，一些地方环境污染问题还相当严重。如果不能有效保护环境，不仅无法实现经济社会可持续发展，人民群众也无法喝上干净的水、呼吸上清洁的空气、吃上放心的食物，由此必然引发严重的社会问题。因此，我们必须对传统经济发展模式进行深刻的批判和根本性决裂，主动地掌握自然的内在规律，正确认识和处理人与自然的关系，正确认识中国的国情，创新绿色发展道路。

2.2.2 生态环境同经济社会的协调发展是可持续经济发展

我国资源和环境保护的历史欠账沉重，加之人口激增带来的巨大压力，粗放型的发展方式尚未从根本上得到扭转，人口压力大，资源约束加剧，生态环境形势相当严峻，经济社会发展不平衡、不协调、不可持续问题比较突出。在这样的形势下，实现我国经济和社会可持续发展目标，建设生态文明，必须始终注意处理好人口、资源、环境同经济建设的关系。

2.2.2.1 生态环境和自然资源是经济社会可持续发展和全面发展的基础

环境和自然资源，是人类赖以生存和发展的基本载体，是人类进行生产和再生产的物质条件，是发展生产、繁荣经济的物质源泉，还是人类开展生态文明建设和生态消费的物质基础。因此，“管理好我国的环境，合理地开发和利用自然资源，是现代化建设的一项基本任务。”①“合理开发资源，加强生态环境保护，是经济可持续发展和社会全面进步的基础。在任何地方、在任何时候，都不能用当前的发展去损害未来的发展，更不能用局部的发展去损害全局的发展。”②

经济的增长与社会的发展，取决于环境和资源的支撑能力。李鹏同志在第三次全国环境保护会议上的讲话指出，“经济的增长，社会的发展，不仅依赖于科学技术的进步，还取决于环境和资源的支撑能力。在发展经济中，如果没有强有力的保护环境的政策和措施，就会使环境进一步的恶化，从而导致延缓，甚至破坏经济的顺利发展。”同时他还谈道，“保护环境能促进国民经济持续、稳定地发展，保护环境就是保护生产力。良好的生态环境，是经济发展的基础条件。如果这个基础条件破坏了，环境污染了，生态恶化了，不仅影响经济的发展，也会影响社会的安定。”③

生态环境和自然资源是经济社会可持续发展和全面发展的基础，这是一条生态经济可持续发展理论的基本原理，刘思华先生在《社会主义生态经济学的重要特点》一书中，提出现代生态经济系统运行与发展的三大生态经济规律，其中，就提出了“生态系统是基础和经济系统是主导之间相互作用的生态经济规律”。他指出，“生态系统是基础，是指它是经济系统、整个生态系统的基础。人类的生存和社会经济活动离不开生态环境系统，社会生产和再生产都必须以生态系统为基础。因而，经济系统、整个生态经济系统就建筑在生态系统之上。生态系统对经济系统这种基础作用的实质，就是生态系统为人类生存和社会经济发展提供生产和生活的良好生态环境，这是人类社会经济活动的基本条件，是社会经济发展的物质基础。经济系统

---

① 国务院：《关于在国民经济调整时期加强环境保护工作的决定》（1981 年 2 月 24 日），载《新时期环境保护重要文献选编》，北京：中央文献出版社、中国环境科学出版社，2001 年版，第 20 页。

② 李鹏：《环境保护知识读本》的序言（1998 年 11 月 11 日），载《新时期环境保护重要文献选编》，北京：中央文献出版社、中国环境科学出版社，2001 年版，第 531～532 页。

③ 李鹏：《在第三次全国环境保护大会上的讲话》（1989 年 5 月 1 日），载《新时期环境保护重要文献选编》，北京：中央文献出版社、中国环境科学出版社，2001 年版，第 133 页。

是主导，是指它是生态系统、整个经济系统的主导。人类不仅是自然生态系统的重要组成部分，而且它组成了人类社会。不管社会形态如何，人类的社会经济活动总是社会经济系统的主体。这是因为，只要有人类的社会经济活动，就会有经济系统和生态系统之间相互关系的存在，自然生态系统才会转化为生态经济系统。生态经济系统功能的高低主要取决于人类社会经济活动如何发挥其智慧，按照人类生存的经济发展的需要，来利用和改造生态系统，建立一个低消费、高效能，高产、优质的生态经济系统。因此，生态经济系统就是在生态系统的基础作用和经济系统的主导作用及其两者相互作用中，调节人类社会经济活动与自然生态发展关系，使生态、经济两个系统之间趋于相互平衡和协调发展。”①人类文明发展的普遍规律告诉我们，自然界是人类生存与发展的基础，生态环境是经济社会发展的基础。正如宋健同志在《我们共同的未来》序中指出，“人类社会的可持续发展只能以生态环境和自然资源的持久、稳定的支撑能力为基础，而环境问题也只有在社会和经济的可持续发展中才能得到解决。”②《我们共同的未来》一书指出，“发展不能以破坏环境资源基础为条件；增长如无视环境破坏的代价，环境就不能得到保护”。“经济增长总是带来环境破坏的危险性，因为经济增长造成对环境资源的压力的增加。”③但是以可持续发展思想作为制定政策的指导思想，要求决策者必须在制定政策时确保经济增长绝对建立在它的生态环境基础上，也就是要确保这些生态环境基础受到保护和发展，以使它可以支持长期的、持续的人类经济社会发展。

2.2.2.2 生态环境与经济协调是落实科学发展观的重要内容和基本要求

科学发展观的第一要义是发展，核心是以人为本，基本要求是全面、协调、可持续，根本方法是统筹兼顾。④发展始终是我们党执政兴国的第一要务。这里的“发展”是指在传统生产方式上的一种模式创新，实现低消耗、少污染甚至不污染的清洁生产、循环经济。基本要求是全面、协调、可持续，就是要建设资源节约型、环境友好型“两型社会”，实现经济发展与人口资源环境相协调，实现

---

① 刘思华：《刘思华选集》，南宁：广西人民出版社，2000 年版，第 6～7 页。

② 世界环境与发展委员会：《我们共同的未来》（王之佳、柯金良，等译），长春：吉林人民出版社，1997 年版，第 1～2 页。

③ 世界环境与发展委员会：《我们共同的未来》（王之佳、柯金良，等译），长春：吉林人民出版社，1997 年版，第 44、49 页。

④ 胡锦涛：《高举中国特色社会主义伟大旗帜　为争取全面建设小康社会新胜利而奋斗》，北京：人民出版社，2007 年版，第 15 页。

经济社会永续发展。

实现经济社会发展和自然生态环境相互协调，这是实施可持续发展战略、走可持续发展之路的根本问题，也是全面建设小康社会、落实科学发展观的重要内容和基本要求。《中国21世纪议程》明确指出："必须努力寻求一条人口、经济、社会、环境和资源相互协调的既能满足当代人的需求又不对满足后代人需求的能力构成危害的可持续发展的道路。"[①]客观事实说明，那种以盲目扩大投资规模、乱铺摊子为基础的经济增长，其增长速度越快，资源浪费就越大，环境污染和生态破坏就越严重，发展的持续能力也就越低。这是不可取的。因此，发展的核心问题是实现经济社会和人口资源环境的协调发展。

党的十四届五中全会第一次全面、系统和深入地分析了人口、资源与环境的辩证关系。在十四届五中全会上将可持续发展战略正式纳入"九五"和2010年中长期国民经济和社会发展计划，要求把社会全面发展放在重要战略地位，大力推进经济与社会相互协调和可持续发展。这是党的文件中第一次使用"可持续发展"概念。所谓可持续发展，就要既考虑当前发展的需要，又要考虑未来发展的需要，不要以牺牲后代人的利益为代价来满足当代人的利益。可持续发展的核心问题是实现经济社会和人口、资源、环境的协调发展。[②]"在现代化建设中，必须把实现可持续发展作为一个重大战略。要把控制人口、节约资源、保护环境放到重要位置，使人口增长与社会生产力的发展相适应，使经济建设与资源、环境相协调，实现良性循环。必须坚定不移地执行计划生育的基本国策，严格控制人口数量增长，大力提高人口质量。……我国耕地、水和矿产等重要资源的人均占有量都比较低。今后随着人口增加和经济发展，对资源总量的需求更多，环境保护的难度更大。必须切实保护资源和环境，不仅要安排好当前的发展，还要为子孙后代着想。绝不能吃祖宗饭，断子孙路，走浪费资源和'先污染、后治理'的路子。要根据我国国情，选择有利于节约资源和保护环境的产业结构和消费方式。坚持资源开发和节约并举，克服各种浪费现象。综合利用资源，加强污染治理。"[③]

在党的十五大报告中进一步强调："我国是人口众多、资源相对不足的国家，

---

① 国务院：《21世纪议程——中国21世纪人口、环境与发展白皮书》，北京：中国环境科学出版社，1994年版，第1页。

② 江泽民：《在中央计划生育工作座谈会上的讲话》（1996年3月10日），1996年3月11日《人民日报》。

③ 江泽民：《正确处理社会主义现代化建设中的若干重大关系》，1995年10月9日《人民日报》。

在现代化建设中必须实施可持续发展战略。”①在党的十六大报告中强调指出，必须“把可持续发展放在十分突出的地位，坚持计划生育、保护环境和保护资源的基本国策”，②并把提高可持续发展能力作为全面建设小康社会的重要目标，以实现“可持续能力不断增强，生态环境得到改善，资源利用效率显著提高，促进人与自然的和谐，推动整个社会走上生产发展、生活富裕、生态良好的文明发展道路。”③同时，还提出了走新型工业化道路，大力实施科教兴国战略和可持续发展战略。改革开放30 多年来，我国经济增长取得了令人瞩目的成就，但我们必须要清醒地看到，我国经济增长方式粗放的问题十分突出，资源环境面临的压力越来越大。我国的资源总量和人均资源都严重不足，而资源消耗的增长速度却十分惊人。我国的国内资源难以支撑传统工业文明的持续增长。我国的生态环境状况已临近生态阈值，难以支撑当前的高污染、高消耗、低效益生产方式的继续扩张。④虽然说，21 世纪初生态经济可持续发展的形势仍然相当严峻，但协调可持续发展的前景是光明的。

党的十六届三中全会提出了“坚持以人为本，树立全面、协调、可持续的发展观，促进经济社会和人的全面发展任务，按照统筹城乡发展、统筹区域发展、统筹经济社会发展、统筹人与自然和谐发展、统筹国内发展和对外开放的要求，更大程度地发挥市场在资源配置中的基础性作用。”这种完整的科学发展观是在深刻总结世界各国发展经验教训，吸收当今世界经济发展理论的精华，深刻认识中国基本国情和发展阶段性特征的基础上提出来的。科学发展观回答了现阶段的中国，什么是发展、为什么要发展、怎样才能发展和怎样判断发展的标准等发展观的基本问题。科学发展观是中国全面建设小康社会、建设中国特色社会主义现代化、实现中华民族伟大复兴的重要指导思想。胡锦涛同志谈到落实科学发展观时进一步指出：“可持续发展，就是要促进人与自然的和谐，实现经济发展和人口、资源、环境相协调，坚持走市场发展、生活富裕、生态良好的文明发展道路，保证一代接一代地永续发展。”⑤党的十六届四中全会通过的《中共中央关于加强党的执政能力建设的决定》中，明确将“坚持以人为本、全面协调可持续的科学发展观，更好地推动经济社会

① 江泽民：《江泽民文选》第 2 卷，北京：人民出版社，2006 年版，第 26 页。

② 江泽民：《江泽民文选》第 3 卷，北京：人民出版社，2006 年版，第 546 页。

③ 江泽民：《江泽民文选》第 3 卷，北京：人民出版社，2006 年版，第 544 页。

④ 冯之浚：《科学发展与生态文明》，载《太平洋学报》2010 年第 1 期，第 1～2 页。

⑤ 胡锦涛：《在中央人口资源环境工作座谈会上的讲话》，2004 年 4 月 7 日《光明日报》。

发展”作为我党的执政经验之一；同时还提出要推动建立统筹城乡发展、统筹区域发展、统筹经济社会发展、统筹人与自然和谐发展、统筹国内发展和对外开放的有效体制机制。此外，还要重视计划生育、节约资源、保护环境和安全生产，大力发展循环经济，建设节约型社会。贯彻落实科学发展观，要坚持从实际出发，因地制宜，分类指导，积极推进。①党的十七大报告指出：“建设生态文明，基本形成节约资源和保护生态环境的产业结构、增长方式、消费模式。”报告还强调，要使“生态文明观念在全社会牢固树立”。这是党的正式文献中第一次使用生态文明的概念，把生态环境的重要性提高到了“文明”的高度。建设生态文明是科学发展观的必然要求。

2.2.3 实现经济可持续发展必须正确处理好经济建设与生态环境的关系

中国特色的可持续发展是发展经济、控制人口、节约资源、保护环境的“四位一体”协调发展，最终实现经济社会与生态环境双赢互胜的生态良性循环。②可持续发展的本质是发展，发展才是硬道理，发展要有新思路。邓小平同志强调“对于我们这样发展中的大国来说，经济要发展得快一点，不可能是那么平平静静、稳稳当当。要注意经济稳定、协调发展。”③“发展是硬道理。必须抓住一切机遇加快发展。发展要有新思路。坚持扩大内需的方针，实施科教兴国和可持续发展战略，实现速度和结构、质量、效益相统一，经济发展和人口、资源和环境相协调。”④江泽民同志在 1999 年中央人口资源环境工作座谈会上的讲话时指出，“促进我国经济和社会的可持续发展，必须在保持经济增长的同时，控制人口增长，保护自然资源，保护良好的生态环境。必须从战略的高度深刻认识处理好经济发展同人口、资源、环境的关系的重要性。”⑤

---

① 《中共中央关于加强党的执政能力建设的决定》，人民网，2004-11-17，http：//www.people.com.cn/GB/40531/40746/2994977.html。

② 刘思华：《生态马克思主义经济学原理》，北京：人民出版社，2006 年版，第 416 页。

③ 邓小平：《在武昌、深圳、珠海、上海等的谈话要点》（1992 年 1 月 18 日—2 月 21 日），载《邓小平文选》第三卷，北京：人民出版社，1993 年版，第 3771 页。

④ 江泽民：《全面建设小康社会 开创中国特色社会主义事业新局面——在中国共产党第十六次全国代表大会上的讲话》（2002 年 11 月 8 日），2002 年 11 月 8 日《人民日报》。

⑤ 江泽民：《在中央人口资源环境工作座谈会上的讲话》（1999 年 3 月 13 日），1999 年 3 月 14 日《人民日报》。

人口问题是关系全局的重大问题，是制约我国可持续发展的首要问题。人口问题，既是一个社会问题，也是一个经济问题。从本质上讲是发展问题。如果控制不住人口增长，就必然会造成过度开发利用资源，生态环境就会越来越恶化，环境质量就会越来越差；如果抓不好生态环境保护工作，生态环境就会受到污染或者破坏，就会直接影响人民身体健康、影响生存的条件，甚至危及子孙后代的生存和发展。中国共产党第三代中央领导集体始终坚持把控制人口、节约资源、保护环境放在重要的战略位置，因为它们关系到我国经济和社会的安全，关系到人民生活的质量，关系到中华民族生存和发展的长远大计。江泽民同志在1992年、1993年、1995年、1996年中央计划生育工作座谈会上的讲话反复强调，“如果我们不能把人口控制住，大量的经济成果就会被过快增长的人口抵消掉”；“控制人口增长，是实现我国第二步、第三步战略目标必不可少的重要条件”；“没有人口增长的合理控制，没有人口、经济、社会、环境状况相协调发展，要实现国民经济持续、快速、健康发展和社会全面进步是很困难的”；“要实现可持续发展，首先必须合理控制人口规模。如果人口盲目地膨胀，与社会生产力的发展不相适应，不仅难以满足当代人的生活需要，而且势必破坏资源与环境，危及后代的生存与发展”。①2000年江泽民在中央人口资源环境工作座谈会上的讲话指出，“我国是世界上人口最多的发展中国家，人均资源很有限，必须始终坚持把控制人口、节约资源、保护环境放在重要的战略位置。惟其如此，我们才能实现可持续发展。”②其后，朱镕基在中央人口资源环境工作座谈会上的讲话中指出，“我们一定要坚持贯彻计划生育、保护环境和保护资源的基本国策，坚定不移地走可持续发展的道路，推动经济社会与人口资源环境的协调发展。”③

保护和合理利用资源是可持续发展的关键所在。我们这里所说的资源，是指自然资源。自然资源是指广泛存在于自然界的能为人类利用的自然要素。诸如土地、水资源、矿物、气候资源、生物资源等。它不仅是经济发展与社会财富增长的物质基础，而且是人类生存繁衍的现实基础。我国在一些重要的自然资源可持续利用和保护方面正面临着严峻的挑战。一是中国的人均资源占有量相对较小，而且人均资源数量和生态质量仍在继续下降或恶化；二是随着人口的大量增长和经济发展对资源需求的过分依赖，自然资源的日益短缺将成为中国社会、经济持续、快速、健康

---

① 1992年3月10日、1993年3月22日、1995年3月19日、1996年3月11日《人民日报》。

② 江泽民：《在中央人口资源环境工作座谈会上的讲话》（2000年3月12日），2000年3月13日《人民日报》。

③ 朱镕基：《在中央人口资源环境工作座谈会上的讲话》（2003年3月9日），2003年3月10日《人民日报》。

发展的重要制约因素，尤其是北方地区的水资源短缺与全国性的耕地资源不足和退化问题。[①]为了确保可持续高速经济增长不受制于自然生态系统，我们必须贯彻落实“保护资源、节约资源、合理开发和利用资源”“开发利用与保护增值并重”的方针和“谁开发谁保护、谁破坏谁恢复、谁利用谁补充”的政策，依靠科技进步挖掘资源潜力，坚持走提高资源利用效率的资源节约型经济发展的道路。[②]《中共中央关于制定国民经济和社会发展第十个五年计划的建议》指出，合理使用、节约和保护资源，提高资源利用率，是实现可持续发展战略的关键所在。习近平总书记在中共中央政治局就大力推进生态文明建设进行第六次集体学习时强调，“节约资源是保护生态环境的根本之策。要大力节约集约利用资源，推动资源利用方式根本转变，加强全过程节约管理，大幅降低能源、水、土地消耗强度，大力发展循环经济，促进生产、流通、消费过程的减量化、再利用、资源化。”[③]

保护生态环境是可持续发展的根本问题。我国人口众多，人均资源相对短缺，科技水平不高，经济技术基础比较薄弱，保护生态环境面临的任务很艰巨。加强生态环境保护，是当前和今后我国经济社会发展的客观需要和必然选择。生态环境保护是功在当代、惠及子孙的伟大事业和宏伟工程，坚持不懈地搞好生态环境保护是保证经济社会健康发展、实现中华民族伟大复兴的需要。[④]因此，在经济和社会发展中，我们必须努力做到投资少、消耗资源少，而经济效益高、环境保护好。如果在发展中不注意环境保护，等到生态环境破坏了以后再来治理和恢复，那就要付出更沉重的代价，甚至造成不可弥补的损失。[⑤]生态环境保护，是关系可持续发展大事。因为它关系我国经济能否持续发展，关系人民生活质量能否不断提高，关系中华民族子孙后代的生存、繁衍。[⑥]生态环境保护关系到国家长远利益和人民群众的切身利益。一些地区生态环境遭到破坏，环境污染严重，成为制约当地经济发

① 国务院：《21 世纪议程——中国 21 世纪人口、环境与发展白皮书》，北京：中国环境科学出版社，1994 年版，第 107 页。

② 国务院：《21 世纪议程——中国 21 世纪人口、环境与发展白皮书》，北京：中国环境科学出版社，1994 年版，第 108 页。

③ 习近平：《坚持节约资源和保护环境的基本国策　努力走向社会主义生态文明新时代》，人民网，2013 年 5 月 27 日。

④ 国务院：《全国生态环境保护纲要》，2000 年 12 月 22 日《人民日报》。

⑤ 江泽民：《在第四次全国环保会议上的讲话》（1996 年 7 月 16 日），1996 年 7 月 19 日《人民日报》。

⑥ 李鹏：《在第四次全国环境保护会议开幕式上的讲话》（1996 年 7 月 15 日），载《新时期环境保护重要文献选编》，北京：中央文献出版社，2001 年版，第 373 页。

展、影响生活质量提高的重要因素。防止污染和保护生态，是关系可持续发展的大事。[①]环境保护，是我国现代化建设中的一项战略任务，是一项重大国策。我们必须坚定不移地执行环境保护的基本国策，使经济建设与环境保护、资源利用相协调，绝不能走先污染、后治理的老路，绝不能以牺牲环境为代价去换取一时的发展。[②]良好的生态环境是社会生产力持续发展和人类生存质量不断提高的重要基础。我们必须彻底改变以牺牲生态环境、破坏自然资源为代价的粗放型增长方式，不能以眼前经济发展去损害长远利益，不能用局部经济发展去损害全局利益。[③]

因此，正确处理好人口、资源、环境和经济协调发展，就是生产发展、生活提高、生态改善的协调发展。党的十六大、十七大报告提出的“生产发展、生活富裕、生态良好的文明发展道路”，就是经济系统、社会系统、自然系统的统一、统筹、协调的文明发展道路，是科学发展的道路，是生态文明的绿色发展道路。“坚持以人为本，树立全面、协调、可持续的发展观”，开辟了人类历史上规模最大的绿色发展实践。

2.3 绿色经济发展模式的本质是生态文明的生态经济形态

现行工业文明发展模式使自然生态系统濒临崩溃，生态资本迅速减少，严重制约了现行经济发展。世界各国政府纷纷实施绿色新政，创新绿色发展，使生产方式和消费方式绿色化即生态化。因此，我们必须从工业文明黑色发展模式中来认识和把握生态文明的绿色发展道路和模式，确立生态文明的绿色发展模式是全球经济绿色创新转型的大趋势。

2.3.1 现行经济发展模式的生态约束

工业革命的成功，在很大程度上缓解了世界上大部分人口消费品短缺的状况。

① 李鹏：《在中央计划生育和环境保护工作座谈会上的讲话》（1998 年 3 月 15 日），1998 年 3 月 16 日《人民日报》。

② 李鹏：《在中央计划生育和环境保护工作座谈会上的讲话》，1997 年 2 月 5 日《光明日报》。

③ 胡锦涛：《在中央人口资源环境工作座谈会上的讲话》（2004 年 3 月 10 日），载《十六大以来中央文献选编》，北京：中央文献出版社，2005 年版，第 853 页。

然而，与此相伴的经济增长现在正在削弱我们最终依赖的自然提供物品和服务的能力，这些自然提供的物品和服务已经成为新的稀缺资源。①

人类进入 20 世纪以后，极度膨胀的经济增长驱使人们在很大程度上忽视生态价值，只重视自然的物质价值，而且力图把它转化为最大的经济价值。在现行体制下保持世界工业产出的成倍增长而又不发生整体的生态灾难是不可能的。事实上，我们已经超越了某些生态极限。我们从 20 世纪接受下来的经济，是在 21 世纪无法持续发展的经济。空前的人口和经济增长，造成人类自然系统负担沉重，世界范围内的环境压力空前巨大。相对于生态系统，经济规模发展得越大，施加给地球自然极限的压力越多，这种不和谐造成的破坏就越严重。全球性的经济指标显示了经济的巨大进步，而生态方面的指标都是朝着恶化的方向发展。我们现行的经济发展模式正在毁坏其支持系统，消耗地球赠给我们的自然资本。②

人类进入 21 世纪，我们的地球已经变得拥挤不堪了：在内部相互关联的全球经济下，生活着 66 亿人口，同样令人震惊的是，这些人口每年的产值高达 60 万亿美元。从冰天雪地的冻土带到热带雨林，再到沙漠，人类占据了地球上的每一个生态位。③目前几乎世界上每一个生态系统都处在人类活动的威胁之下。

2.3.1.1 西方工业文明发展模式使自然生态系统濒临崩溃

以西方工业文明为主导的发展模式，正在破坏森林、牧场、渔场和耕地等四大生态系统。现行的经济增长需求超过了生态系统可持续产出。经济系统与生态系统之间的稳态关系被破坏了，使经济持续发展失去了自然生态系统的支持，使经济发展受到自然系统的制约。

森林面积缩小，热带雨林遭受严重破坏。森林的一个重要功能是涵养水源、保持水土。由于乱砍滥伐、开山毁林、森林火灾等因素，全球森林面积大为减少。虽然对破坏森林带来的恶果早有深刻的警示，但尊重自然、保护森林并没有成为人类共同的行动。人类对森林的破坏不断加剧，最近 100 多年达到了十分惊人的速度。地球上的森林面积在 20 世纪初时估计为 50 亿 hm^2，到 1954 年世界森林和林地面

---

① R. Hueting，*The New Scarcity and Economic Growth：More Welfare Through Less Production？* Amsterdam：North Holland，1980.

② 莱斯特 • R. 布朗：《生态经济》（林自新，等译），北京：东方出版社，2002 年版，第 4～6 页。

③ 杰弗里 • 萨克斯：《共同财富——可持续发展将如何改变人类命运》（石晓燕，译），北京：中信出版社，2010 年版，第 17 页。译者注："生态位"（ecological niche），又称小生态环境、生态区位，是指一个种群在自然生态系统中，在时间、空间上所占据的位置及其与相关种群之间的功能关系和作用。

积减少到 40 亿 hm^2，这些仍保留的森林基本上一分为二，一半是发展中国家的热带和亚热带森林，另一半是工业化国家的温带和北方森林。地球上的热带雨林是地球生态系统的重要支撑，热带雨林的消失对地球生物多样性是最大的威胁。植物和动物都在消失，减少了自然提供的种种服务，导致地球生态系统不可逆转的变化。

土壤在流失，土地严重侵蚀。传统的经济发展模式破坏了土壤和植物之间的共生关系。现在，全球大约有 1/3 的耕地，其表土流失快于新土壤的生成，从而不断降低土地的固有生产力。经过亿万年积累的表土，开始逆转为这项基本自然资本的逐渐耗尽。

牧场在退化，草地变沙漠。据估计，全世界人口中有 2 亿人以畜牧业为生，饲养牛、绵羊和山羊。目前，几乎在所有的发展中国家，牲畜需要的饲料都超过了牧场及其他饲料源的可持续产量。全球的草地，几乎有一半已经轻度或中度退化，而且有 5%严重退化。在许多国家，受过度放牧、过度耕耘和过度砍伐驱动的荒漠化进程，由于人口和牲畜数量的不断增长而愈演愈烈。

全世界的渔场都在崩溃。在海洋渔场面临的诸多威胁中，直接威胁鱼类生存的是过度捕捞。新技术的发展导致了海洋捕捞量的扩大。有关研究资料显示，拥有 500 年历史的加拿大鳕鱼渔场，毁于 20 世纪 90 年代初期，使得大约 4 万渔民和鱼类加工者失去工作。欧洲鳕鱼渔场的衰落和加拿大一样，已经到了无可挽救的地步。各个国家如果不能在大自然的最后期限到来之前，对过度捕捞来个急刹车，渔场势必衰落继而崩溃。①

在日益一体化的全球经济中，地区性生态系统的崩溃必然波及全球的经济。应对人类活动引起的越来越大的破坏性灾害需要付出的代价可能会压垮自然生态系统，可能会压垮某些社会，最终会导致它们经济的衰退。这正是由于全球经济不良的结构，导致对生态系统的需求不断增加，使承载力有限的生态系统、自然资本逐渐枯竭，陷入自然资源和生态环境制约经济增长和社会发展的困境。

2.3.1.2 中国持续高速的增长模式使自然生态资本不断减少

自 1978 年中国开始经济改革开放以来，随着中国经济持续高速增长，与之相伴相生的是资源耗竭和生态环境恶化。这不仅是“三高”工业模式和经济优先发展的结果，也是西方发达国家过度消耗自然资源、侵略生态环境的结果。尽管国家长

① 莱斯特·R. 布朗：《B 模式 3.0：紧急动员 拯救文明》（刘志广，等译），北京：东方出版社，2009 年版，第 104～124 页。

期以来坚持推进水土流失治理工程、生物圈保护，但未能从根本上遏制大规模的土地沙化与荒漠化、生物多样性减少的趋势。

水土流失范围广，危害严重。我国成为世界上生态退化和水土流失最为严重的国家之一。尽管《2012 中国环境状况公报》显示，全国现有水土流失面积 294.91 万 km^2，占国土总面积的 31.12%，其中，水力侵蚀面积 129.32 万 km^2，风力侵蚀面积 165.59 万 km^2。[①]由于水土流失面积大、范围广、强度大、危害重，导致土壤涵养水源能力降低，加剧干旱灾害，直接威胁我国的粮食安全、防洪安全和生态安全。

森林生态系统退化严重。我国森林生态系统呈现数量增长与质量下降的局面。根据我国第八次全国森林资源清查(2009—2013 年)结果，全国森林面积 2.08 亿 hm^2，森林覆盖率为 21.63%。活立木总蓄积 164.33 亿 m^3，森林蓄积 151.37 亿 m^3。天然林面积 1.22 亿 hm^2，蓄积 122.96 亿 m^3；人工林面积 0.69 亿 hm^2，蓄积 24.83 亿 m^3。森林面积和森林蓄积分别位居世界第 5 位和第 6 位，人工林面积仍居世界首位。但我国仍然是一个缺林少绿、生态脆弱的国家，森林资源总量相对不足、质量不高、分布不均的状况仍未得到根本改变。

草原退化。草地既是牧民赖以生存的基本自然资源，也是具有重要生态调节功能的生态系统。我国草地面积巨大，2012 年，全国草原面积近 4 亿 hm^2，约占国土面积的 41.7%。然而，超载放牧和过度开垦致使草地迅速退化。据估计，约占国土面积 1/4 的天然草原中接连出现不同程度的退化，退化和沙化草原已成为中国主要的沙尘源。有关资料显示，中国的放牧量与美国相当，中国养着 1.15 亿头牛，而美国只有 9 700 万头。此外，中国的绵羊和山羊多达 3.66 亿只。[②]这些牛羊种群大都集中在中国的西部和北部，过度放牧致使那里保护土地的植被不断遭到破坏。如果继续进行下去，土壤失去保护，肥沃的牧地沦为荒地和沙漠。退化草地上的生产力等级也随之下降，优良牧草种类减少，毒草种类和数量增加，牲畜承载能力严重下降。

生物多样性受到严重威胁。自 2003 年以来，近 10 年，新入侵中国的恶性外来物种有 20 多种，常年大面积发生危害的物种有 100 多种，危害区域涉及中国 31 个省（自治区、直辖市，不包括香港、澳门、台湾），造成了严重的经济损失。[③]根据

---

① 环境保护部：《2012 年中国环境状况公报》，www.mep.gov.cn/gkml/hbb/qt/201407/t20140707_278319_wap.shtml。

② 莱斯特 • R. 布朗：《B 模式 3.0 紧急动员　拯救文明》（刘志广，等译），北京：东方出版社，2009 年版，第 113 页。

③《中国外来生物入侵形势严峻　百余物种常年发生危害》，中国新闻网，2012-08-24，http：//www.chinanews.com/gn/2012/08-24/4131010.shtml。

《2012 年中国环境状况公报》显示，目前入侵中国并造成严重危害的外来林业有害生物有 36 种，年均发生面积 280 多万 hm^2。中国野生高等植物濒危比例达 15%～20%，野生动物濒危程度也不断加剧。

石漠化危害加剧。中国遭受荒漠化危害的程度要超过其他任何大国。有关研究资料显示，1950—1975 年，中国平均每年有 1 560 km^2 土地沦为荒漠；1975—1987 年，此数上升为 2 100 km^2；从那以后到 20 世纪末，每年沦为沙漠的土地猛增到 3 600 km^2。①我国南方 8 省（自治区、直辖市）有石漠化面积 12.96 万 km^2，并且以年均 2%左右的速度扩展，其中中度和重度石漠化面积占 72.53%，还有近 13 万 km^2 的潜在石漠化面积。②国家林业局 2011 年发布的《第四次中国荒漠化和沙化状况公报》显示，截至 2009 年年底我国荒漠化土地面积达到 262.37 万 km^2，占国土总面积的 27.33%，且仍以每天 400 hm^2、每年 2 450 km^2 的速度扩展。

改革开放 30 多年来，我国的经济体制基本沿用工业文明发展“体制化”方向前行，仍然保留着生态与经济相脱离、人与自然不和谐的基本特征。这种以牺牲生态环境为代价的工业文明发展模式和经济体制，使客观存在于自然界的物质和生命财富等自然生态资本不断衰减，使地球上的经济系统不断增大，结果使经济系统受制于自然生态系统。当自然资源和生态环境成为经济发展的内生变量时，持续的经济增长就开始受到自然资本的约束。例如捕鱼必将会受到水产资源的约束；木料将会受到森林资源的约束；城市经济发展将会受到土地资源的约束；城市交通必将会受到能源资源的约束。所以，无论是从资源的角度看，还是从资源的供给角度看，中国经济高速成长面临的生态资本约束在不断增强。该怎么办呢？只有一条道路：进一步加大转方式、调结构的力度，推动中国走绿色发展道路。

2.3.2 世界主要国家“绿色新政”的绿色化及生态化

伴随着对传统工业化和城市化模式所存在问题的不断质疑，绿色理念的提出已经有 50 多年。这是人类对自身生产、生活方式的反省。但在当时，绿色理念主要集中在污染的末端治理方面。为了同时应对金融危机和经济危机，联合国环境规划署于 2008 年 10 月提出了“全球绿色新政”和发展“绿色经济”的倡议。2008 年

---

① 王涛等：《近 50 年中国北方沙漠化土地的时空变化》，载《地理学报》2004 年第 59 卷，第 203～212 页。

② 国家林业局：《2012：生态文明与可持续发展林业专题研究报告》。

12 月联合国秘书长潘基文倡导发展“绿色经济”后，美国、欧盟、新兴工业化国家和“金砖五国”先后将新能源、新材料列入技术研发和经济发展驱动的核心环节，并以此推动国民经济同时实现快速复苏和经济结构调整的目标。世界主要经济体实行了不同的“绿色复苏”推进措施，通过重塑和重新关注重要部门的政策、投资和支出，使经济“绿色化”，在复苏经济、增加就业的同时，加速应对气候变化。

美国在经历资源破坏、环境污染一系列灾害及能源危机的重创后，特别是经历 2008 年金融危机的打击后，确立了奥巴马政府的“绿色新政”。美国“绿色新政”以新能源技术、新能源产业培育和新能源技术推广与应用为核心，全力推动经济增长方式的转变和新经济模式的构建。根据“绿色新政”计划，美国政府将给予新能源技术研发、应用与推广以巨额资金的支持。在 2010—2019 年的 10 年中，美国政府将投入 1 500 亿美元的“清洁能源研发基金”，资助新能源的研究，进行可再生能源技术开发，并采取综合性的引导手段，将传统的制造中心转变为绿色发展和应用技术中心。美国新能源政策发展目标：在未来 3 年内将可再生能源产量翻一番，实现到 2012 年美国 10%的电力来源于可再生能源，到 2025 年，这个比例将提高到 25%；到 2013 年实现高级生物燃料生产达到 20 亿 gal。在节能增效方面，力争 5 年内将所有联邦政府建筑能源提高 40%；鼓励民众使用公共交通系统，为购买混合动力汽车的个人减税。在应对气候方面，启动“总量控制和碳排放交易”系统，以及具体的温室气体排放目标。

欧盟是世界上唯一一个在 GDP 增长的情况下保持一次能源总消费量稳定的区域。2009 年 3 月 9 日，欧盟正式启动了整体的绿色经济发展计划。根据计划安排，2013 年以前，欧盟将投资 1 050 亿欧元用于“绿色经济”的培育、支持与建设。欧盟认为，支持绿色经济和环境保护符合欧盟地区支持计划所规定的实现可持续增长、创造就业和提高竞争力的目标。欧盟理事会也于 2009 年 10 月通过了面向后里斯本议程和欧盟可持续发展战略的发展“生态效率经济”的决议。欧盟力图通过基于可持续生产和可持续生活方式的转变，建立一个安全、可持续低碳和资源节约型的经济。一份欧盟委员会的解密文件显示，2010—2020 年，欧盟需要花费 1 万亿欧元用于更新电网系统，以使其与可再生能源相适应。欧盟希望到 2020 年，绿色能源可以生产出 1/3 的电力。欧盟的绿色经济发展计划，既包括新能源、新材料和新产品等技术的研发、应用和推广，也包括现有产业经济的技术革新和改造，还包括以“减排”为目标的能源替代和工艺创新。

英国的“绿色新政”主要体现在绿色能源、绿色生活方式和绿色制造三个方面。按照英国政府的绿色发展计划，在能源方面，大力发展核电、风能、潮汐能等可再生能源，到 2020 年可再生能源在能源供应中要占 15%的份额，其中，40%的电力来自绿色能源领域，这既包括对依赖煤炭的火电站进行“绿色改造”，更重要的是发展风电等绿色能源。同时，英国政府拨款 32 亿英镑用于住房的节能改造，到 2050 年实现住房“零排放”，对主动推广新节能生活方式的家庭进行补偿。政府支持绿色制造业，研发新的绿色技术。

日本环境省于 2009 年 4 月公布了《绿色革命与社会变革》的政策草案，主要包括四个方面的内容：一是太阳能利用规模达到世界第一，即从 2005 年的 10.5%提高到 2020 年的 20%，2020 年太阳能发电比现在增长 20 倍。二是在世界上最早实现普及环保汽车，到 2020 年环保汽车销量占新车销售量的 50%。三是推进低碳交通革命，开发出电池式节能路面电车使用技术；开发出减排 30%的高效率船舶技术；开发出超导磁悬浮使用技术。四是实现资源大国目标。这份政策草案目的是通过实行削减温室气体排放等措施，强化日本“绿色经济”，也将使日本绿色市场规模从 2006 年的 70 万亿日元增加到 2020 年的 120 万亿日元，相关就业岗位也将大大增加。[①]

从 21 世纪开始，中国就进入了一个新的发展阶段。中国政府首创以人为本、全面协调可持续的科学发展观，倡导绿色发展。中国的“十二五”规划首次提出绿色发展战略，并提出到 2015 年非化石能源消费占总能源消费的比例达到 11.2%，根据国务院 2009 年年底提出的目标，2020 年中国可再生能源比例要到达 15%。党的十八大报告提出，“建设生态文明，是关系人民福祉、关乎民族未来的长远大计。”面对资源约束趋紧、环境污染严重、生态系统退化的严峻形势，必须树立尊重自然、顺应自然、保护自然的生态文明理念，把生态文明建设放在突出地位，融入经济建设、政治建设、文化建设、社会建设各方面和全过程，努力建设美丽中国，实现中华民族永续发展。中国政府在近几年提出的一系列新思维和新战略就是重构发展模式。绿色发展是中国绿色崛起的引擎，中国在清洁技术和能源投资方面已成为全球的领导者，中国的绿色崛起对世界的意义重大。

---

① 《日本公布“绿色经济与社会变革”政策草案》，新华网，2009-05-17。

各国推出的“绿色新政”都是基于各国的国情。尽管各国发展绿色经济时起始的领域、实现的手段和途径、政策措施等都各有所不同，但其本质、目标、趋势是相同的，都正在加强对绿色经济的引导和扶持，主动推动投资转向“绿色经济”领域。从各国“绿色新政计划”以及执行过程中来看，都融入了绿色经济的理念、措施和行动。绿色经济或绿色发展的讨论都是针对可持续发展的不同侧面或是特定时期的任务而展开的，其核心目的都是为突破资源环境承载力的制约，谋求经济增长与资源环境消耗的脱钩，实现发展与环境的双赢。绿色经济发展是以促进经济活动的全面“绿色化”“生态化”为重点内容、以绿色投资为核心、以培养绿色产业为新的经济增长点。绿色经济能够使生态与经济从分离走向有机结合与协调发展，能够不断增加生态资本，力争以更多地依靠生态持续性来取得经济持续性，把人类社会的经济活动引导到追求经济、社会、生态三大系统、三大目标、三大效益的有机结合和统一上来。因此，我们可以说，绿色经济是生态经济可持续发展的最佳模式，这种全新的现代经济发展模式是要实现人们经济活动从高消耗、高污染、高生态足迹的非持续发展经济到低消耗、低污染、低生态足迹的可持续经济的根本转变，使经济发展建立在生态良性循环的基础上，成为绿色经济发展模式的生态本质特征。

2.3.3 确立生态文明的绿色经济发展模式是全球经济绿色创新转型的大趋势

从人类社会经济发展的过程来看，一种要素或资源在经济发展中的重要性，并不完全取决于它在生产过程中的实际作用。自然资源和生态环境历来都是人类生存和发展的基础，尤其是在农业经济时代其作用更是重要。但是，在农业经济时代，经济发展和产业规模对生态环境和自然资源的影响不大。传统环境经济学的资源观认为，自然资源的供给和生态环境接受废物的能力是无限的，自然资源和生态环境不是制约经济发展的稀缺要素，而经济发展相对稀缺的是土地和劳动力。到了工业经济时代，影响经济发展的制约稀缺要素是物质资本、劳动力和科学技术，而自然资源和生态环境与经济发展的冲突还未引起足够的重视。但是，当经济规模增长到对自然资源的供给和生态环境接纳废物的能力已经明显匮乏的时候，自然资源和生态环境便成为了经济发展的稀缺要素，物质资本快速消耗并逐渐短缺，自然资源和生态环境成为了经济发展的重要内生变量和刚性约束条件。在人类进入生态文明时代之后，充分认识到生态环境对现代经济增长的内在决定性作用。人类更加发挥聪明智慧来突破有限的资源环境承载力的制约，谋求经济增长与资源环境消耗的脱钩，实现发展与环境的双赢，实现人与自然的共赢。

世界各国纷纷追捧绿色经济，一个重要基础就是对过去传统经济发展模式的反思。各国的“绿色新政”长期目标就是逐渐将当前高能耗、高排放的黑色经济发展模式，转变为低能耗、低排放的绿色发展模式。发展绿色经济，短期内可以迅速拉动就业、复苏经济，还能有效调整经济结构，理顺资源环境与经济发展的关系；长期内更有利于经济可持续发展，实现真正意义上的协调、和谐、可持续发展。绿色经济发展本身作为一种新的发展模式，是对传统经济发展模式的变革或创新，在中国语境下，就是万众创新。这种创新往往是全方位的。绿色经济发展需要绿色创新，这是一个人类最大规模的集体创新。国家是全社会绿色创新的引领者，地方成为绿色创新的实践者，企业成为绿色创新的主体，人民是绿色创新的强大动力。绿色创新，主要是指人类社会关注生态—经济—社会协调发展并使之得以实现的创新活动。绿色技术和绿色技术创新能够节约资源、能源，避免、消除或减少环境污染和破坏。节约资源是保护生态环境的根本之策。依靠技术进步与生产方式的改变，使经济发展与资源消耗、污染排放脱钩，使经济在自然生态系统的安全阈值内发展，使人与自然的矛盾冲突趋于缓和，逐渐实现人与自然和谐相处的境界。研究也已表明，随着科学技术的发展，人类干预和改造自然的能力在实践、空间、规模和强度上都得到延伸和强化，绿色技术的发展有助于提升自然系统中的资源利用效率与环境治理能力。人类通过绿色创新实践活动主动亲近自然，缩小与自然的差距，人类在正确处理经济发展与环境保护中主动地反哺自然，最终实现人与自然共生共荣。

绿色经济发展是全球经济绿色转型的方向、道路与未来前景，绿色经济发展已经成为决定一个国家发展前景的战略问题。因此，各国都将把绿色经济作为新的增长引擎，谋求确立一种经济社会与自然生态环境协调发展的稳定增长模式。建设生态文明和发展绿色经济是实现社会经济可持续发展的迫切要求，它已成为人们的自觉行动，极大地改变着人们的生产模式和消费模式，把人类的生存与发展带入一个新时期。

第3章 绿色经济发展的理论基础

绿色是一种文明，走绿色发展之路，是当代人类文明发展理念、发展战略和发展实践的一场深刻革命。绿色经济发展追求的是人与自然和谐发展，追求的是自然、经济、社会协调发展。生态马克思主义经济发展理论蕴含着绿色经济发展的主旨思想，指引人类走绿色发展道路；生态经济协调发展理论，是中国学者创立的，是根据马克思主义基本原理，结合现实经济发展进程的理论升华。绿色经济发展理论的核心是生态经济社会有机整体全面、和谐、协调、可持续发展。人类只有不断深化对发展的认识，才能更好地把握和选择绿色经济发展模式。

3.1 生态马克思主义经济发展理论

生态马克思主义经济发展理论，是指马克思主义创始人马克思和恩格斯的生态学与生态经济观点、思想、理论，马克思和恩格斯的生态学思想与生态经济理论是一个有机的统一整体。马克思生态经济学说具有与时俱进的理论品质。中国生态马克思主义研究者在研究和梳理马克思、恩格斯的有关思想后，构建了生态马克思主义经济学的理论框架。本章主要是将马克思的人的二重性理论、全面生产理论、物质循环和生态利用理论作为研究的理论依据。

3.1.1 马克思的人的二重性理论蕴含着人、社会和自然和谐发展

在马克思学说的理论体系中蕴含着丰富的二重性学说的理论财富，尤其是马克思的关于人的二重性学说揭示了人既是自然生态人又是社会经济人。马克思在《1844年经济学哲学手稿》中，提出了人的二重性学说，揭示了人是自然属性和社会属性的内在统一，是生态自然因素与经济社会因素的有机统一体。

3.1.1.1 人不仅能改变和发展社会，而且能改变和发展自然界

人是自然界长期发展的产物，是因为人是直接从猿类演化而来的。人类出现之前，自然界早已独立存在，并按照自身所固有的规律，不断地运动、变化、向前发展，到了地球产生的大约15亿年之后，地球上的物质，在漫长的发展过程中，从无机物到有机物，从简单有机物到复杂有机物，逐渐产生了生命。这是自然界物质发展的一个巨大飞跃。其后又经过亿万年的漫长发展过程，生命从最简单的、无氧呼吸的原始生物发展到有氧呼吸的生物，从低等动植物进化到高等动植物。生物在地球上的大气圈、水圈和岩石圈中发展，产生了生物圈，并逐渐形成了适合人类存在的生态系统，于是，人类就从神经系统获得最充分发展的高级脊椎动物猿类中分离出来。所以人是自然界所产生的最复杂、最高级的有机体。因此，“人本身是自然界的产物，是在自己所处的环境中和这个环境一起发展起来的”。①人是在自然界发展的一定阶段上形成的，但不能把人看成纯粹自然的结果。人是高于一切动物的动物。人这种动物不是单纯的生物，已经超出了纯生物的范围，而是从事劳动活动、物质生产的人，是一种能改变客观世界的物质力量，是一种社会的生物，有智慧的生物。人作为一种生命物种与其他生命物种不同，就是人生活在两个世界：自然的世界和社会的世界。所谓人是生态系统的特殊部分，就在于人是高于一切动物的动物。人不仅能改变和发展社会，而且能改变和发展自然界，从事“万物”都不能从事的社会活动。所以，人的存在和发展是社会环境的产物。

3.1.1.2 人不仅是自然存在物，而且是社会存在物

马克思首先肯定人是自然存在物。马克思指出，“人直接的是自然存在物”，而且是“有生命的自然存在物”，并强调是“现实的、有形体的、站在稳固的地球上

① 马克思、恩格斯：《马克思恩格斯选集》第4卷（中共中央马克思恩格斯列宁斯大林著作编译局，译），北京：人民出版社，1995年版，第273页。

呼吸着一切自然力的人”，“具有自然力、生命力，是能动的自然存在物”。[①]马克思还指出：“人作为自然的、肉体的、感性的、对象性的存在物，和动植物一样，是受动的、受制约的和受限制的存在物”。[②]由此可见，马克思、恩格斯赋予人类存在的生态自然因素，赋予人的生态自然本性以巨大的意义。

马克思在肯定人是自然存在物的同时，肯定了人是社会的存在物。马克思极其明确指出：“人不仅是一种合群的动物，而且是只有在社会中才能独立的动物”。[③]这就告诉我们人的社会存在，是存在于一定的社会形式之中。马克思还认为，“正像社会本身生产作为人的人一样，人也是生产社会、活动和享受，无论就其内容或就其存在方式来说，都是社会的，是社会的活动和社会的享受。”[④]人本身的存在就是社会的活动，因而，人是社会存在物，“人的本质并不是单个人所固有的抽象物，在其现实性上，它是一切社会关系的总和”。[⑤]马克思论点的实质，揭示了人是生态自然因素与经济社会因素的统一体。“自然关系和自然属性的存在，表明人本原上与动物有某种相同之处，使人成为自然生态因素，是自然的人；社会关系和社会属性的存在，表明人从根本上区别于其他动物，使人成为社会经济因素，是社会的人。人就是自然生态因素和社会经济因素的有机统一体。”[⑥]

3.1.1.3 人是自然生态人又是社会经济人

现实的人作为自然存在物，首先就表现为生态自然中的生物人即生态人，具有生态自然属性，即具有生态自然本质的人；现实的人作为社会存在物，理所当然表现为经济社会生活实践中的社会人和经济人，具有经济社会属性，即具有经济社会本质的人。正是自然属性和社会属性的有机统一，才构成了人完整的本质。这两重属性是相互依存、相互制约，同时发挥作用的。这两重属性是人的两重性，没有自然属性，或者没有社会属性，都使人不称其为人。对此，马克思反复强调，在人

---

① 马克思、恩格斯：《马克思恩格斯选集》第42卷（中共中央马克思恩格斯列宁斯大林著作编译局，译），北京：人民出版社，1979年版，第167页。

② 同①。

③ 马克思、恩格斯：《马克思恩格斯全集》第46卷（上）（中共中央马克思恩格斯列宁斯大林著作编译局，译），北京：人民出版社，1979年版，第21页。

④ 马克思、恩格斯：《马克思恩格斯选集》第42卷（中共中央马克思恩格斯列宁斯大林著作编译局，译），北京：人民出版社，1979年版，第121～122页。

⑤ 马克思、恩格斯：《马克思恩格斯选集》第1卷（中共中央马克思恩格斯列宁斯大林著作编译局，译），北京：人民出版社，1995年版，第56页。

⑥ 刘思华：《理论生态经济学若干问题研究》，南宁：广西人民出版社，1989年版，第207页。

的实践活动中同时发生两个方面的关系：一是人与自然的自然生态关系，即人及其劳动生产实践活动同自然环境的关系；二是人与人的社会经济关系，即人及其劳动生产实践活动同社会环境的关系。这两种关系在劳动生产实践活动过程中是统一的。

社会实践是人与自然相联系的中介。人是自然之子，自然是人生存和发展的前提条件，人离开自然就难以生存。人类实践活动的最终目的，既是为满足人类生物自身生存发展的需要，实现人类自身的利益（包括人类的根本利益和长远利益），又是为了满足非人类生物生存发展的需要，实现非人类生物的存在利益和地球生物圈的整体利益。人类在社会实践活动中不断深化人与自然的关系，人与自然由完全对立、相互对抗、相互毁灭乃至人与自然和谐统一完全瓦解，到人与自然和谐相处、共同生息、协同进化，乃至重建人与自然有机统一体。重建人与自然和谐统一是现代经济社会巨大变革的伟大实践。

按照马克思的人的二重性学说，人作为一种生命物种，既是自然的人，属于自然界，是自然存在物，成为自然生态系统的一个成员；又不是一种纯粹的生物，而是一种社会性的生物，是社会的人，属于社会，成为社会经济系统的主体。因此，人作为一种生命物种与其他生命物种不同，就是人生活在两个世界：自然的世界和社会的世界。人的两重性是人、社会和自然相互融合的有机统一体。人的两重性在人的实践活动中同时发生两个方面的关系：一是人及其社会活动对自然环境的关系，即人与自然的生态关系；二是人及其实践活动对社会环境的关系，即人与人的社会关系。这两方面的关系不是分离的，而是有机统一的。①人在实践活动中与自然共同进化，才能促进人的全面发展。坚持从自然生态和社会经济这个统一客观世界运动中来考察人的双重属性，才有利于重建人、社会和自然相互交织与相互融合的有机统一体。

3.1.2 马克思的全面生产理论指引人类走绿色发展道路

在马克思主义经济学哲学理论框架里，马克思、恩格斯提出了全面生产理论。全面生产是构成社会各个要素的系统整体的生产。主要包括物质生活资料的生产和

① 刘思华：《生态文明与绿色低碳发展总论》，北京：中国财政经济出版社，2011年版，第74页。

再生产、精神生产和再生产、社会关系的生产与再生产、人口自身的生产和再生产以及生态环境的生产与再生产等紧密联系着的十分丰富多彩的内容。[①]在当代，这五种生产与再生产之间的关系越来越相互适应，越来越相互协调。

物质生产与再生产是人们创造物质财富的生产活动与过程。物质生产是人类最基本的实践活动，是人类的经济社会活动的基本内容，是整个社会生产与再生产得以进行的首要条件和基本前提。人类世代要生存下去，就必须反复地、不断地进行生产与再生产，不只是维持原有的生产规模，还需要扩大已有的生产规模，以满足人们物质生活需要的生活资料以及为此所必需的生产资料。马克思、恩格斯称这种生活资料的生产与再生产是"物质生活本身"的生产，并把它划分为第一部类生产资料生产与再生产和第二部类消费资料生产与再生产。

精神生产与再生产是指精神产品的生产，是指人们通过大脑的创造性思维，进行思想、观念和意识的生产以及"科学和艺术的生产"，是指人们创造精神财富的活动和过程。马克思、恩格斯在《德意志意识形态》中深刻地阐明了物质生产和精神生产的相互关系，认为物质生产决定精神生产，精神生产对物质生产具有巨大的能动的反作用。同物质生产一样，它划分为第一部类物化在物质生产技术中科技知识生产与再生产；第二部类物化在劳动者身上科学文化技术教育生产与再生产，这就是智力生产与再生产。

人自身生产与再生产是指未来维持和延续人类自身而进行的生产。根据马克思、恩格斯在《德意志意识形态》和《资本论》等有关著作的论述中，人自身生产有两层含义：一是自己生产的生产，这是通过消费使人的体力和智力得以恢复，维持人的生命存在；二是他人生命的生产，使人类世代得以延续下去。因此，人自身生产与再生产可以划分为：第一部类原有人口的生命生产与再生产，即现有劳动力生产与再生产；第二部类新增人口的生命生产与再生产，即后备劳动力生产与再生产。

生态生产与再生产是指人类和自然界创造生态财富的活动和过程。它主要是自然（人工）生态系统的物质能量生产与再生产。马克思、恩格斯关于自然界物质变换的思想，如"自然界中元素和化学物质的消费是植物的生产"[②]，"生命，即通过

① 刘思华：《生态马克思主义经济学原理》（修订版），北京：人民出版社，2014 年版，第 294～297 页。

② 马克思、恩格斯：《马克思恩格斯选集》第 2 卷（中共中央马克思恩格斯列宁斯大林著作编译局，译），北京：人民出版社，1995 年版，第 8 页。

摄取和排泄来实现的新陈代谢，是一种自我完成的过程”，“没有这种过程，蛋白质就不能存在”，[①]这实质上就是讲的自然生态系统的生态生产。马克思把这种生态生产的生理学规律引申到“人化的自然界”中来，考察人工生态系统的生产与再生产。在人工生态系统中的生态生产，实质上是人工生态生产，这也是生态产品的生产，在本质上是生态环境本身的生产与再生产。

社会关系生产与再生产是为了使其他生产和再生产得以进行，以致保障和维持所必须发生的一定的社会的联系和关系的生产。马克思在论证资本主义生产过程和价值增殖过程的结果时指出：“首先是资本和劳动的关系本身的，资本家和工人的关系本身的再生产和新生产。这种关系，生产关系，实际上是这个过程的比其物质结果更为重要的结果……每一方都由于再生产对方，在生产自己的否定而再生产自己本身。”[②]马克思在分析资本主义再生产时指出：“把资本主义生产过程作为生产过程来考察，它不仅生产商品，不仅生产剩余价值，而且还生产和再生产资本关系本身：一方面是资本家，另一方面是雇佣工人。”[③]总之，社会联系和社会关系是一切生产的基本前提，没有它就没有任何生产，也就没有整个社会生活的生产和再生产，当然，也就没有现实的自然界的、人工的生态生产与再生产。[④]

马克思全面生产理论揭示了五种再生产运动是一切社会形态的共同规律，研究了人类经济社会活动与自然生态环境之间的相互关系及其发展趋势。在当代，世界系统中人与自然、经济社会与生态自然之间的相互依存关系越来越复杂，相互作用关系越来越深化。在整个社会有机的、综合生产体系中，核心问题是物质、精神、生态和人的生产与再生产的相互适应与协调发展。这是生态经济再生产的根本问题，也正是马克思全面生产理论的生态经济意蕴。

马克思全面生产理论在当代中国学界有了新的发展。“两种生产理论”（即物质的生产和人类自身的生产）是马克思首先提出来的，由恩格斯最终完成。马克思、

---

① 马克思、恩格斯：《马克思恩格斯选集》第 3 卷（中共中央马克思恩格斯列宁斯大林著作编译局，译），北京：人民出版社，1995 年版，第 423 页。

② 马克思、恩格斯：《马克思恩格斯选集》第 46 卷（上）（中共中央马克思恩格斯列宁斯大林著作编译局，译），北京：人民出版社，1979 年版，第 455～456 页。

③ 马克思、恩格斯：《马克思恩格斯选集》第 23 卷（中共中央马克思恩格斯列宁斯大林著作编译局，译），北京：人民出版社，1972 年版，第 634 页。

④ 刘思华：《生态马克思主义经济学原理》（修订版），北京：人民出版社，2014 年版，第 299 页。

恩格斯指出："两种生产"是同时并存的，物质资料的生产是通过劳动来完成的，人类自身的生产是通过生育来完成；"两种生产"都包括双重关系：既包括自然关系，也包括社会关系。马克思、恩格斯在创立马克思主义经济学说体系的过程中，不仅把两种生产理论而且把三种生产理论引入政治经济学体系之中。马克思、恩格斯把环境生产纳入了生产的范畴。三种生产理论将人们的经济活动和环境系统作为一个有机整体，来研究以人为主体的经济活动与环境系统之间最基本的环境经济关系，克服了生态与经济相脱离的传统社会再生产理论的缺陷，为建立生态与经济有机统一的现代经济社会再生产理论，迈出了决定性的一步。但它没有如实地、全面地反映现代经济社会再生产运动及其规律性。我国生态经济科学工作者从 20 世纪 80 年代中期起，从宏观的角度对现代经济社会总的生产过程进行全面考察，把社会生产关系，生产与再生产作为生态经济运行的既定前提，不仅把人的生产和生态生产纳入社会生产范畴，而且把精神生产纳入社会生产范畴，明确提出并初步论证了四种再生产有机统一的生态经济模式，即人口生产、物质生产、精神生产和生态生产。四种再生产理论就是人口再生产、物质再生产、精神再生产和生态再生产相互适应与协调发展的生态经济理论。马克思全面生产理论永远是指引全人类走可持续经济发展道路的正确理论。

3.1.3 马克思物质循环与生态利用理论是循环经济本质最充分体现

马克思物质循环理论揭示的是作为劳动过程的再生产过程中人与自然之间物质变换的生态与生态经济关系，是社会生态循环与自然生态循环的统一，从而提出了物质循环利用思想，强调了物质循环的生态利用原则。

3.1.3.1 马克思的物质循环理论使人类经济活动与自然生态环境的各种物质资源要素融合为一个密不可分的有机整体

物质循环运动是自然和社会这个统一客观世界系统运动的基本形式。"整个自然界，从最小的东西到最大的东西，从沙粒到太阳，从原生生物到人，都处于永恒的产生和消失中，处于不断的流动中，处于不息的运动和变化中。"因此，"整个自然界被证明是在永恒的流动和循环中运动着。"[①]由此可知，整个生态系统（生物圈）

① 马克思、恩格斯：《马克思恩格斯选集》第 4 卷（中共中央马克思恩格斯列宁斯大林著作编译局，译），北京：人民出版社，1995 年版，第 270～271 页。

是在永恒的流动和循环运动中发展，它是一个由低级向高级的不断上升发展的过程，是一个周而复始的不断循环的过程。在整个自然界中，生态系统的物质循环和能量转化是同时进行、互为条件的。能量在不断地流动与转化和物质在不断地循环与转换的统一运动，形成了无限循环的生态系统的总循环，即自然生态系统的生态循环。这是自然生态系统永续不断地循环运动的自然历史过程。

循环运动是人类社会经济发展的普遍现象。任何社会的生产过程，都不是一次的生产过程，而是不断重复、不断更新的过程。马克思说："不管生产过程的社会形式怎样，它必须是连续不断的，或者说，必须是周而复始地经过同样一些阶段。一个社会不能停止消费，同样，它也不能停止生产。因此，每一个社会生产过程，从经常的联系和它不断更新来看，同时也就是再生产过程。"①在社会再生产的循环过程运动中，生产是过程的起点，决定交换、分配、消费；而交换、分配、消费对生产起巨大的反作用。社会经济系统中的经济循环运动，就是生产、交换、分配、消费四个环节的相互作用，使物质在系统内循环不已，一步比一步更推动着社会再生产的发展。

物质循环与物质变换是内在统一的。无论是生态系统还是经济系统，都是处于永恒的流动和循环中，循环运动不仅是生态系统运动发展的形式，而且是经济系统运动发展的形式，因此，作为生态系统和经济系统复合系统的生态经济系统，也是在永恒的流动和循环中运动着。马克思的物质变换理论揭示了作为流动过程的生产过程中人与自然之间物质变换的生态与生态经济的关系，而马克思的物质循环理论揭示了作为流动过程的再生产过程中人与自然之间物质变换的生态与生态经济的关系，两者具有内在关联性，是一个统一整体。这种统一性突出体现在物质变换和物质循环的内在统一，即自然生态系统的生态循环和社会经济系统的经济循环的统一。

生态循环和经济循环的相互转化，是生态经济系统物质循环运动的重要表现，是生态经济循环的基本内容，反映了生态经济系统这个有机整体内的生态系统和经济系统之间的一种内在的循环关系。社会生产和再生产不断运动，实质上是人类不断占有自然物质的有用形态，不断将排泄物返回自然的过程，是在人类劳动中实现

① 马克思、恩格斯：《马克思恩格斯选集》第23卷（中共中央马克思恩格斯列宁斯大林著作编译局，译），北京：人民出版社，1972年版，第621页。

人与自然之间的物质变换的过程。社会生产和再生产就是在经济系统将经济物质和经济能量与生态系统的自然物质和自然能量相互转化的过程中实现的。

3.1.3.2 物质循环的生态利用使现代生态经济系统建立在良性循环基础上，实现“生态—经济—社会”有机整体的可持续发展

社会生产和再生产过程中，要使生态循环和经济循环在生态系统实现有机统一与良性循环，就必须有效消除物质循环过程中的污染物质，化废弃物为原料。马克思关于物质循环的核心就是强调对社会生产和生活的排泄物要进行“分解”和“再利用”，这就是马克思的物质循环的生态利用原则。

社会生产和社会生活的排泄物是人与自然之间物质变换的产物。人类在社会生产和再生产过程中，一方面要不断从自然生态系统中取出自然物质，投入到经济再生产过程中加工成满足人们需要的物质产品；另一方面不断把在生产和生活中的排泄物投入到自然环境之中，利用生态系统的净化机能参与自然再生产。马克思说：“我们所说的生产排泄物，是指工业和农业的废料；消费排泄物则是指人的自然的新陈代谢所产生的排泄物，部分地指消费品消费以后残留下来的东西。……铁屑等，是生产排泄物。……破衣碎布等，是消费排泄物。”①马克思认为，如果这两种消费排泄物不加以处理，且排泄物积累超过了自然生态系统的自净能力，则生态循环受阻，导致环境污染、生态失调的生态经济恶性循环。如果人们对这种“排泄物”进行“分解”和“再利用”，那么，“消费排泄物对农业来说最为重要”。②马克思所说的“最为重要”是指消费排泄物的利用，可以保持和改良土壤，提高土地的肥力，并保护生态环境。马克思所阐述的物质循环与转换过程中已包含生态农业的思想，用今天的话来讲就是“农业生产的生态化”。工业生产排泄物的生态利用，最根本的是发展生态工业，实现工业生产的生态化，这是消灭生态经济恶性循环的基本途径。

物质循环转化利用的发展过程必须遵循物质循环和物质转化的规律。依据马克思、恩格斯物质循环与转化思想，真正的废物是不存在的。马克思认为，生产和生活的排泄物只是“所谓的废料”，并指出，“所谓的废料，几乎在每一种产业中都起

---

① 马克思、恩格斯：《马克思恩格斯选集》第 25 卷（中共中央马克思恩格斯列宁斯大林著作编译局，译），北京：人民出版社，1974 年版，第 116 页。

② 同上。

着重要的作用。”①这就是说，排泄物是一个可变的物质，通过人们的再利用，投入新的生产过程，可以转化为同一个产业部门或另一个产业部门的新的生产要素。原来的排泄物就不成为废料了，而成为既有使用价值又有价值的物质资源了。这种物质生产过程中物质循环的生态利用，不管是工业和农业产生的废料，还是消费品消费后残留的废物都可以重新加入生产过程，成为新的生产运动的要素。马克思阐明的物质循环利用的生态经济原则，用今天的话来说，就是最大限度地提高资源利用效率。马克思还认为，废物的减少，主要“取决于所使用的机器和工具的质量”，“还要取决于原料本身的质量。而原料的质量又部分地取决于市场原料的采掘工业和农业的发展，部分地取决于原料在进入制造厂以前所经历的过程的发达程度”。②显然，科学技术对于这种再生产的循环利用过程的发展起着决定作用。人类依靠科学技术进步，提高工业和农业生产的生态化的发达程度，可以有效地减少废弃物的排放量。

根据马克思、恩格斯物质循环的生态利用原则，废物循环不仅是指社会生产中的废物再利用，实现废物资源化，而且还指社会生活中的废弃物的再利用，实现废物资源化，这两种废物的生态利用，就是废物资源综合利用。实现经济活动的生态化，即社会生产与再生产的全过程、全方位的生态化，正是循环经济的本质特征，这与马克思、恩格斯生态经济与物质循环思想是相符的。马克思这个理论的现代含义集中到一点，就是发展循环经济及废物循环再利用，促进现代生态经济系统的良性循环，实现“生态—经济—社会”有机整体的可持续发展。

3.2 生态经济协调可持续发展理论

生态经济协调可持续发展理论，是依据马克思主义的基本原理，对当今世界上客观存在的全球问题进行科学分析，对人类社会发展特别是进入现代化社会之后的世界经济社会全部因素和整个自然因素相互作用的发展进程的具体情况进行分析得出来的。是针对社会经济走向与自然生态环境脱节的非持续发展道路而建立的。

① 马克思、恩格斯：《马克思恩格斯选集》第25卷（中共中央马克思恩格斯列宁斯大林著作编译局，译），北京：人民出版社，1974年版，第117页。

② 马克思、恩格斯：《马克思恩格斯选集》第25卷（中共中央马克思恩格斯列宁斯大林著作编译局，译），北京：人民出版社，1974年版，第119页。

生态经济协调发展理论是中国学者创立的，是中国生态经济学理论的精华，是具有中国特色的生态经济协调发展理论，是中国新时期现代化建设发展的客观要求和必然产物。

3.2.1 用生态经济学的视野来考察现代经济发展，凸显了现代经济发展的有机整体性

现代经济社会是一个由经济社会和自然生态融合而成的生态经济有机整体。在古代，由于生产方式落后，生产工具简陋，人类征服和改造自然能力有限，因而对自然过程的干预还保持在一个有限的范围内。自然界可以依靠自身稳定恢复机制自发调节。随着人口的迅速增加、生产力水平的提高和科学技术的进步，人类与自然的关系发生了戏剧性的变化，人类以自然界主宰者的身份，对自然资源进行开发利用，因而人、社会和自然界的依存关系逐渐削弱，经济凌驾于生态之上，经济与地球生态系统的关系日益紧张。越来越多的证据和事实表明，无论社会怎样进步，其经济发展所必需的一切物质资源，归根到底都要来自于自然界；无论技术怎样先进，人类生存与发展所进行的经济活动和繁衍，总是离不开一定的生态系统，还与一切与物质资料有关的周围的环境存在着一个互相平衡和协同发展的问题。

现代生态经济系统是由生态系统和经济系统相互联系、相互制约、相互作用而形成的不可分割的生态系统统一体。人类必须通过自己的经济活动持续不断地为生态系统输入、输出物质和能量，调整自身的生态经济行为，以激活与增强生态环境的自我更新能力和自然资源的持续供给能力，以维持生态系统的动态平衡和持续生产力。人类现在有了更多的生态意识，认清了经济对地球生态系统的内在依存关系。理论与实践都证明，社会越进步，经济越发展，技术越先进，生物圈、技术圈和智慧圈之间就越相互依存、相互融合、相互作用，成为不可分割的经济有机整体。[①]

① 刘思华：《生态马克思主义经济学原理》（修订版），北京：人民出版社，2014 年版，第 294～297 页。

3.2.2 人是物质、精神与生态的统一体，现代经济社会的人类需求是一个生态经济体系

在现代经济社会中人的需求是多要素统一的需求综合体系，现代人的需要不仅是对物质、文化消费的需求，而且还包括对生态健全的环境以及环境补偿价值等方面的生态需求。现代人的全面需求是以生态需求为显著特征的。生态需要有狭义和广义之分。广义的生态需要，包括人类为满足自身生存和发展的一切需要。这是因为人作为物质、精神、社会与生态“四位一体”的生态需要，四种需要都是维持人本身这个生态系统必不可少的有机组成部分，所以都属于生态需要的范畴。狭义的生态需要，则是除物质需要、精神需要和社会需要外的那部分生态需要。[①]生态需要的本质，就是维系人的内在平衡及其与生存环境之间的稳定生态关系，保证人类的持续生存和实现人类的最大福利。生态需要的满足程度不仅关系到人们的生存安全，而且因稀缺而成为衡量人们生活质量和社会地位高低的标志。生态需要不仅是一种最基本需要，而且是一种高级需要。

现代经济社会中人的全面需求是现代经济社会的变革与发展以及人类自身生存与发展的强大推动力，是现代生态经济系统进化与发展的内在动力。当物质需要和精神需要在持续的经济增长中得到较大程度的满足时，人类开始关心生态产品的需要。生态产品需求是人类最高的需求。生态产品是指维系生态安全、保障生态调节功能、提供良好人居环境的自然要素，其特点在于节约能源、无公害、可再生，主要包括清新的空气、清洁的水源和宜人的气候等。生态产品不仅包括那些可见和我们能够直接感觉到的由自然界自然生产的产品，而且还包括许多无形和我们不能直接感觉的生态产品。[②]这充分说明了生态需求不仅是对满足人类维持基本生理需要的各种生态产品的需要，而且包括对维持人本身这个生态系统保持完好状态并且能够持续生存的各种生态产品的需要。作为生态的人，他必然要产生对良好生态产品的消费需求。满足人的全面需求、实现人的全面需求是社会主义社会发展的客观要求和必然趋势。

---

① 杨文进：《和谐生态经济发展》，北京：中国财政经济出版社，2011 年版，第 36 页。

② 刘思华：《刘思华文集》，武汉：湖北人民出版社，2003 年版，第 446 页。

3.2.3 现代经济发展是社会经济系统和自然生态系统协调发展

现代经济社会再生产是生态经济有机系统再生产，它不仅包括物质资料再生产和精神再生产，还包括人类自身再生产和自然生态再生产。自然生态再生产是人口再生产、物质再生产和精神再生产的物质基础。在生态经济系统中不仅有自然力的投入，而且有人类劳动力的投入，是在人的主导作用下，由自然力和人类劳动相结合，共同创造使用价值。这里问题的关键在于人工导向的作用力一定要和生态系统相协调，而不能超越生态经济阈的限度。

现代经济社会再生产过程是自然生态过程和社会经济过程相互交织与相互作用的生态经济再生产过程，是社会经济系统与自然生态系统不断进行生态耦合、结构整合和功能整合的过程。自然子系统是由水、土、气、矿及其间的相互关系来构成的人类赖以生存、繁衍的生存环境；经济子系统是指人类主动地为自身生存和发展组织有目的的生产、流通、消费、还原和调控活动；社会生态子系统是由人的观念、体制及文化构成。这三个子系统是相生相克、相辅相成的。社会经济系统和自然生态系统是相互耦合而非从属关系，虽功能不同，却缺一不可。生态经济有机系统再生产实现问题的核心是经济再生产的总需求和生态再生产的总供给的互相平衡协调发展。这种总需求与总供给的严重失衡与极不协调，导致当代生态经济再生产陷入严重的困境，直接威胁着人类的生存和发展。

3.2.4 生态经济协调发展规律是人类社会经济活动所共有的生态经济规律

生态经济系统的运动过程是旧平衡不断被打破和新平衡不断建立的过程。人的一切经济活动过程都离不开自然生态系统，是利用特定的自然环境，改善生态条件，使之适应人类生存和发展的需要而进行的。如果离开了生态、经济两个系统的相互作用，就没有生态经济及其运动的规律。人类及其经济活动不仅是社会经济系统的主体，而且是自然生态系统的控制者和协调者，推动着生态经济系统按照它本身所固有的规律不断运动、变化，并向前发展。因此，社会经济系统的社会物质再生产和自然生态系统的自然环境再生产之间相互平衡和协调发展，是生态经济系统进化发展的总体趋势；两种再生产相互平衡和发展的规律是支配生态经济发展全局的规律，也是一切经济社会形态下人类社会经济活动所共有的生态经济规律。

人类已经认识到这个规律并利用该规律为社会经济发展服务，人类正在把一个朝着恶性循环演变的生态经济系统，建设成一个持续、稳定、协调及适度发展的生态经济系统。社会主义制度不断地为生态经济协调发展规律开辟充分发生作用的广阔道路。党的十八大提出的“大力推进社会主义生态文明建设，努力建设美丽中国，实现中华民族永续发展”，是中国社会主义经济社会发展的新战略目标，并把改善人民生活环境、提高人民生活质量规定为经济社会发展的主要奋斗目标。这些标志着中国经济社会发展战略转移到人与自然、社会经济与生态和睦相处、协同发展的轨道上来。

生态经济协调可持续发展就是把自然生态和社会经济视为一个密不可分的有机整体系统，包含着人口、资源、环境和经济、科技、文教、社会综合与协调发展观念，构筑一种“生态—社会—经济”相互协调的、良性循环的生态经济系统。可持续发展经济，既要考虑当前经济发展的需要，又要考虑未来经济发展的需要，而且不以牺牲后代人的经济福利为代价来满足当代人的经济福利。可持续发展经济在现实生活中表现为可持续经济的运行与发展，所以，从现实形态来说，可持续发展经济就是可持续经济发展。可持续发展经济的理论体系与生态经济协调发展论是统一的。生态经济协调发展学说为可持续发展理论奠定了科学基础。20 世纪 90 年代中期以来，中国生态经济协调发展理论与实践向深度与广度扩展的最重要、最显著的特点就是向可持续发展领域渗透与融合，逐步形成了一种将引起现代经济社会巨大变革的可持续发展经济理论。《2010 中国可持续发展战略报告》指出，要以“绿色发展与创新”来应对我国推进可持续发展过程中面临的各种挑战。

3.2.5 生态经济协调可持续发展是经济、社会、自然生态及环境的协调发展

生态经济协调可持续发展过程，必须遵循人与自然、经济与生态环境相协调的基本原则，对可持续发展经济系统的功能结构进行不断地调整、重组和优化，使经济发展按照可持续发展经济原理增强经济可持续发展能力，既符合经济规律又适应生态规律的客观要求，才能确保经济发展必须在生态环境的承受能力允许范围内满

足当代人发展和后代人发展的需要。

可持续经济发展是一种划时代的全新的经济发展理论，要求现代经济社会发展必须处理好发展经济和控制人口、节约资源、保护环境的相互关系，使四者密切结合与协调、持续发展。因此，可持续发展的经济是经济、社会、自然生态以及环境资源的协调发展、统一共进的经济。

生态经济协调可持续发展过程强调绿色运行，是以高产、优质、高效、无废弃物或少废弃物的生产模式和适度消费模式为核心，并以合理分配、力求代际平等与代内平等以及消除贫困为宗旨的经济发展过程。可持续经济发展的价值取向与最终目的是满足人的生态、物质、精神的基本需要。可持续经济发展的价值观和财富观，在本质上是生态文明的价值观和财富观。生态文明要求现代经济社会的发展必须使经济发展与生态发展构成一个完整的有机统一体，从而使人与自然重新成为有机统一体，达到生态与经济、人与自然和谐统一与协调发展。所以，对人类的一切经济活动都要以其对实现生态与经济、人与自然和谐统一与协调发展的作用来衡量其财富和判断其价值。

可持续经济发展就是不给后人留下后遗症，不断子孙之路。如果希望实现人类共同永续发展，必须突破可持续发展的局限性，创新绿色发展理念，将可持续发展转向绿色发展。从财富的角度讲，可持续经济发展就是社会的总财富随着时间推移有所增加，至少不减少。

从绿色经济发展的理念出发，国民财富积累不仅仅在于 GDP 的数量大小和增速高低，关键更在于是用何种方式、何种途径、何种成本生成的 GDP。人类不仅要不断追求财富，而且要懂得如何衡量财富，如何创造财富。人类财富的积累不只是加法，还要做减法，要扣除经济成本、社会成本和自然损失。可持续发展希望一个国家或地区不断创造与积累出理性高效、均衡持续、少用资源、少用能源、少牺牲生态环境，在综合降低经济成本、社会成本、自然成本的前提下，最终获得满足社会需要的、品质好的 GDP。它意味着新增财富的内在质量应当不断地、连续地加以改善和提高，实际上就是资源能源耗费越来越少，总体收益的获取越来越好、越来越多。为此，必须摒弃以资源能源消耗、污染排放、生态破坏为特征的黑色经济模式；必须破除以牺牲生态环境为代价去攫取财富；必须破除忽视增长质量和发展成本的畸形增长；必须反对不顾一切条件提倡过分增长。

增进自然生态资本，是可持续发展的基本要求。在既考虑自然生态成本，也考虑社会成本的双重关系中，在统一思考资源环境成本的超额损耗、社会成本的超额损耗、可持续能力建设投入欠账的三重制约下，可持续发展将体现由经济系统、社会系统、生态系统共同组成的绿色运行。经济系统表明社会财富生成过程中的综合效率以及对于物质能量的代谢水平；社会系统表明社会财富生成过程中对人类进步贡献的能力大小以及社会和谐对于财富生成的反馈效应，是否强调公平对于效率的支持能力和社会有序对社会发展质量的基础作用；生态系统表明社会财富生成过程中生态环境的代价及其成本外部化的程度。可持续发展不仅注重对发展质量和成本的考量，而且更加注重生态建设和环境保护对经济发展的影响。经济系统的绿色发展目标是指经济系统发展从增长最大化转向净福利最大化；社会系统的绿色发展目标是指社会系统发展从不公平发展转向公平发展；生态系统的绿色发展目标是从自然生态资本不断衰减到自然生态资本的不断增加。①

3.2.6 生态经济协调可持续发展要求建设资源节约型、环境友好型和生态安全型社会

从世界范围来看，人类进入 20 世纪以来，尤其 20 世纪下半叶以来，出现人口极大膨胀、人类活动无限扩大的趋势，地球生态系统的容纳力已经达到极限，正在超过人类赖以生存的自然资源基础所能承载的极限。我国环境资源系统的主要生物资源承载力已接近超负荷的临界状态，一些有限自然资源进入了承载力的临界点。自然资源的日益短缺成为中国社会、经济持续、快速、健康发展的重要制约因素。缓解乃至解决生态与经济不协调、人与自然不和谐的问题，就是要在经济发展过程中，必须坚持资源开发和节约并举，把节约放在首位。生产、建设、流通、消费等各个领域，都必须节约和合理利用各种资源，千方百计减少资源的占用和消耗。②

资源节约就是通过经济与技术手段，不断提高资源的利用效率，以更少的资源投入获得更多的产出。建设资源节约型社会，就是通过资源的合理配置、高效和循环利用、有效保护与替代，使经济社会发展与资源承载力相适应，塑造可持续发展和人与自然和谐的社会。建设资源节约型社会的核心就是建立节约、高效、绿色的

---

① 胡鞍钢：《中国：创新绿色发展》，北京：中国人民大学出版社，2012 年版，第 49～50 页。

② 《新时期环境保护重要文献选编》，北京：中央文献出版社、中国环境科学出版社，2001 年版，第 397 页。

资源利用体系。切实保护和合理利用各种资源，提高资源利用效率、资源生产效率和生态效率，减少污染，保护环境。实现可持续发展战略的关键就是走提高资源利用效率的资源节约型经济发展的道路。

环境友好的理念是在 1992 年联合国环境与发展大会通过的《21 世纪议程》中正式提出的。随后，“环境友好”在世界的认同程度进一步得到强化。环境友好首次进入中国公众视野，是胡锦涛同志在 2005 年中央人口资源环境工作座谈会上提出的，“大力推进循环经济，建立资源节约型、环境友好型社会”。环境友好型社会的核心内容是人类必须将其活动或对自然攫取的范围与强度，限制在生态环境的承载能力范围之内。致力于倡导人与自然、人与人和谐的社会形态。环境友好型社会更为强调生产和消费活动对于自然生态和环境的影响，强调人类的生产和生活强度控制在自然生态与环境的承载能力范围之内，强调综合运用技术、经济、管理等多种措施降低经济社会的环境影响。[①]资源节约关注社会经济活动中的资源使用效率，环境友好从开源和节流两个方面统筹社会经济活动的综合发展。

生态安全问题是世界各国关注的热点问题。生态安全是指维系人类生存和社会经济文化发展的生态环境不受侵扰和破坏的一种状态。它包括两层含义：一是防止生态环境质量状况和自然资源的减少和退化削弱经济可持续发展的支撑能力；二是防止环境问题引发人民群众的不满特别是导致环境难民的大量产生，从而影响安全。生态安全是国家安全和社会稳定的重要组成部分。实现生态安全，有利于生态环境支撑经济增长，有利于人们健康状况改善和生活质量的提高，有利于最终建立资源节约型社会和环境友好型社会。面对国土生态安全方面的挑战和区域生态安全严峻的形势，应当在国家层面上确定不同区域的生态功能，对国家生态安全至关重要的区域严加保护，划定一定比例的生态红线区域，形成国土生态安全格局。构建整体、连续的自然生态体系，保障生态过程的连续性。作为发展中国家，中国的行动证明了自己是一个具有生态安全观的负责任的大国，生态文明的提出和建设说明了我国政府对维护生态环境的态度和决心。

---

① 陈吉宁：《如何理解环境友好型社会》，载《表面工程资讯》2006 年第 3 期，第 2 页。

3.3 绿色经济发展理论

在人类的发展进程中，随着人们对发展认识的拓展和深化，在不同的发展阶段形成了工业文明的发展观和绿色经济发展观，呈现出了不同的发展特点。工业革命以后形成的发展观是传统的发展观，这种传统发展观追求“GDP 第一”、增长至上，目标是不断增加物质财富。传统经济发展观的两种基本现实形态是工业文明发展观和价值观下产生的经济功利主义和物质享乐主义。工业文明的发展方式是高消耗、高污染、高排放、低产出的“三高一低”的生产方式和高享受、高浪费的生活方式，这样的生产方式和生活方式相统一的人类的生存方式必然具有“反社会”和“反自然”的性质。很显然，工业文明的经济发展模式是没有前途的和不可持续的，人类必须开辟新模式和寻找新方向，以适应当今世界“生态—经济—社会”复合系统健康运行与可持续发展的客观需要。尽管联合国提出可持续发展理念（1987 年）和联合国环境与发展大会（1992 年）上可持续发展取得的共识具有进步性，但是可持续发展仍然是人类中心主义的发展观，仍然是强调人类开发自然、控制自然的模式，只是修正而不是扭转传统经济发展模式。绿色经济发展观是对传统工业化模式的根本性变革，其显著特征是以科技、能源、资本的绿色化来提高绿色经济的比重，经济增长模式强调低资源能源消耗、低污染排放，实现经济增长、生态改善、社会进步有机统一。这充分体现了绿色经济发展的属性和特征。

3.3.1 工业文明的绿色经济

早在 17 世纪末 18 世纪初，古典经济学家就有关于经济增长与资源环境间的关系的思想观点。主流经济学一直主张生态环境对经济增长的制约是微不足道的。到了 19 世纪 20 年代末，以煤炭为主要能源、以蒸汽机为主要动力的近代大机器工业生产体系得以确立，资本主义的工业化造成的“工业黑化”，不仅破坏了自然生态，而且破坏了人体生态。人们逐渐认识到经济活动不能不考虑生态学过程。20 世纪中期之后以全球八大公害事件为代表的环境污染事件的集中爆发，以及 1962 年美国海洋生物学家蕾切尔·卡逊（Rachel Carson）撰写的《寂静的春天》、1972 年罗马俱乐部提交的著名报告《增长的极限》等揭示了工业化发展带来的生态环境灾难，促使人类世界开始对经典经济增长方式进行全面而深刻的反思与批判，开始反思工业文明的工业化道路。此后越来越多的经济学家和生态学家试图重新考量传统经济学的局限性。

西方发达国家学界考虑如何克服工业文明的黑色发展的弊病，思考发展什么样的经济才能使工业文明经济不黑色化，于是，有学者提出了发展绿色经济。1998年英国学者约翰·艾尔金顿（John Elkington）提出著名的“三重底线”原则，即“人类、地球、利润”三原则。“人类”是指人力资本，涉及对劳动者以及公司开展业务的社区和地区的公平与互利的商业行为。“地球”是自然资本，指的是可持续的环境行为。“利润”是经济价值，是指在可持续框架下，可实现的经济上的社会利润。目前，以“三重底线”为基础对绿色经济的定义已成为国际社会的共识。①

中国学者对绿色经济的研究从20世纪80年代开始，研究范畴主要集中于绿色经济内涵界定、理论探讨，对国外绿色经济发展实践与政策经验的介绍，以及国外发展绿色经济的经验对中国发展绿色经济的政策启示等方面进行一般性的分析。基于对绿色经济理论的理解不同而产生了不同的观点。从绿色经济的外延看，有狭义的绿色经济和广义的绿色经济。狭义的绿色经济是指与绿色生物资源开发相关联的绿色产业、绿色产品和服务，绿色营销通道建设，引导和满足绿色消费时尚需求的经济活动过程或经济模式。从这个意义上讲，发展绿色经济也就是大力发展绿色产业，包括环保产业和生态产业。广义的绿色经济涵盖了社会经济活动的各个方面。就其实质而言，绿色经济就是建立在保证各类资源可循环、可持续利用基础上，不产生环境破坏和环境污染，使自然生态获得良性循环和协调发展的经济。②早期的绿色经济是以环境经济学为基础、以环境保护为目的的经济，是以污染的治理和生态环境的改善为特征的经济。随着研究的深入，人们开始考虑经济不能脱离生态、经济与生态应保持协调，并谋求在经济发展、环境保护和社会和谐之间实现一种有机的平衡。

纵观国内外学者关于环境与经济发展观点的研究，更多的是提及绿色经济的概念，而对绿色经济并没有进行深入研究，更谈不上有系统的理论。然而，前人的一系列研究观点又都与绿色经济存在着内在的一致性。总的来看，绿色经济的概念多与环境保护等绿色议题有关，多半是因环境保护而引发的工业和农业生产方式的变

---

① 万喆：《绿色如何引导经济转型》，2012年4月20日《光明日报》，第11版。

② 揭益寿：《中国绿色产业的健康与发展》，北京：中国矿业大学出版社，2005年版，第4～5页。

革。实际上，最早提出“绿色经济”这一名词的英国经济学家皮尔斯，他也是在环境经济上粘贴绿色标签，把绿色经济作为环境保护的代名词来使用。人们普遍认为资源枯竭、环境污染问题的出现只是工业文明发展所造成的一种结果，理所当然地要从环境经济学的理论框架中去寻找环境问题产生的根源，探索评估环境问题损失的经济学方法。于是，就在环境经济学上贴上绿色经济的标签，把绿色经济纳入环境经济学的理论框架之中，使之成为环境经济学的理论范畴。

以环境经济学为理论基础的绿色经济，实质上是工业文明框架内的绿色经济。工业文明时代的理论和实践表明，工业文明是反人性（社会）和反自然（生态）的文明形态，工业文明时代的经济是“黑色经济”，“黑色经济”是反人性（社会）和反自然（生态）的现代经济。工业文明是人与自然分裂与冲突的不和谐发展，可以称为“黑色文明”。世界工业文明发展的历史告诉我们，资本主义工业化和社会主义工业化、发达国家工业化和发展中国家工业化，走的都是一条工业经济“黑化”的黑色发展道路。工业文明主导的经济形态的实现形态与形象概括就是黑色经济形态。工业文明时代的黑色经济，是为了追求物质利益最大化，是以消耗大量的自然资本和生态资本、牺牲生态环境为代价的，用消灭生态价值去创造经济价值，即在创造了生态价值的同时消灭了生态生产力。这条“黑色经济”发展道路是建立在自由竞争与自利的市场基础之上，它是依靠资本来驱动的发展道路，其特征是增长速度与资源消耗强度、GDP 增加与环境负荷增大在速率上成正比例状态，是一种“资源—产品—污染排放”的直线型、开放式经济发展过程。工业文明的黑色经济发展道路形成的是高增长、高代价的经济发展态势。[①]随着社会生产规模的扩大、人口的增长，环境的自净能力不断变弱乃至丧失，这种发展模式导致的环境危机、能源危机、资源短缺的危机并发。在工业革命过了 200 多年之后，大量积累的二氧化碳排放，成为全球气候变化的根源。从本质上来说，西方工业文明的传统经济发展模式，是“先污染、后治理”“先致富、后清理”“以增长优先”的黑色经济发展模式，是以“掠夺”自然资源、损失自然资本为核心的经济发展模式，也是不可持续的经济发展模式。为了遏制环境污染和生态破坏，人们开始反思工业文明的发展道路，希望能够采用一些环境经济政策和经济激励手段来解决经济发展过程中伴随出现的环境问题。并有一些学者想利用发展绿色经济去转变这种资源消耗型、环境污染

① 米哈依罗·米莎诺维克等：《人类处在转折点》（刘长毅，等译），北京：中国和平出版社，1987 年版，第 9 页。

型和生态毁灭型的工业文明发展模式。揭益寿(2005)、王旭波(2008)、严行方(2008)等认为，绿色经济是以市场为导向、以传统产业经济为基础、以经济与环境的和谐为目的而发展起来的一种新型的经济形式，是市场化和生态化有机结合的经济，是产业经济为适应人类环保与健康需要而产生并表现出来的一种新的经济形式。这样的绿色经济表述，仍然探讨的是经济与环境的相互作用、相互影响，仍然是想通过"绿色"去改变市场、分配、交换和消费的全过程，并想通过有益于环境或与环境无对抗的经济行为实现经济的可持续增长。这种探讨还是处于较浅层次，还是在工业文明的框架内研究发展绿色经济，这种绿色经济发展只是治标不治本，只能是暂时地、局部地缓解生态环境恶化，不可能从根本上解决人与自然的矛盾。

3.3.2 生态文明的绿色经济

中国生态经济学家刘思华教授在他的一系列论著中对绿色经济作了生态经济学诠释，使它成为生态经济学与可持续发展经济学的代名词，把绿色经济纳入生态经济学与可持续发展经济学的理论框架。刘思华在《当代中国的绿色道路——市场经济条件下生态经济协调发展论》(1994)一书中，选择生态经济协调理论作为研究绿色经济发展的理论支撑点，这就为绿色经济与绿色发展道路提供了生态经济学的理论基础。在国内外首次把绿色经济与绿色发展道路纳入生态经济学的理论框架，使之成为生态经济学的范畴。2001 年，刘思华教授在《绿色经济论》一书中，深刻阐明了绿色经济理论前沿和现实前沿问题，并作出这样的概括："绿色经济是可持续经济的实现形态和形象概括。它的本质是以生态经济协调发展为核心的可持续发展经济。"[①]刘思华教授在 2002 年湖北省绿色经济发展战略研讨会上作了《发展绿色经济的理论与实践探索》的学术报告，强调绿色经济发展是人类文明时代由工业文明时代进入生态文明时代的必然进程，是生态文明时代的最佳经济发展模式。2011 年，刘思华教授在《生态文明与绿色低碳经济发展总论》一书的总序中指出，"我们所说的绿色经济是广义的，不仅包括广义的绿色产业，而且包括低碳经济、循环经济、清洁能源与可再生能源经济、碳汇经济以及其他节约能源与保护

① 刘思华：《绿色经济论》，北京：中国财政经济出版社，2001 年版，第 3 页。

环境生态的经济等。”①并对绿色经济重新界定为：以生态文明为价值取向，以生态、知识、智力资本为基本要素，以人与自然和谐发展和生态经济协调发展为根本目标，实现生态资本增值的可持续经济。②很明显地肯定了绿色经济是生态经济协调可持续发展的经济形态。因此，生态文明的绿色经济发展必将使人类文明进步和经济社会发展更加符合自然生态规律、社会经济规律和人自身的规律。

20 世纪 90 年代以后，生态经济理论和可持续发展理论受到各国学者密切关注和重视。各国学术界及国家和社会对环境、经济、社会问题都作出了反应，直面现实问题。2001 年 11 月，美国地球政策研究所莱斯特 • R. 布朗教授在《生态经济——有利于地球的经济构想》一书提出“经济系统是生态系统的一个子系统”的观点，提出人类经济摆脱目前困境走向可持续发展道路的具体方案，根据生态规律勾画人类未来生态经济蓝图，给我们提供了一个全新的研究视角。莱斯特 •R. 布朗撰写的《B 模式：拯救地球　延续文明》（2003）一书问世，以及后来的《B 模式 3.0：紧急动员　拯救文明》（2006）、《B 模式 4.0：起来，拯救文明》（2010）、《崩溃边缘的世界——如何拯救我们的生态和经济环境》（2011）的相继出版，告诉人们怎样用一种实际可行、明白易懂的方法，去建设更加公正的世界，并且从气候变化中拯救地球。布朗所构架的新经济——生态经济，是一个能够维系生态永续不衰的经济，或者说是一个生态可持续发展的经济。是把过去经济凌驾于生态环境之上转变为生态凌驾于经济之上。布朗认为，生态经济能够充分表达生态学的真理，因此，我们必须将经济归属于生态理念，使生态与经济从过去的相互分离走向生态与经济有机结合并协调发展。实现经济发展和可持续性的有机统一就是绿色经济的核心内容。自 2010 年开始，联合国环境规划署、联合国开发计划署、世界银行等诸多国际组织多次发表绿色经济相关研究报告，号召全球向绿色经济过渡。并将绿色经济界定为，“可促成提高人类福祉和社会公平，同时显著降低环境风险与生态稀缺的经济。”要实现绿色经济，“必须在保持较高人类发展水平的同时拥有合理的生态足迹。”③

绿色经济是一种低碳、资源高效和社会包容的经济。与传统经济相比，绿色经

① 刘思华：《生态文明与绿色低碳经济发展总论》，北京：中国财政经济出版社，2011 年版，第 408 页。

② 刘思华：《生态文明与绿色低碳经济发展总论》，北京：中国财政经济出版社，2011 年版，第 7 页。

③ 《访联合国副秘书长、联合国环境规划署执行主任阿齐姆 • 施泰纳：〈我们能否迈向绿色经济？〉》，2011 年 11 月 22 日《中国环境报》，第 4 版。

济更注重对自然资本运营和生态系统服务的经济学价值进行评估，注重进行全面的社会成本评估，包括生态系统的可靠性、高效性、稳定性等。从国内外学界和实业界的观点可以明显得知，绿色经济概念的演进和研究的理论基础是随着人类对发展方式的反思而不断深入推进的过程。绿色经济是现代经济发展理论创新的伟大成果，它不是环境经济学倡导的理念，而是生态经济学与可持续发展经济学倡导的新理念。

以生态经济学与可持续发展经济学为基础的绿色经济，是摒弃工业文明的黑色经济形态的黑色弊端，克服和消除工业文明及其黑色经济形态特征，在此基础上的绿色创新发展。刘思华教授在《生态文明与绿色低碳经济发展总论》及其他论著中，反复论证了绿色经济是生态文明时代倡导和主导的经济形态与经济发展模式。生态文明视域下的绿色经济，要求将现有产业进行绿色转型，创造有利于绿色发展的市场空间，建立起经济增长与生态环境优化相结合的“三低一高”的经济发展道路，即低（资源）消耗、低污染、低排放（包括低碳甚至零碳排放）和高增长。这种生态与经济协调互促型的现代经济发展模式，必然形成低代价、高发展的经济发展态势。绿色经济发展强调人与自然之间的和谐相处，强调人类要从过去对自然的掠夺性、肆意性地开发利用转变为和谐性、自律性、科学性地开发利用，强调过去以经济中心主义和单纯经济利益为导向的发展转变为对于生态失衡经济的全面衡量和对于人类和自然的全面尊重的发展。[①]人类正迈入生态文明时代，生态文明的发展观与实现观要求：人类必须坚持在生态环境承受能力的阈值范围内解决当代经济社会和生态发展的协调关系；人类必须坚持在不危及后代人的需要的前提下解决当代经济发展的协调关系；人类必须坚持在不危害全人类整体经济发展的前提下，解决当代不同国家、不同地区以及各国内部各地和各种经济发展的协调关系。[②]生态文明时代的本质特征，就是把现代经济社会发展切实转移到经济社会良性循环的可持续发展轨道上来，使人、社会与自然重新成为一个有机统一体，实现人与自然、生态与经济相互和谐、相互协调的发展。作为生态文明时代的主导经济形态，绿色经济是当今世界和当今中国实现生态经济社会健康运行与可持续发展的最佳经济模式，是从工业文明的黑色经济向生态文明的绿色经济转型的经济形态。生态文明框架内的绿色经济是建立在人与自然内在统一、社会与自然和谐共生、生态与经济和

① 胡鞍钢：《中国：创新绿色发展》，北京：中国人民大学出版社，2012 年版，第 34 页。

② 刘思华：《生态文明与绿色低碳经济发展总论》，北京：中国财政经济出版社，2011 年版，第 324 页。

谐协调的基础上。因此，绿色经济发展是以人与自然和谐发展、生态与经济协调发展为根本目标，是人、社会、自然和谐共生共荣的现代经济。绿色经济发展就是生态经济的发展，[①]其类型包括发展低碳经济、循环经济、生物经济、环境经济等多种样式的发展。要在生态文明框架内建设生态文明，发展绿色经济，既面临着克服、消除工业文明的黑色经济形态与发展模式的黑色弊端，将其改造成为绿色经济形态，又面临着构建与生态文明发展相适应的绿色经济形态与发展模式的双重压力与双重应对。超越资本主义经济模式，形成与中国社会主义生态文明、和谐社会发展相适应的绿色经济模式，其本质内涵是最低代价的、生态内生的生态经济和谐协调可持续发展模式，即生态自然和经济社会和谐协调可持续发展双赢发展模式。[②]不管是从理论视域还是从实践视域来说，绿色经济是生态文明发展的全新经济模式，低碳经济、循环经济都是绿色经济模式的现实体现。

3.3.3 生态文明绿色经济的本质和特征

国内外一些学者把绿色经济界定为环境经济学的范畴，实质上是在工业文明框架内对绿色经济作了工业文明狭隘的理解，他们看到绿色经济能克服消除工业文明的黑色经济与发展模式的黑色弊端，但看不到乃至丢弃了绿色经济是超越工业文明的黑色经济，认识不到绿色经济的生态经济属性与可持续经济的本质内涵，使人们落入了“工业文明发展的陷阱”。刘思华教授针对学术界把绿色经济定位为环境经济学的范畴，他豁然走出环境经济与工业文明发展的陷阱，对绿色经济重新定位，把它看作是生态经济学与可持续发展经济学的理论范畴，这是他随着实践的发展认识在不断深化与发展的结果。刘思华教授近 20 年来的一些论著和论文中反复强调绿色经济是生态文明时代全新的经济形态与发展模式。我们认为绿色经济就是绿色发展的经济。正如刘思华教授在 2013 年中国生态文明建设·杭州论坛上所作的题为《深化社会主义生态文明理论研究　促进中国特色社会主义文明绿色创新发展》的开幕词中，把绿色发展表述为：“以生态和谐为价值取向，以生态承载力为基础，以有益于自然生态健康和人体生态健康为终极目的，以绿色创新为主要驱动力，以经济社会各个领域和全过程的全面生态化为基本路径，旨在追求人与自然、人与人、

① 王玲玲、张艳国：《“绿色发展”内涵探微》，载《社会主义研究》2012 年第 5 期，第 144 页。

② 刘思华：《生态文明与绿色低碳经济发展总论》，北京：中国财政经济出版社，2011 年版，第 10～16 页。

人与社会、人与自身和谐发展为根本宗旨，实现代价最小、成效最大的生态经济社会有机整体全面和谐协调可持续发展。”[①]刘思华教授的这个表述，可以说是他对绿色经济的内涵与外延所作的一个最终概念界定。这个界定绿色经济发展，就正确地揭示了绿色经济的本质属性、科学内涵与根本特征，准确地体现了绿色经济是从工业文明的黑色经济向生态文明的绿色经济转型的经济形态。只有这样，我们才能真正认识和把握绿色经济，才真正符合人类社会的经济形态演变的客观进程，才真正符合建设生态文明、发展绿色经济、构建和谐社会的历史进程和内在逻辑。

① 刘思华：《生态马克思主义经济学原理》（修订版），北京：人民出版社，2014 年版，第 578 页。

第 4 章

绿色经济发展战略

发展战略是关系全局和长期发展的大问题。什么样的发展战略决定什么样的发展方式和发展结果。传统的发展战略是以片面谋取国内生产总值（GDP）高速增长为目标，以传统工业化为主要内容，以高积累和高投资、高物耗和高能耗为特征的发展战略。面对传统发展战略导致的可持续发展危机，人类必须坚定地创新发展模式，大力推进生产、生活方式的变革，推进人与自然的和谐共生以及经济、社会、生态协调可持续发展，确立新的绿色经济发展战略。绿色经济发展战略，旨在追求经济、社会、人口、资源、环境、生态相和谐的全面协调可持续发展。

4.1　全人类的共同战略与中国的正确选择

历史事实表明，整个工业文明是在人类征服自然、掠夺自然、统治自然的基础上发展起来的。工业文明严重地毁坏了现代经济社会的生态基础，导致了人与自然关系紧张。由此，决定了 21 世纪人类的经济发展必须要实施可持续发展战略，寻求人与自然有机统一与协调发展的绿色发展道路。

4.1.1　21 世纪全人类生存与发展的共同选择

进入 21 世纪，整个世界实际上正在同时经历着几个转变，其给我们带来的是共同繁荣的前景，还是具有毁灭性的危机，将取决于我们这个全球大社会如何去应对这些变化。一是全球人类创造的物质财富仍在增长，但国与国、人与人之间的收入与财富占有仍很不平等，最富裕的人和最贫穷的人之间的差距正在拉大。目前，生活在地球上最底层的数十亿人口被困于贫困陷阱之中，这使他们无法体验经济的持续增长。二是人类活动对自然资源的总体影响正在产生史无前例的多重环境危机。我们现在所面临的环境危机无法和过去相比，因为人类经济活动的规模之大是前所未有的，它足以在全球范围内改变包括气候本身在内的基本自然进程。[①]人类目前的活动轨迹并不适于人类社会的可持续发展。要成功地实现可持续发展，我们必须终止一些长期形成的不良习惯。传统的、最深刻的模式就是人类将地球自然系统据为己有，并在使用时不经意间付出了损害其他物种和人类社会自身的长期福祉的巨大代价。由于人口增长过快，人类活动强度过大，致使地球负载过重，达到了失控的程度。人类从以往过失造成的严重恶果的反思中认识到人口、资源、环境在人类发展中的极端重要性，决定了未来的发展将不可能沿袭传统的无节制耗用自然资源的模式。人类在总结传统发展道路与战略思想的经验和教训的基础上，提出了可持续发展的新战略。当今，人类在国际金融危机和全球气候变化的双重挑战下，确立了新的绿色经济发展战略，这为当今和未来人类发展提供了处理和把握经济建设和人口、资源和环境的发展关系的战略方针。

为了应对金融危机和经济危机，联合国环境规划署提出了发展绿色经济和绿色新政的倡议。因为在过去几十年间，生态环境在经济决策中实际上受到的关注和考虑很少，一直处于边缘状态。在一些发达国家，大量的投资流向了地产和金融部门，形成了地产和金融泡沫，这严重威胁到能源供给和食物的安全。要改变这种状态，“需要有一条新的发展道路，不是一条仅能在若干年内在若干地方支持人类进步的道路，而是一直到遥远的未来都能支持全球人类进步的道路”。[②]这条新道路必须彻底与非持续发展思想和发展战略决裂，它必须是一种以维护人类生存环境、合理保护资源与能源、有益于人体健康为特征的发展道路，必须实行人口、资源、环境和经济社会相互协调的可持续发展战略。只有这样，才能使人与自然的尖锐对立走向

---

① 杰弗里·萨克斯：《共同财富——可持续发展将如何改变人类命运》（石晓燕，译），北京：中信出版社，2010 年版，第 17～18 页。

② 世界环境与发展委员会：《我们共同的未来》（王之佳，等译），长春：吉林人民出版社，1997 年版，第 5 页。

和谐统一，经济社会与自然生态相互脱离走向有机结合，重建一个遵循人与自然共同生息、生态与经济共同繁荣的可持续发展的经济社会。这是人类发展的绿色转型，是人类发展的战略性转变，这是由资源环境承载力的有限性及发展条件的变化所决定的，是当代人的伟大历史使命与重大战略任务。所以，确立绿色经济发展战略，就成为全人类的共同选择。

4.1.2 中国实施绿色经济发展战略的必然选择

4.1.2.1 中国生态环境问题日益突出，经济发展的环境代价巨大

近年来，我国环境污染情况依然较严重。一是水环境污染。根据环境保护部发布的《2012 年中国环境状况公报》显示：长江、黄河、珠江、松花江、淮河、海河、辽河、浙闽片河流、西南诸河和内陆诸河等十大水系 469 个国控断面中，Ⅰ～Ⅲ类、Ⅳ～Ⅴ类和劣Ⅴ类水质的断面比例分别为 68.9%、20.9%和 10.2%。黄河、松花江、淮河和辽河为轻度污染，海河为中度污染。在监控的 60 个湖泊（水库）中，富营养化状态的湖泊（水库）占 25.0%，其中，轻度富营养状态和中度富营养状态的湖泊（水库）比例分别为 18.3%和 6.7%。在监控的 198 个城市 4 929 个地下水监测点位中，优良、良好、较好水质的监测点比例为 42.7%，较差、极差水质的监测点比例为 57.3%。9 个重要海湾中，胶州湾、辽东湾和闽江口水质差，渤海湾、长江口、杭州湾和珠江口水质极差。①2013 年 5 月，环保部通报华北六省市地下水污染专项检查结果，多家企业存在利用渗井、渗坑或无防渗漏措施的沟渠、坑塘排放、输送或者存储污水的违法问题，严重污染了地下水环境。②二是大气环境污染。我国近 10 年来付出诸多努力，并取得了显著成绩。但在逐步控制了二氧化硫和氮氧化物污染的同时，可吸入颗粒物的污染又成为新的主要污染源。2013 年初，中国大范围地区遭遇雾霾袭击，“雾霾天”已然成为公众高度关注的敏感词，甚至引发恐慌情绪病蔓延。三是农村环境问题日益凸显。随着工业化、城镇化和农业现代化不断推进，农村环境形势严峻。突出表现为工矿污染压力加大，生活污染局部加剧，畜禽养殖污染严重。农村饮用水水源和地表水受到不同程度污染，垃圾场周边、农田、菜地和企业周边土壤污染较重。中国的污染已经由点到面、由城市向农村蔓

①环境保护部：《2012 年中国环境状况公报》，www.mep.gov.cn/gkml/hbb/qt/201407/t20140707_278319_wap.shtml。

② 毕淑娟：《华北平原地下水污染触目惊心 55 家企业是罪魁祸首》，2013 年 5 月 27 日《中国联合商报》。

延。并且由于污染排放率远超过环境同化能力，从而使中国整体环境中的积累污染强度持续上升。

环境污染最直接的负面影响是对国民健康的损害。根据卫生部发布的一份对 30 个市以及 78 个县的调查报告，2007 年癌症患病率高涨。中国最富裕的省份——江苏省，又是癌症病人最集中的省份。尽管江苏省只有全国 5%的人口，死于癌症的人数却占全国癌症死亡总人数的 12%。[①]根据世界银行估计，中国每年因空气污染所导致的呼吸道疾病造成约 17.8 万人死亡，相当于城市地区死亡数的 7%。[②]世界卫生组织 2011 年的《全球空气质量报告》指出，每年全世界约有 200 万人死于空气污染引发的疾病，其中大多数死者生活在发展中国家，中国是世界上每年因空气污染而致人死亡数目最高的国家，每年大约有 65.6 万人死于由室内或室外空气污染引起的各种疾病。[③]

4.1.2.2 自然资源日益匮乏，人均资源数量和生态质量仍在继续下降

中国人口占世界人口总数的 1/5，而土地面积的 2/3 以上是无法利用的山地和沙漠。中国有 2/5 的国土面积承受不同程度的水土流失，其中耕地面积的一半以及 2/3 的草原也受到不同程度水土流失的威胁。1/4 的土地面积已经沙漠化，且沙漠化在不断推进，1950—1975 年，中国平均每年有 1 560 km^2 土地沦为荒漠；1975—1987 年，此数上升到 2 100 km^2，从那以后到 20 世纪末，每年沦为沙漠的土地猛增到 3 600 km^2。[④]西北草原正在以每年 100 万 hm^2 的速度消失，90%的天然草原呈现不同程度的退化。森林面积在不断缩小，到 1998 年，长江流域原始森林覆盖面积整整失去了 85%。中国社会科学院研究员王宏昌指出，中国东南省份的滥伐森林，是西北地区降雨减少的一个关键因素，而那里现在正在慢慢变成尘暴区。1998 年以后，我国采取了两项措施保护森林，一是限制木材生产量，严禁砍伐；二是大量进口木材及纸浆。

中国经济面临人口众多、人均资源拥有量少的巨大挑战。在 2010 年，中国人均耕地和森林拥有量分别为世界平均水平的 1/3 和 1/5，人均淡水资源仅为世界平均水平的 1/4。45 种主要矿产资源拥有量不到世界平均水平的一半，人均石油、天

① 乔纳森·瓦茨：《北京将致命癌症发病率升高归咎于污染物质》，2007 年 5 月 22 日《卫报》（伦敦）。

② 胡鞍钢：《实施绿色发展战略是中国的必选之路》，载《绿叶》2003 年第 6 期，第 50～51 页。

③ *World Health Organization database 2011: outdoor air pollution in cities*, http: //www.who.int/topies/air_pollution/en。

④ 王涛等：《近 50 年中国北方沙漠化土地的时空变化》，载《地理学报》2004 年第 59 卷，第 203～212 页。

然气、铁矿石、铜和铝矿等重要矿产资源储量分别为世界平均水平的 11%、4.5%、42%、18%和 7.3%[①]。矿产资源的人均拥有量也远低于世界平均水平，而且人均资源数量仍在继续下降。我国矿产资源后备储量不足，需要大量从国外进口。然而，我国的经济发展势头仍然十分强劲，对资源需求量的增长显著地快于全球的增长，一些战略性资源能源，包括油气等优质能源以及铁、铜、铝等战略性矿产资源将长期处于供需紧张状态。同时也面临着越来越复杂多样的复合污染格局，以及新一轮生态退化压力。这些已经成为我国社会经济发展的阻碍因素。

4.1.2.3 全球气候变暖对中国绿色经济发展带来的影响和压力

气候变化是国际社会普遍关心的重大全球性问题。气候变化既是环境问题，也是发展问题，但归根结底是发展问题。近百年来，许多观测资料表明，地球气候正经历一次以全球变暖为主要特征的显著变化，中国的气候变化趋势与全球的总趋势基本一致。在全球大背景下，中国近百年的气候也发生了明显变化，中国年平均气温升高了 0.5～0.8℃，略高于同期全球增温平均值，近 50 年变暖尤其明显。从地域分布看，西北、华北和东北地区气候变暖明显，长江以南地区变暖趋势不明显。近 50 年来，中国沿海海平面年平均上升速率为 2.5 mm，略高于全球平均水平。中国山地冰川快速退缩，并有加速趋势。中国未来的气候变暖趋势将进一步加剧。[②]

全球气候变暖与碳排放是密不可分的。人类工业化进程是与二氧化碳排放的快速增长紧密相关的。历史表明，无论是人均 GDP 最高的美国、日本、德国，还是相对较低的韩国，1850—2005 年的人均积累二氧化碳排放水平都在 190 t 以上。虽然中国目前的人均积累二氧化碳排放水平仍显著低于经济合作与发展组织（OECD）国家，但到 2020 年前，中国的人均二氧化碳积累排放量将不可避免地继续上涨。[③]中国作为世界最大的碳排放国，将长期面临着越来越大的国际减排压力，采取何种减排策略都将直接影响到中国的现代化进程，影响中国长远的发展潜力和国际竞争力，影响中国经济的绿色转型。

① 许宪春：《绿色经济发展与绿色经济核算》，载《统计与信息论坛》2010 年第 11 期，第 20 页。

② 国家发展和改革委员会：《中国应对气候变化国家方案》，中国气候变化信息网，http: //www.ccchina.gov.cn/WebSite/ CCChina/ UpFile/File189.pdf 2007-6。

③ 中国科学院可持续发展战略研究组：《2013 中国可持续发展战略报告》，北京：科学出版社，2013 年版，第 187 页。

4.2 绿色经济发展战略的内涵、本质及内容

尽管《中国 21 世纪议程》和可持续发展战略已实施多年，但我国发展中的不平衡、不协调、不可持续性问题依然突出，自然资源、能源消耗模式难以持续。因此，必须坚持把生态优先发展作为主导型发展战略；必须坚持把建设资源节约型和环境友好型社会作为绿色经济发展的重要支撑；必须坚持把保障和改善民生作为加快转变经济发展方式的根本出发点和落脚点。坚持以人为本和以生态为本的方针，加大自然资本投入，创造绿色市场空间，构筑绿色经济发展的制度政策支撑体系，加快实现生态、经济、社会协调发展。

4.2.1 中国绿色经济发展战略目标

绿色经济发展战略目标是可持续经济发展战略的形象概括。《中国 21 世纪议程》将中国可持续发展战略目标确立为“建立可持续发展的经济体系、社会体系和保持与之相适应的可持续利用的资源和环境基础。”这也是可持续经济发展的战略目标。刘思华教授在《绿色经济论》一书中提出：“绿色经济是可持续经济的实现形态和形象概括。它的本质是以生态经济协调发展为核心的可持续发展经济。”由此，绿色经济发展战略目标就是以科学发展观和可持续发展理论为指导，以发展绿色经济为基本内容，以经济与生态、社会协调可持续发展为核心的发展战略。以绿色经济为基本内容的绿色经济发展战略目标，就是要实现人们经济活动从高耗资源、高污染环境与高损生态的非持续发展经济，向资源消耗最少化、环境污染最轻化与生态损害最小化的可持续经济发展的根本转变，从而达到生态经济协调可持续发展。绿色经济作为现代经济运行与发展的最佳模式的最高层次含义就在于此。[①]如果我们把它本身的内容具体化，它就规定着在一定时期从战略上要完成的任务。

中国绿色经济发展战略目标，包括两个层次的目标：

（1）经济生产力与生态生产力的有机统一与协调发展。刘思华教授在 1994 年出版的《当代中国的绿色道路》一书中，首次把生态经济生产力称为“绿色生产力”。

① 刘思华：《刘思华文集》，武汉：湖北人民出版社，2003 年版，第 609 页。

有人认为，绿色生产力是将环境概念与生产力概念结合在一起，生产绿色产品；也有人认为，绿色生产力是一种“环境友好的”可持续生产力；还有人认为，绿色生产力是“生产力发展的绿色道路”。到目前为止，绿色生产力的最终定义尚未完全成熟。但学界已经认识到绿色生产力对社会经济可持续发展至关重要。在 2003 年第十二届世界生产力大会上，专家一致认为，我国应该把发展绿色生产力作为 21 世纪社会经济发展的一项重大战略目标。21 世纪，发展先进生产力，必须全力抓住和认真解放生态经济这个绿色经济发展的主要矛盾。因而，保护自然生产力，解放和发展绿色生产力，才能把 21 世纪中国经济发展建立在生态良性循环的基础上，使经济发展的可持续性得到有效保障。这是 21 世纪中国绿色经济建设的根本任务。

（2）从 21 世纪这个现代经济运行的根本目标来看，就是把 21 世纪中国经济发展的生态代价和经济成本降低到最小限度，力求以最小的生态与经济代价换取最大的经济发展。中国经济保持了 30 多年的高速增长，取得了伟大成就，但付出了沉重的生态与经济代价，既付出了巨大的生态成本，又付出了高昂的经济成本。这两种代价我们可以统称为生态经济代价即生态经济成本。新的现实情况是，中国一年年变得越来越富，但生态问题也越来越严重。其根源在于现存的资源消耗型、环境污染型与生态毁灭型的传统经济发展战略模式。在传统经济发展战略模式下，人们的经济活动不尊重生态法则甚至违反生态学真理，必然造成生态与经济脱节、生态与经济不协调的生态经济代价。绿色经济发展战略模式，寻求人们经济活动以生态法则为准则，寻求市场经济运行要能够反映生态学真理，有效地解决市场经济发展中存在的生态代价和经济成本的非持续发展经济问题，使经济发展真正转移到可持续发展经济的健康运行轨道上来，把现代经济发展的生态经济代价减少到最低限度，使绿色经济成为经济发展的生态代价和经济成本最低的经济。这是发展绿色经济的根本目标。由此，我国力争实现绿色经济发展战略总目标，这个总目标由以下几个方面具体目标构成。

4.2.1.1 实现又好又快的经济发展，建立可持续发展的经济体系

过去我们的经济发展是为发展而发展，经济增长速度较快，但持续性不够、稳定性不足，效益和质量更差。为了实现经济全面可持续发展，首先要保持经济平稳较快发展，要在转变经济发展方式上取得新进展，使中国经济朝着更高水平、更好

质量的发展迈进。[①]在近期目标上，要提高全部要素生产率，特别是要提高土地生产率、能源生产率和资源生产率。加快产业结构调整，大力发展第三产业，提高低污染、低排放、低能耗的服务业所占比重，使整个经济结构在整体上“变绿”。继续降低农业比重，降低能耗高、水耗高、资源消耗高、污染严重、资本密集的工业比重。大力发展高新技术产业，做到城乡工业化合理分工、协调发展，做到地区产业结构各有特色，减少重复，消除“同构”，适应资源优化配置的要求。目前，国内许多地区对投资发展绿色经济热情高涨，但由于整体战略规划滞后，地区间、行业内盲目发展、重复建设问题突出。充分发挥内涵扩大再生产在经济发展中的作用，通过清洁生产和循环经济等生产技术的推广，降低能源资源的消耗，达到投入少、产出多、经济价值高的效果。在远期目标上，则要充分体现科技是第一生产力的强大威力，加快转变经济发展方式，大力推进产业结构优化升级，通过先进技术使经济增长相对减少对能源、原料、水资源的需求，使生态农业、生态工业在产业中占据更大的比重。大力推进节能减排和生态环境保护，合理控制能源消费总量，提高清洁能源、可再生能源比重，发展循环经济。

4.2.1.2 实现经济与社会的协调发展，建立和完善可持续发展的社会体系

绿色发展是一个伟大的工程，不仅仅只注重经济增长，还要努力争取经济与社会、政治、文化各方面的协调。主要有：人口的适度增长、社会的公平分配和贫富差距缩小，民族素质在体力、智力上的提高，妇女的解放、政治的民主化与政府管理效能的提高等。我们把经济与社会协调发展放在绿色经济发展的战略目标中，更侧重如下内容。

（1）人口-劳动力再生产与物质资料再生产相协调。人口问题既是社会问题又是经济问题，是制约可持续发展的首要问题。我们的近期目标仍然要抑制人口过快增长。远期目标则是要使人口绝对数量下降之后，稳定在一个合理的水平上。全世界大约有 43 个国家的人口基本上是稳定的或略有下降。据联合国的预测显示，2041 年世界人口将达 80 亿，然后下降。要实现这样的目标，必须使经济社会发展水平上升到一个高度，这当中又与提高人口素质、改进劳动者素质，开发人力资源分不开。因此，人口-劳动力再生产与发展经济、消除贫困、保护生态环境、合理开发利用资源、普及文化教育、发展医疗卫生事业、提高妇女地位、完善社会保障等方

① 张平：《中国经济朝着更高水平更好质量的发展迈进》，载《中国发展观察》2012 年第 4 期专号，第 9～10 页。

面工作结合起来，实现相互促进，协调发展。

（2）消除贫困。解决社会公平分配的突出任务是消除贫困。没有任何发展中国家在不降低人口增长率的情况下就能成功地实现现代化。因为迅速增长的人口终将压垮自然系统，导致经济衰落。中国在不断致力于改革，尽最大可能使贫困人口减少。据统计资料显示，中国的贫困人口从 1981 年的 6.48 亿降到 2001 年的 2.18 亿，是历史上最大的脱贫成就。中国正在朝着联合国确定的“在 2015 年前把贫困人口减少一半”的目标迈进。①中国的远期目标就是要使现有贫困地区完全走上靠提高生产力和科技水平而致富的道路，创造更有利于社会财富和资源公平的机制和社会环境。通过逐步改善贫困地区的基础设施条件和生态环境，引导当地人民科学、合理开发利用自然资源，改变原来的发展路径，大幅度减少资源、环境、生态成本，走上永续发展的道路。

4.2.1.3 实现经济发展与自然资源和生态环境再生产的协调发展，促进恢复和改善可持续发展生态系统的良性循环

保护自然资源，恢复地球的本来面貌。加强水资源的保护与开发利用，防止城乡生产生活因缺水而出现重大损害。主要目标在于通过保护水源、水利工程建设、节水技术的发展，使水资源得以满足社会经济发展对水量和水质的日益增长的需求，提高水的生产力。保护和恢复森林资源，一方面制止现有森林资源的缩减和退化，另一方面培育森林资源，提高森林的生产能力和森林提供的服务能力。保护和恢复土壤，一方面退耕还林还草，另一方面进行保护性耕作，加强草地资源保护，提高土地生产力。建立全球海洋保护区，加强海洋资源保护。加强矿产资源的保护。

治理环境污染。中国的环境污染经历了一个“先污染、后治理”的过程，而且是一边治理，一边污染，老的污染问题没有解决，新的污染问题出现了。因此，我们的近期目标就是要最大限度控制污染对环境的危害程度，不使水域、大气和居住环境在生产生活排泄物的污染下危及人民群众的生命健康和财产安全。远期目标则是要改善整个环境质量，加大节能减排力度，发展节能节材技术，发展循环经济，保护环境。

为了避免社会生产因资源过于紧张而增大成本，消除环境污染对生产过程的直接影响和配合，我们必须努力使经济发展与自然资源和生态环境再生产相互协调。

---

① 莱斯特·R. 布朗：《B 模式 3.0 紧急动员 拯救文明》，北京：东方出版社，2009 年版，第 160 页。

为此，必须建立协调发展与生态保护的长效机制。提高教育水平，促进人口流动；建立与完善生态补偿制度；使改善民生与保护生态相结合。

4.2.2 绿色经济发展战略的本质和内涵

绿色经济发展战略是把自然生态系统、经济系统、社会系统视为一个密不可分的有机整体系统，综合考虑人口、资源、环境和经济、科技、文教综合的协调发展，以构建一个适应自然生态持续性发展、经济持续性发展、社会持续性发展的全面优化、统筹、协调、健康的经济发展战略框架，谋求经济持续发展能力的提升，最终促进人与自然全面协调发展，人与人全面协调发展，建立起生态与经济良性循环的关系。其内涵主要体现在以下几个主要方面。

4.2.2.1 绿色经济发展战略是通过大规模的生态建设，使生态环境从“生态赤字”走向“生态盈余”的战略

绿色经济发展战略是一种兼顾经济发展与环境保护的生态经济优先选择战略。它区别于过去发达市场经济国家和广大发展中国家那种拼生态、耗资源以换取经济增长的传统发展战略。特别是西方发达国家由于制度因素的制约和当初推进工业化的历史条件局限，决定了传统的西方国家市场经济是把发展经济建立在依靠大量消耗资源的基础上来换取经济高速增长的，它是一条以牺牲生态环境为代价实现工业化的发展道路。这条道路，名义上是通过完全自由竞争的市场机制作用达到了所谓资源合理配置，实际上是通过扭曲生态资源价格，以自然资源的极大浪费和生态环境的巨大破坏来实现工业化的。资本主义工业化的实现，以及现代化的发展，给人类造成了两个极其严重的恶果：一是自然资源耗竭与短缺；二是生态环境污染与破坏。这种工业化模式是一种破坏生态环境的发展模式，使生态资本存量不断减少导致“生态赤字”日益严重，不能维持未来经济的发展，因而是一条无法持续发展的道路。

绿色经济发展实行经济发展与环境保护二者兼顾，生态经济优先发展，遵循生态学的基本原理，实行生态与经济协调发展的战略。坚持生态优先发展，就是把持续发展与协调发展有机统一起来，使两者不断深化和完善。坚持生态优先发展，就是要求人们把市场法则转移到生态法则的轨道上来，自觉地协调经济活动与生态环境的关系，把保持生态系统良性循环放在现代经济发展的首要地位。

人与自然之间的不同关系，不仅取决于人类发展时期、发展水平，也更加取决于发展战略、发展模式、发展道路的选择。人类按照批量生产、大量排污、过度消费的黑色发展道路走到工业文明晚期，“生态赤字”迅速扩大，自然生态系统严重退化。人类在人均收入达到较高水平时，就会达到“生态赤字”的高峰。绿色经济发展战略是对这些现象和后果的反思之后，作出的经济发展转型对策，希望通过大规模生态建设修复受损的生态系统，修正自己的发展方式，依靠科学技术进步与生产方式的转变，实施可持续发展战略，保护环境、节约资源、发展绿色经济，保持生态资本非减性并有所增殖，使“生态赤字”逐渐减少，促使人与自然关系趋向缓和，从而使人类进入“生态赤字”缩小或“生态盈余”。

4.2.2.2 绿色经济发展战略是重视生态需要、增加生态产品生产能力的战略

社会主义生产和社会主义市场经济所要满足的人类需要，不仅是物质需要、精神需要，同时还应包括生态需要，即作为自然的人对生态环境系统产品的需求。没有生态需要的人类需要，是不完整的，没有满足生态需要的社会主义生产目的，也是不完整的；只有物质需要、文化需要和生态需要的结合，才能构成现代人类全面发展的消费需要。

党的十八大报告集中论述大力推进生态文明建设，其中在提到加大自然生态系统和环境保护力度时强调，要“增强生态产品生产能力”。“生态产品”是党的十八大报告提出的新概念，是生态文明建设的核心理念。过去我们定义产品，是从市场的角度，现在我们必须从生态的角度来定义产品。也就是在物质产品生产过程中不再破坏生态。关于什么是生态产品，现在没有权威和定型的定义，百度百科的定义是“指维系生态安全、保障生态调节功能、提供良好人居环境的自然要素，包括清新的空气、清洁的水源和宜人的气候等。生态产品的特点在于节约能源、无公害、可再生”。随着人民生活水平的提高和生态环境的恶化，老百姓对优质生态产品、优良生态环境的需求越来越迫切。习近平总书记在中共中央政治局就大力推进生态文明建设进行第六次集体学习时强调，“要实施重大生态修复工程，增强生态产品生产能力”，“良好生态环境是人和社会持续发展的根本基础”。人民群众对环境问题高度关注。因此，“环境保护和治理要以解决损害群众健康突出环境问题为重点，坚持预防为主、综合治理，强化水、大气、土壤等污染防治，着力推进重点流域和

区域水污染防治，着力推进重点行业和重点区域大气污染治理”。[①]

增强生态产品生产能力的着力点目前在于要重视生态修复，让自然生态系统休养生息。由于生态系统总体上是公共所有或公共享有的，所以，生态产品一般具有公共产品的性质，从这个意义上来说，很多生态产品适合由政府来制造和提供，同时，政府也要为生态产品的私人提供者提供制度激励。由于生态产品的生产的非营利性质，生态产品的供给不能依靠市场化运行机制，而需要一个制度层面的强力推进机制。比如，制定鼓励绿色投资的政策、实行生态补偿制度等。

因此，实施绿色经济发展，就要改变传统的忽视人类生态需要的观点，牢固确立生态需要是现代人类最基本需要的观点，用绿色农业产品、绿色工业产品、绿色旅游产品及绿色公共服务最大限度满足现代人类的绿色消费需要。

4.2.2.3 绿色经济发展战略是全球合理配置自然资源和生态环境的战略

我们每个人都依赖于地球生态系统所提供的各种产品和服务，我们的经济乃至我们的存在都完全依赖于地球的自然系统和资源。正如《我们共同的未来》指出，“我们过去一直对经济发展给环境带来的影响表示关注，现在我们被迫对于生态压力——土壤、水域、大气和森林的退化对经济前景产生的影响予以关注；从不久以前起，我们又被迫面对各国经济上的相互依赖性急剧增加这个现实，我们现在被迫习惯于各国在生态上的日益增加的互相依赖性。生态和经济越来越紧密地交织在一起——在局部、地区、国家和全球范围内——成为一张无缝的因果网”。[②]在人类只有一个地球的前提下，与全球一体化相适应的经济社会可持续发展，不可能是一个国家或地区自然资源和生态环境的自我配置、自我循环，必然是全球一体化的合理配置资源和生态环境。没有一个国家能够在同其他国家隔绝的状态下求得发展，人类要转向绿色经济发展，需要所有国家的联合行动。

作为一种全球化配置自然资源和生态环境的绿色经济发展战略，含义有三：一是全球化配置自然资源和生态环境，必须是市场经济与生态经济的同步发展、经济增长与生态环境保护协同增效，而不是单纯的生态保护行为。这就要求我们面向全球化市场竞争，大力发展绿色农业、绿色工业、绿色旅游、生态环保等绿色产业，开发没有污染、生态性能高的绿色产品，开拓并占领绿色市场。二是全球化配置自

① 习近平：《坚持节约资源和环境保护基本国策　努力走向社会主义生态文明新时代》，人民网，2013-05-27。

② 世界环境与发展委员会：《我们共同的未来》（王之佳，等译），长春：吉林人民出版社，1997 年版，第 6 页。

然资源和生态环境，必须是打破国界的全球统一行动。发展中国家认为，发达国家的人口仅占全球人口的比例不到 30%，但却消耗了 70%以上的地球资源。大部分发展中国家都面临自然资源的短缺，而自然资源富足的发展中国家的资源，却有形无形地被发达国家转移耗用。人类只有一个地球，要解决全人类生存与发展中的尖锐矛盾，必须按照现代市场优化配置资源的要求来配置自然生态经济系统中的一切资源。三是正如有的学者所说的全球化配置自然资源和生态环境，必须是以绿色经济为基础，全球各国达成共识，构筑包括现代价值观念、现代生产与生活方式在内的绿色文明战略。

4.2.3 绿色经济发展战略目标的基本内容

4.2.3.1 生态主导型的经济发展战略

越来越多的证据表明，我们的全球经济现在正在慢慢地自伤自毁着。之所以这样，就是因为我们并没有实施一种根本性经济变革的总体战略，而我们所要进行的这项变革是要把世界引导到一条能维系环境的永续不衰的发展道路上。①只有以生态学原理为基础建立起来的生态经济，才是一个能维系环境永续不衰的经济。因此，必须以建设社会主义生态文明理论为指导思想，确立生态主导型的经济发展战略，才能使生态环境保护与建设的生态运动向可持续发展领域渗透与融合，重建人与自然界的有机整体，使其和谐发展。

生态主导型的经济发展战略目标，就是要努力探索一条生态完备与经济发展、资源丰富与社会进步、产业发达与人民生活水平改善相互促进的良性循环发展道路，走出一条生态保护与经济社会协调发展的生态主导型道路。实施生态主导型的经济发展战略，必须采取如下措施：

（1）大力发展生态主导型产业。树立生态文明理念，要以生态文明的理念引领工业经济的发展，要发展有利于生态保护而不是损害生态的生态主导型工业，走出一条依靠科技进步、延长产业链条、降低资源消耗、优化生态环境的绿色工业化道路。坚持生态主导、科学开发的方针，精心保护、修复和提升生态功能。突出培育和发展生态主导型经济，突出科学有序开发矿产资源，通过体制机制创新，综合运

---

① 莱斯特 • R. 布朗：《生态经济——有利于地球的经济构想》（林自新，等译），北京：东方出版社，2002 年版，第 89 页。

用经济、法律和行政手段，充分调动全社会力量，千方百计加大投入力度，大力推进环境修复和重建，科学发展与资源环境相适宜的接续和替代产业。大力发展生态林业。林业既是生态保护和建设的主体，同时也是一项重要的绿色产业。林产业是真正的绿色产业，它的生产过程大多是纯自然、低能耗、少污染的，它的产品都是可再生、高安全、易降解的。因此，林业在国家生态安全、粮食安全、新能源战略、绿色增长、应对气候变化和区域协调发展中均具有重要战略地位。

（2）严格保护生态环境。从战略高度加大对现有生态环境资源的保护力度，不惜舍弃眼前利益，坚持“污染型企业一个不引进，资源损耗型项目一个不审批”，逐步淘汰转移不符合循环经济的高消耗、高污染、低效益传统制造业企业。坚持在保护中发展，在发展中保护，绝不以牺牲环境为经济发展的代价。切实做到经济建设与环境保护同步，实现近期发展与长远发展相统一，经济效益与生态效益相统一，优化经济发展。把生态主导型经济发展作为今后发展的方向。防止盲目发展，始终坚持以科学发展为统领、改善环境为根基、又好又快发展为取向，促进经济、社会、环境协调发展。切实做到“两个扭转、三个防止”，即扭转重开发、轻保护，重建设、轻恢复的状况；扭转重视当前、忽视长远的观念；防止边开发边破坏、防止不规划就开发、防止只开发不保护。要以资源的可持续利用为目标，以生态保护为重点，统一规划，集中开发，有序开发，防止资源浪费，实现开发与保护并举，促进有序发展。

（3）全面提升公众的生态福利。早在 1981 年，罗马俱乐部在《关于财富的福利的对话》一书中就指出：“经济和生态是一个不可分割的整体，在生态遭到破坏的世界里不可能有福利和财富。筹集财富的战略不应与保护这一财产的战略截然分开。一方面创造财富，另一方面又大肆破坏自然财产，会创造出消极价值或破坏价值。”[①]因此，现代经济运行与发展必须反映生态学的真理，创造生态生产力，增加生态福利。在 2010 年 10 月 30 日联合国“城市未来与人类和生态系统的福祉国际探讨会”闭幕式上发表的《城市未来与人类和生态系统的福祉上海宣言》中，世界各地的科学家、城市规划者、城市管理者和决策者们高度肯定了城市作为经济财富引擎所发挥的作用，同时强调，城市在未来具有很大潜力来生产和推动清洁能源的发展，推进对自然资源、生物多样性和生态福祉的良好管理。党的十七大以来，

① 杨帆：《发展与安全：“绿色 GDP”统计势在必行》，载《开放导报》2003 年第 6 期，第 19～22 页。

坚持把解决民生问题放在重中之重，着眼解决人民群众最关心、最直接、最现实的利益问题。党的十八大报告提出，“建设生态文明，是关系人民福祉、关乎民族未来的长远大计”，“努力建设美丽中国，实现中华民族永续发展”。

4.2.3.2 “资源节约型和环境友好型社会”发展战略

（1）“两型社会”建设的战略选择。当前，中国经济发展越来越受到国内资源和环境容量的制约。随着经济总量的日益扩大，经济增长与自然资源供给和生态环境保护之间的矛盾日益突出，这个矛盾对“经济总量庞大又快速增长，但人均资源匮乏、生态环境脆弱”的中国来说更为突出。为了化解或缓和各个矛盾，党的十六届五中全会明确提出“建设资源节约型、环境友好型社会”，并首次把建设资源节约型和环境友好型社会确定为国民经济与社会发展中长期规划的一项战略任务。

建设资源节约型社会就是要在社会生产、建设、流通、消费的各个领域，在经济和社会发展的各个方面，切实保护和合理利用各种资源，提高资源利用效率。资源节约型社会包括资源节约观念、资源节约型主体、资源节约型制度、资源节约型体制、资源节约型机制、资源节约型体系等方面的内容。环境友好型社会是一种人与自然和谐共生的社会形态，其核心内涵是人类的生产和消费活动与自然生态系统协调可持续发展。建设环境友好型社会，就是要以环境承载能力为基础，以遵循自然规律为核心，以绿色科技为动力，倡导环境文化和生态文明，构建经济社会环境协调发展的社会体系，建立人与自然良性互动的关系。建设资源节约型和环境友好型社会，既是应对资源短缺的根本战略选择，也是实现可持续发展的内在要求。

资源节约和环境友好两者的侧重略有不同。资源节约关注的是社会经济活动中的资源使用效率，但不能涵盖环境友好所包括的经济、社会、政治、文化和技术等要素，也达不到环境友好强调的人与自然和谐的哲学伦理层次；资源节约强调“节流”，环境友好可从“开源”和“节流”两个方面统筹社会经济活动的综合发展；环境友好比资源节约更多地强调综合运用技术、经济、法律、行政等多种措施降低环境成本，解决更为广泛的国计民生问题；环境友好比资源节约更为关注市场和消费对人类生活方式的影响，强调生活质量、生活内涵、生活意义的幸福指数。[①]

党的十七大报告再次强调，“坚持节约资源和保护环境的基本国策，关系人民

① 潘岳：《和谐社会目标下的环境友好型社会》，载《资源与人居环境》2008 年第 4 期，第 60～61 页。

群众切身利益和中华民族生存发展。必须把建设资源节约型、环境友好型社会放在工业化、现代化发展战略的突出位置，落实到每个单位、每个家庭。”这是历次党代会报告中首次提到“生态文明”的理念，报告中还把以建设节约资源能源和保护生态环境的产业结构、增长方式、消费模式为核心的生态文明作为小康社会目标的新要求之一。党的十七大报告对“绿色发展”路线——建设资源节约型、环境友好型社会的强调将有利于着力解决中国发展新阶段所面临的突出的资源环境问题。党的十八大在面对资源约束趋紧、环境污染严重、生态系统退化的严峻形势下，进一步重申要“坚持节约资源和保护环境的基本国策，坚持节约优先”。提出“加大自然生态系统和环境保护力度。良好的生态环境是人和社会持续发展的根本基础。”党的十八大报告把生态文明作为中国特色社会主义事业总布局的组成部分，建设资源节约型和环境友好型社会也涵盖在其中。美丽中国要通过建设资源节约型、环境友好型社会这样一个重大举措来实现。

（2）“两型社会”战略目标。建设“两型社会”的根本目的就是通过人与自然的和谐发展来促进人与人、人与资源、人与环境、人与社会的和谐。“两型社会”建设的出发点和落脚点是“人”，必须把实现最广大人民的根本利益作为“两型社会”建设的最终目标。“两型社会”建设的切入点是资源节约和环境保护。节约资源、实现资源高效利用、应对国内资源供需的矛盾对中国既是挑战，也是促进中国发展方式的转变、实现可持续发展的重要机遇。因此，把资源节约型、环境友好型社会建设纳入国民经济和社会发展规划及地方规划，能够促进全球及国内可持续发展的双赢。为建设低投入、高产出、低消耗、少排放、能循环、可持续的国民经济体系和资源节约型、环境友好型社会，未来的中国，在资源开发利用方面有更新的要求：一方面以科技进步和技术创新为推动力，调整优化经济结构，不断加强资源的循环利用，按照减量化、再利用、资源化的原则，在资源开采、生产消耗、废物产生、消费等环节，逐步建立全社会的资源循环利用体系；另一方面大幅度提高资源的利用效率，减少一定量经济活动所产生的废弃物，由此减轻对生态环境的损害。在环境保护方面：要求全社会都采取有利于环境保护的生产方式、生活方式、消费方式，建立人与环境良性互动的关系。良好的环境也会促进生产、改善生活、实现人与自然和谐。资源节约型和环境友好型的发展就是绿色发展，是我国实施科学发展观的内在要求。

（3）建设“两型社会”的路径选择。构建节约型社会是一个相当复杂的系统工程。因此，应该按以下几点来展开工作：①转变经济发展方式，建立资源节约型国民经济体系；②倡导资源节约型的生活方式和消费方式，提倡绿色消费，反对铺张浪费；③提倡清洁生产，发展循环经济；④加快新能源开发，积极推进传统能源清洁高效利用，全面落实能源节约的措施；⑤建设节约型政府，将政府成本纳入政府官员的政绩评价体系当中；⑥加强节约型的体制机制建设；⑦提高公众的节能意识。中国政府历来高度重视环境保护，建设环境友好型社会是一项重要的战略任务。我们必须坚持改革创新，形成建设环境友好型的保障体系。当前，应重点解决的问题：牢固树立和落实科学发展观；建立健全有利于环境保护的决策体系；完善环境保护投入的市场化体系；建立以循环经济为重要特征的经济发展模式；积极倡导环境友好的消费方式；大力发展和应用环境友好的新技术。

4.2.3.3 和谐生态经济发展战略

生态文明的经济形态就是生态经济形态，又叫绿色经济形态。所谓的生态经济，就是能够满足我们的需求而又不会危及子孙后代满足其自身之需的前景，亦即不会危及布伦德兰委员会在差不多 15 年前所指出的那种未来前景的经济。[①]实际上，生态经济就是以生态学基本原理来组织整个经济活动，以达到最优资源配置的经济形态。和谐生态经济是指能够发挥所有人的潜能，经济增长的动力机制强劲，同时又符合生态学的基本原理，并且能够不断推进人与自然和人与人之间关系和谐，最终实现人类最大福利的一种经济形态或制度。[②]和谐生态经济与生态经济、绿色经济都强调人与人和人与自然的和谐，都强调要特别保护自然资源和生态环境。绿色经济发展侧重于运动过程，而和谐生态经济则注重实际状态。因此，和谐生态经济发展战略理应成为绿色经济发展战略的重要内容。

和谐生态经济战略是为了实现人与人和人与自然之间和谐相处、经济增长和人民福利持续改善的目标，制定的各种计划和策略的统一。主要包括：物质资本、生态资本与知识资本相互增殖的计划与策略；积累绿色财富和增加绿色福利的计划和策略；实现人与人之间和谐、人与自然之间和谐的计划与策略等。整个战略的核心和战略目标就是如何提高人与人和人与自然和谐的程度，如何实现人与人和人与自然和谐的有机统一，如何实现人类社会的最大福利。和谐生态经济发展的战略重点，

---

①莱斯特·R. 布朗：《生态经济——有利于地球的经济构想》（林自新，等译），北京：东方出版社，2002 年版，第 84 页。

② 杨文进：《和谐生态经济发展》，北京：中国财政经济出版社，2011 年版，第 61 页。

则是保证三类资本的相互增殖和生态资本的优先增长，实现经济发展与生态环境的相互适应、人口及其需要的增长与地理环境的承载能力相适应等。[①]

因此，要实施和谐生态经济发展战略目标，首先，必须坚持以人为本的科学发展。始终把最广大人民的根本利益作为党和国家一切工作的出发点和落脚点，做到发展为了人民、发展依靠人民、发展成果由人民共享，促进人的全面发展。加快转变经济发展方式，提高发展质量，实现经济社会全面协调可持续发展。其次，正确处理短期增长与长远发展之间的关系，既不能因为过快的短期增长而牺牲长远发展所需要的自然资源生态基础，又不能因为长远发展需要而过分抑制短期增长。最后，正确处理好经济增长与环境保护之间的关系。在坚持生态环境良性循环的基础上，实行经济社会和生态环境相互协调的双赢式发展战略，把社会发展和生态发展融入现代化建设整体发展目标之中，重视经济建设与生态建设同步进行，经济、政治、文化、生态协同发展。

4.3 绿色经济发展战略的基本国策与战略方针、战略措施

在绿色经济发展战略中，国策、方针、措施具有一致性，都是为了引导政府行为、社会组织行为与公民行为而制定的。带有方向性的战略措施可上升为战略方针，而意义更为重大的战略方针则定为国策。中国政府将“生态立国”作为基本国策，是在我国国情基础上的科学选择。

4.3.1 生态立国的基本国策

研究表明，基本国策的制定必须依据本国的基本国情，并具有以下特点：第一，由基本国情决定的具有全局性、长期性、战略性意义问题的系统对策，在解决此类问题上反映国家意志，具有高层次、长时效、广范围、跨部门等特点；第二，针对经济发展中容易被忽视的某类基本国情，在发展理念上与时俱进，更全面地反映发展质量，而非笼统的宏观指导原则或政策取向。[②]

---

① 杨文进：《和谐生态经济发展》，北京：中国财政经济出版社，2011 年版，第 311～312 页。

② 中国科学院可持续发展战略研究组：《2013 中国可持续发展战略报告——未来 10 年的生态文明之路》，北京：科学出版社，2013 年版，第 227 页。

4.3.1.1 “生态立国”基本国策提出的背景

自20世纪50年代以来，我国生态环境遭受多次大规模的破坏，生态环境状况日益恶化。80年代以来，一些地区经济高速增长是以乱砍滥伐森林为代价的。自然生态系统被破坏后，森林提供经济支持系统的服务功能丧失。气温升高、极端天气（飓风、台风）增多、河流汲干。1972年黄河出现断流，1985年以后，每年都有一部分时间干涸。1997年是旱年，黄河有226天没有与海相连。[①]黄河上游向城市、工业和灌溉改道分流的情况越来越多。长江下游首次出现了停止通航的状况。黄河断流、长江连年水患，这无疑是一个沉重的警示。经济与生态系统冲突的迹象，在每天的新闻报道中比比皆是：渔场衰落，森林缩小，土壤侵蚀，牧场退化，沙漠扩大，二氧化碳水平上升，地下水位下降，气温升高，破坏性风暴增多，冰川融化，海平面升高，珊瑚礁死亡，物种消失。这些迹象标志着经济与地球生态系统之间的关系日益紧张，造成的经济损失不断增加。一种经济只有尊重生态学诸原理才会是可持续发展的。可持续发展型的经济都是很重视经济所赖以维持与发展的各生态系统的，诸如渔场、森林和耕地等的可持续产出。如果经济系统的运作不能与地球生态系统相协调，势必两败俱伤。如果我们认识不到生态环境安全的重要性，经济安全就会失去保障，最终威胁到全人类的生存安全。因此，我们呼吁，“生态立国”应成为我们的基本国策，并且应根据此基本国策制定我们的发展战略与道路。

“生态立国”的基本国策是根据中国国情来制定的，其实质就在于我们宁愿放慢经济发展速度，也要重视生态环境建设。也就是要把生态建设、保护环境放在首位，放在经济建设之上，不干牺牲生态环境来谋求发展的事情。生态环境建设是一项长期的战略任务，需要调动全社会各方面的力量，坚持从我国国情出发，遵循自然规律和经济规律，紧紧围绕我国生态环境面临的突出矛盾和问题，大力进行生态环境建设。

4.3.1.2 我国生态环境建设的总体目标和基本原则

总体目标。1998年11月国务院通过了《全国生态环境建设规划》，提出我国生态环境建设的总体目标：用大约50年的时间，动员和组织全国人民，依靠科学技术，加强对现有天然林及野生动植物资源的保护，大力开展植树种草，治理水土

---

① 莱斯特·R. 布朗：《生态经济——有利于地球的经济构想》（林自新，等译），北京：东方出版社，2002年版，第43页。

流失，防治荒漠化，建设生态农业，改善生产和生活条件，加强综合治理力度，完成一批对改善全国生态环境有重要影响的工程，扭转生态环境恶化的势头。力争到下个世纪中叶，使全国适宜治理的水土流失地区基本得到整治，适宜绿化的土地植树种草，“三化”草地基本得到恢复，建立起比较完善的生态环境预防监测和保护体系，大部分地区生态环境明显改善，基本实现中华大地山川秀美。①

基本原则：坚持统筹规划，突出重点，量力而行，分步实施，优先抓好对全国有广泛影响的重点区域和重点工程，力争在短时期内有所突破；坚持按客观规律办事，从实际出发，因地制宜，讲求实效，采取生物措施、工程措施与农艺措施相结合，各地治理措施科学配置，发挥综合治理效益；坚持依法保护和治理生态环境，依靠科技进步加快建设进程，建立法律法规保障体系和科学支撑体系，使生态环境的保护和建设法制化，工程的设计、施工和管理科学化；坚持以预防为主，治理与保护、建设与管理并重，除害和兴利并举，实行“边建设、边保护”，使各项生态环境建设工程发挥长期效益；坚持把生态环境建设与产业开发、农民脱贫致富、区域经济发展相结合；坚持依靠亿万群众，广泛动员全社会的力量共同参与，建立多元化的投入机制，多渠道筹集生态环境建设资金。①

4.3.1.3 中国开展大规模的生态环境建设

（1）建立生态环境安全屏障体系。为了实现长江流域生态良性循环，我国“七五”计划提出要“积极营造长江中上游水源涵养林和水土保持林”，国务院提出了“封山育林，退耕还林，退田还湖，平垸泄洪，以工代赈，移民建镇，加固堤坝，疏浚河道”的方针。20 世纪 70 年代中期，“三北”地区②平均森林覆盖率仅为 5%。“三北”防护林建设的目的是控制风沙危害和防止水土流失，改善生态环境和生存条件，促进经济振兴和社会进步。我国政府计划用 73 年时间（1978—2050 年）营造“三北”防护林体系，东西长 4 480 km，南北宽 560～1 460 km，横跨 13 省（区、市）551 县，总面积 4.069 亿 hm^2，到工程完工的 2050 年，“三北”地区森林面积可增加到 6 057 万 hm^2，覆盖率提高 15%，该工程于 1987 年被联合国环境规划署授予“全球环境保护 500 佳”之一。1986 年，原林业部又提出绿化太行山工程，沿海防护林工程。1988 年，我国政府决定用 23 年的时间（1988—2010 年）建设中国沿海防护林体系，规划造林 356 万 hm^2，使沿海地区有林地面积增加到 900 万 hm^2，

① 国务院：《全国生态环境建设规划》，1999 年 1 月 7 日《光明日报》。

② “三北”地区是指华北、东北和西北地区。

森林覆盖率达到39.1%。①

自2000年以来，我国开展了规模空前的生态保护和生态建设工程，先后启动了“三北”防护林体系工程四期建设工程、天然林保护工程、退耕还林退牧还草工程、西藏高原国家生态安全屏障保护与建设工程、青海三江源自然保护区生态保护与建设工程、京津风沙源治理工程等，总投资13 000亿元，取得初步成效。

这些工程的实施，有效地推动了生态脆弱区的生态环境保护和生态系统恢复。中国将继续推进区域生态建设工程，继续提高森林覆盖率，未来的中国将是世界森林资源增长最快的国家，到2020年全国森林覆盖率增加至23%，森林蓄积量达到140亿m^3，成为陆地上最大的人工森林储碳库。

（2）荒漠化治理、湿地保护和恢复建设。荒漠化治理是东北西部、华北北部、西北大部以及南方部分地区生态环境建设的主攻方向。在沙漠边缘地区采取综合措施，增加林草植被，合理利用水土资源，控制荒漠化扩大趋势。推广旱作节水技术，禁止毁林毁草开荒，实行围栏、封育和轮牧。通过采取植物固沙、沙障固沙、引水拉沙造田，建立农田保护网、草地防护林网。②改良风沙农田，改造沙漠滩地、减轻风沙危害。北京市以“外阻沙源，内治沙尘”为重点，构筑三道绿色生态工程，以燕山、太行山绿色工程为主，构筑第一道绿色生态工程；以建设“五河十路”和农田林网绿色生态带为重点，构筑第二道绿色生态工程；以绿化隔离带地区建设为重点构筑第三道绿色生态工程。

在湿地保护方面，国家主要围绕退田还湖、湿地保护区和湿地恢复示范工程建设等工程开展工作。国家林业局选择生态环境脆弱、生物多样性丰富的湿地地区开始试点，批准或实施了11个湿地恢复示范项目。“十一五”期间，湿地保护工程完成项目投入超过31亿元，再加上退田还湖工程的投入，国家在湿地保护方面的总投资规模超过140亿元。③

（3）中国将建成天蓝、地绿、水净为标志的美丽中国。随着生态文明建设的推进，我国的环境质量将得到稳步改善。污染排放量逐步减少到环境自净容量以下，生态环境将明显改善。当国人的钱包日益鼓起来以后，人们也越来越注重生态需求，

---

① 杨德勇等：《生态投融资问题研究》，北京：中国金融出版社，2004年版，第13～14页。

② 温家宝：《在政协第九届全国委员会常务委员会第六次会议上的报告》，1999年6月22日。

③ 中国科学院可持续发展战略研究组：《2013中国可持续发展战略报告——未来10年的生态文明之路》，北京：科学出版社，2013年版，第20～21页。

物质丰富并不是生活质量的全部，清新空气、干净的水、宜居环境、放心食品也是幸福的必备元素。党的十八大报告提出，“给自然留下更多修复空间，给农业留下更多良田，给子孙后代留下天蓝、地绿、水净的美好家园。”这是美丽中国的美好愿景。我们将建成生态文明型的社会，形成人与自然和谐共生的社会形态，人类的生产和消费活动与自然生态系统协调发展，全社会形成资源节约的增长方式和健康文明的消费模式。基本形成节约能源、资源和保护环境的产业结构、增长方式、消费模式，坚持环境保护与经济发展相协调。着力推进绿色发展、循环发展、低碳发展，形成节约资源和环境保护的空间格局，从源头上扭转生态环境恶化趋势。努力建设美丽中国，实现中华民族永续发展。

4.3.2 绿色经济发展的战略方针

绿色经济是服务于人的需要和发展，强调经济发展的生态化，从动态上强调对生态环境和自然资源的永久利用。因此，制定绿色经济发展战略方针，实际上体现了绿色发展道路综合要求的科学决策。

4.3.2.1 生态经济优先发展的战略方针

生态经济优先发展的战略方针就是要把生态建设放在优先发展的战略地位。该方针立足于两个基本点：一是必须坚持在不危及后代人需要的前提下，解决当代人发展与后代人发展的协调关系；二是必须坚持在保护生态环境承受能力可以支撑的前提下，解决当代经济社会发展与生态环境状况的协调发展。生态经济优先发展的战略方针为在我国经济社会发展中确立“生态立国”的基本国策提供了决策依据，也为确立生态环境优先发展的战略地位提供了决策依据。[①]

早在 150 多年前，马克思在《德意志意识形态》中就提出了自然界对人类的优先地位的光辉思想。自然界对人类的优先地位“既表现在自然界对于人及其意识的先在性上，也表现在人的生存对自然界本质的依赖性上，更突出地表现在人对自然界及其物质的固有规律性的遵循上。”[②]因此，生态应该也必须优先，这是生态在人类实践活动中享有优先权的一种内在的、本质的必然趋势和客观过程，是不以人们

---

① 高红贵：《关于生态文明建设的几点思考》，载《中国地质大学学报：社会科学版》2013 年第 5 期，第 42～48 页。

② 林娅：《环境哲学概论》，北京：中国政法大学出版社，2000 年版，第 230 页。

意志为转移的客观规律。一切经济规律都是以自然规律为前提的。

生态经济优先规律是人类处理和自然关系的最高法则。现代人类实践活动必须遵循生态优先规律，必须遵循生态系统的平衡和自然资源的再生循环规律，遵循生态规律。人类在进行经济、政治、科技、文化等所有社会活动时，都要考虑生态规律的要求。一切经济社会活动都要根据生态系统安全优先的原则，构建自己生存和经济社会发展的生态安全体系。当社会经济规律与生态规律、自然生态系统平衡和再生规律、与环境保护发生冲突时，要服从生态优先规律和生态规律。

生态经济优先发展，也就是生态经济学强调的“生态合理性优先”原则。其核心是建立生态优先型经济即以生态资本保值增殖为基础的绿色经济，追求包括生态、经济、社会三大效益在内的绿色效益最大化，也就是绿色经济效益最大化。因此，我们必须把协调人与自然的生态关系放在现代人类生存与发展的首要地位，实现生态优先发展。生态经济优先发展倡导人类实践活动应当在维护地球生态系统的完整性和多样性，在促进地球生物圈的健康和繁荣的基础上，实现其自身生存和发展的需要与利益。主张以生态优先为前提的绿色经济建设为中心，坚决反对以传统发展模式为主导的经济建设为中心；主张以人为本、全面发展、又好又快并且可持续的科学发展，彻底地改变“三高一低”的黑色发展道路。①

实行绿色发展战略，走生态环境与经济社会相协调的发展道路，实质上是生态经济优先的发展道路。可持续发展是20世纪90年代以及21世纪世界各国正确处理协调人口、资源、生态与经济发展关系的共同发展战略，是世界经济社会与生态环境保护事业协调发展的主导潮流。1992年联合国环境与发展大会后，中国政府制定的10条对策中，首要一条就是实行可持续发展战略，走生态经济协调发展道路。1994年中国发布的《中国21世纪议程》提出的可持续发展战略目标是，建立可持续发展的经济体系、社会体系和保持与之相适应的可持续利用的资源和环境基础。党的十六大把实施可持续发展战略，实现“经济发展和人口、资源、环境相协调”作为党领导人民建设中国特色社会主义必须坚持的基本经验。党的十七大提出建设生态文明，党的十八大把“生态文明建设放在突出地位”，体现了我们党对生态发展规律的认识更加深刻，由经济优先论转向生态优先论，生态经济优先发展的战略方针将得到更好地贯彻。

① 高红贵：《关于生态文明建设的几点思考》，载《中国地质大学学报：社会科学版》2013年第5期，第42～48页。

4.3.2.2 生态化发展方针

这里的“生态化”不是生态学意义上纯自然的生态，是指一种趋势和方向，是指自然、经济、社会和人类之间的平衡相依、协调发展的状态和过程，这一过程具有运动和变化的特点。生态化的核心是生态学原理的应用，生态化的最终目的是实现人与人、人与自然以及自然生态系统之间的和谐共生。随着工业化、城镇化不断推进，人类经济社会活动对自然生态环境的负面影响日益凸显，尊重自然规律、在人类利用自然资源的过程中应充分遵循生态学原理的呼声不断高涨，这些认识的提高有利于不断把生态理念融入社会生产过程中去，实现经济运行与发展的全面生态化。生态化发展的核心是保证当代人发展利益的同时又不损害子孙后代的发展利益，进而实现人类社会的可持续发展。

确立生态化发展的方针是一个具有前瞻性、时代性、创新性、战略性、方向性的社会经济发展战略方针。该方针的确立有助于生态学原理贯穿于社会经济活动的各个环节。生态学原理应用于不同的社会经济活动过程，有不同的生态化运动和变化特点，不管是哪一种生态化过程都应遵循循序渐进规律。目前，经济生态化还没有形成一个严格规范的定义。刘思华（2004）指出，现代人类经济活动的生态化，是指现代人类经济活动遵循生态规律的客观要求，实现经济发展的生态合理性的生态经济过程。它在本质上是指人们经济行为的生态合理性。有学者从产业经济角度来理解经济运行与发展的生态化过程。所谓产业生态化，是依据生态学原理，运用生态、经济规律和系统工程的方法来经营和管理传统产业，以实现其社会、经济效益最大、资源高效利用、生态环境损害最小和废弃物多层次利用的目标。① 还有学者认为，经济生态化是增加一个区域的生态成分提升区域自然价值的一个渐进发展过程。因此，必须推进从市场至消费的全过程生态化；生态环境资源配置的和谐化；生态资产再造和功能激活。②从而使经济生产目标从追求最大 GDP 转变到可持续，从单纯追求物质生产转变为物质生产和环境建设同时进行，从单纯提供产品转变为同时提供生态服务，使现代经济体系运行朝着生态化的方向发展。

贯彻和落实生态化发展方针，其实质就是社会经济活动全过程的生态化变革，又叫绿色变革。其目的就是改变人与环境、人与自然的生态关系，是生态与经济一

① 袁增伟等：《传统产业生态化模式研究及应用》，载《中国人口·资源与环境》2004 年第 2 期，第 108～111 页。

② 谢高地等：《发展转型的生态经济化和经济生态化过程》，载《资源科学》2010 年第 4 期，第 783 页。

体化的整合过程。为此，我们必须开展以下工作：①推进经济发展方式的生态化。经济发展方式的生态化取向，其意旨是走一条符合中国国情的“绿色”的经济发展道路。在经济发展中，倡导资源节约和环境友好。追求人与自然的生态和谐。要实现这个过程，首先要坚持不懈地推动节能减排。加快建立节能减排市场机制，合理控制能源消费总量，提高清洁能源、可再生能源比重，发展循环经济，全面推行清洁生产，加快发展绿色产业和绿色消费。其次要大力推进产业结构优化升级。坚持以自主创新为重要支撑，着力推进高技术产业和战略性新兴产业健康发展；加快传统产业转型升级，促进服务业发展提速、比重提高、水平提升；建立健全使经济、环境和社会协调发展的产业结构和产业布局。②推进技术创新的生态化。技术创新是经济可持续发展的主要推动力。所谓技术创新生态化，就是运用生态学的原理与方法，运用可持续发展思想引导企业的技术创新活动。通过科技创新的生态化，协调人与自然、人与社会之间的关系，通过技术创新达到既促进经济增长，又推动自然生态平衡和社会生态和谐有序的目的。技术创新是科技与经济一体化的完整过程，它贯穿于开发研究到市场实现的整个过程，其本质特征是研究科技开发与经济发展、环境保护的有效结合和协调发展。③大力推进城市生态化。工业化时代城市对环境的负面影响可能会持续世世代代，有些影响从现在起数百万年后都难以恢复。这就要求我们按生态学原理重新设计和规划我们的城市，使它向健康的方向演变。建设生态化的城市交通运输系统，重新设计综合轨道线路、公共汽车线路、自行车道和步行通道的城市交通系统，以满足全体人民各方面的需要，这样的城市不仅占空间不大，消耗资源也少，对大自然的良性循环发展能起到推动作用。建设与自然平衡的人居环境；建设以人为本的城市，把城市居民锻炼融合进日常生活，减少碳排放和空气污染，从而全面恢复身心健康，实现人与自然和谐。

4.3.2.3 以人为本和以生态为本同时并举的方针

以人为本的发展的核心是着眼于每个人的全面发展程度的提高，进而实现人类社会的全面进步和发展。科学发展观的核心是以人为本，最终实现人与人之间和谐、人与自然之间和谐。这就是说，科学发展观以人为本的理念，同时也彰显着以生态为本的发展理念。按照生态马克思主义经济学哲学观点，以生态为本是以人为本的生态学表述，它本质要求是强调自然界是现代人类生存与发展的生态基础，生存环境是经济社会发展的基础。这是因为，世界系统存在和发展的基础和前提是自然界，它是自然生态和社会经济相互融合的生态经济社会有机整体，它必须服从自然界存在和发展的一般规律。所以，在自然生态系统和现代人类实践活动中，自然生态系统是现代人类实践活动的基础。因此，人类生存和发展必须以良性循环的生态系统与生态资源的持久、稳定的供给能力为基础，使现代人类生存与经济社会发展“绝对建立在生态基础上”[①]，确保这些基础受到保护和发展，以使它可以支持长期的经济社会发展。

显然，以人为本和以生态为本具有内在的统一性[②]，没有自然生态系统这种基础做保证，每个人的全面发展、人类社会的全面进步和发展是不健康的、不可持续的；而没有每个人的全面发展和人类社会的全面进步和发展，自然生态系统也就失去了它的基础地位和价值目标。按照可持续发展经济学的观点，人是生态人、经济人、社会人的有机统一体。人的生存与发展无论从物质的还是从精神的方面，都要依靠自然界生活。由此决定现代经济运行与发展的生态路标，实现人类生态和自然生态的协调发展。

4.3.3 绿色经济发展的战略措施

根据前述的战略目标和战略方针，以及我们正在努力促进人与自然全面和谐发展的工作，在未来的一段历史时期内，我国需要采取以下主要战略措施。

4.3.3.1 加快建立完善的市场经济体制，创造绿色发展的市场空间

中国实现绿色发展战略既有优势也有挑战。现在对绿色发展的最大阻碍不是钱的问题，而是体制的问题。绿色发展应该建立在一个完善的社会主义市场经济体制基础上。当今世界，无论是发达国家还是发展中国家，各国市场经济体制及运行机制，基本上是以人与自然、生态与经济相分离与对立为特征的。我国已经初步建立起社会主义市场经济体制，但仍然保留着生态与经济相脱离、人与自然不和谐的基本特征，从而使经济运行不能反映生态学真理。因此，需要继续深化经济体制改革，即经济体制的生态革命。

刘思华先生早在《可持续发展经济学》一书中明确指出：我国经济体制改革，应当有步骤地实现两个根本性转变：一是从传统计划经济体制向现代市场经济体制

---

① 世界环境与发展委员会：《我们共同的未来》（王之佳，等译），长春：吉林人民出版社，1997 年版，第 49 页。

② 刘思华：《生态马克思主义经济学原理》（修订版），北京：人民出版社，2014 年版，第 509～513 页。

的根本转变，即建立社会主义市场经济体制；二是从现存市场经济体制向可持续发展经济体制的根本转变，即建立中国特色的生态市场经济体制。这是一个问题的两个方面，应该说是同步进行的。[①]从现在来看，这两个转变正在进行，第一个转变还没有完全实现，第二个转变是我们努力的重点，即第二个转变的重点就是要加快进行经济体制改革。生态市场经济体制是生态与经济一体化的现代市场经济体制，它既是一种新的经济体制，又是一种新的经济形态。它是在可持续发展观和可持续发展经济观指导下，克服传统经济体制的根本缺陷和主要弊端的基础上形成的，是一种符合生态文明发展观要求的崭新的经济体制。它的运行是要把现代经济社会发展转移到良性的生态循环和经济循环的轨道上来，实现生态环境与经济社会相互协调与可持续发展。[②]

传统的市场经济体制最大的弊端是它破坏生态环境和自然资源，并会导致社会内部严重的两极分化。要避免传统的市场经济体制对生态环境和公共性自然资源的破坏与浪费，就必须改变它们没有市场价格的制度安排，使生态产品具有相应的价格，以实现生态经济建设者的利益补偿。该制度的重点应该包括[③]：①建立真实反映资源稀缺程度、市场供求关系、环境损害成本的价格机制。目前，我国资源性产品（石油、天然气、水、土地、电力、煤炭）价格大多数由政府控制，整体价格偏低，没有真实地反映市场的供求。不但难以对地方政府和企业起到节约使用资源的激励与约束作用，反而由此产生了大量的资源浪费和环境污染问题。建立科学合理的产品价格机制，本质上就是建立一个资源产品价格来反映资源稀缺和环境成本的机制。这种价格机制要求尽快明确政府职能，建立合理的政府补偿机制。通过完善资源价格体系结构，将资源自身的价值、开采成本、环境代价等均纳入资源价格体系，为资源有偿使用的实施提供制度保障。因此，中央在确定《大气污染防治行动计划》的22项政策措施的时候，其中12条专门讲环保改革的问题。随着日后改革举措的出台，将通过改革来解决环境保护方面存在的问题。中国的市场化过程将继续，未来的改革将加快。加快深化资源性产品价格改革和税费改革，加快建立反映市场供求和资源稀缺程度与环境治理成本的资源性产品价格形成机制。充分发挥价格在节约资源能源、控制污染排放和调整经济结构中的杠杆作用。加快深化重点领

① 刘思华：《可持续发展经济学》，武汉：湖北人民出版社，1997年版，第354页。

② 刘思华：《可持续发展经济学》，武汉：湖北人民出版社，1997年版，第348～349页。

③ 高红贵：《为美丽中国创设制度基石》，2012年12月12日《湖北日报》。

域体制机制的改革，形成兼顾规模经济、竞争效率、有效监管的产业格局，进一步健全要素市场。②加快自然资源产权制度改革，建立边界清晰、权能健全、流转顺畅的生态资源资产的产权制度。自然资源产权界定及产权关系不明晰，容易导致因争夺资源而发生冲突，破坏资源矿产；容易导致资源的流失和生态环境的破坏。因此，应根据生态市场经济的特点，建立环境和资源能永续利用的产权制度，对经济活动主体以足够刺激，以诱导其投资、保存和管理资源，使生态环境和自然资源能够得到更好的保护。③加快建立生态补偿机制。生态补偿机制是这样一种经济制度：通过制度创新实行生态保护外部性的内部化，让生态“受益者”付费；通过体制创新增强生态产品的生产能力；通过机制创新激励投资者从事生态投资。这一制度的实施，既离不开市场机制，又离不开政府的强制力和执行力。因此，必须按照责、权、利相统一、共建共享、政府引导与市场调控相结合和因地制宜积极创新的原则，建立健全生态补偿长效机制，出台生态补偿办法，具体落实相关政策措施，实施生态补偿保证金制度，增加生态产品的供给。①

在中国这个巨大的经济体转型过程中，我们会遇到许多前面没有遇到的机遇、挑战和困难，尽管如此，我们一定要抓住机遇，迎接挑战，克服困难，逐步建立和完善生态经济市场体制，这也必将会为中国和世界创造巨大的需求潜力和绿色发展的市场空间。

4.3.3.2 构筑绿色经济发展的支撑体系

绿色经济发展战略可以围绕主要环节和过程的绿色化来展开实施。要实现建设“美丽中国”的战略目标，必须构筑一系列的支撑体系。

（1）构筑以绿色战略性新兴产业为主体的绿色经济体系。战略性新兴产业是以重大技术突破和重大发展需求为基础，对经济社会全局和长远发展具有重大引领带动作用，知识技术密集、物质资源消耗少、成长潜力大、综合效益好的产业。②战略性新兴产业是新兴科技和新兴产业的深度融合，既代表科技创新的方向，也代表着产业发展的方向。谁拥有健全的创新体系和强大的创新能力，谁就能掌握先机，赢得发展的主动权和引领地位。2009 年 11 月，温家宝同志在《让科技引领中国可持续发展》的重要讲话中，明确指出中国要培育和发展战略性新兴产业，这是“中

---

① 高红贵、汪成：《论生态文明建设的生态经济制度建设》，载《生态经济》2014 年第 8 期，第 135～137 页。

② 国务院：《“十二五”国家战略性新兴产业发展规划》，中央政府门户网站，2012-07-20，http：//www.gov.cn/zwgk/2012-07/20/content_2187770.htm。

国立足当前渡难关、着眼长远上水平的重大战略选择”，“既要对中国当前经济社会发展起到重要的支撑作用，更要引领中国未来经济社会可持续发展的战略方向”。并且指出战略性新兴产业必须掌握关键核心技术，具有市场需求前景，具备资源能耗低、带动系数大、就业机会多、综合效益好的特征。同时在讲话中提出了新能源、节能环保、电动汽车、新材料、生物科技、信息产业、空间海洋及地球深部勘探开发利用等战略性产业和技术领域。①胡锦涛同志 2010 年 2 月 3 日也在省部级领导干部贯彻落实科学发展观加快经济发展方式转变专题研讨班上指出，必须紧紧抓住新一轮世界科技革命带来的战略机遇，更加注重自主创新，谋求经济长远发展主动权，形成长远竞争优势，为加快经济增长方式转变提供强有力的科技支撑。加快发展方式转变要“加快推进产业结构调整，适应需求结构变化趋势，完善现代产业体系，加快推进传统产业技术改造，加快发展战略性新兴产业”。②2010 年 10 月正式发布《国务院关于加快培育和发展战略性新兴产业的决定》，该决定确定了现阶段节能环保、新一代信息技术、生物、高端装备制造、新能源、新材料、新能源汽车等七大战略性新兴产业。2012 年 7 月国务院印发了《“十二五”国家战略性新兴产业发展规划》，该规划进一步明确了战略性新兴产业的发展目标、重点发展方向和主要任务，采取有力措施，强化政策支持，完善体制机制，促进战略性新兴产业快速健康发展。

绿色低碳既是新一轮技术和产业规模的主要特征之一，也是战略性新兴产业发展的最基本的要求。衡量战略性新兴产业选择和发展的标准是实现产业的绿色化、低碳化、生态化。战略性新兴产业依赖的技术创新具有绿色环保的取向，因此，培育和发展战略性新兴产业尤其绿色战略性新兴产业是寻求可持续增长、加速中国绿色转型乃至协调中国环境与发展关系的根本途径。

（2）逐步形成以资源高效合理利用为特征的资源可持续利用体系。主要通过技术创新和制度创新加速实现资源能源的高效、可持续利用。①加快建立以资源节约型、环境友好型产业及绿色战略型新兴产业为主导的绿色科技创新体系。创新已成为世界各国发展战略的核心。从中国过去 30 多年的发展历史看，创新能力相对不

---

① 温家宝：《让科技引领中国可持续发展》，人民网，2009-11-24，http：//theory.people.com.cn/GB/41038/10436881.html。

② 《胡锦涛在省部级领导干部贯彻落实科学发展观加快经济发展方式转变专题研讨班上的讲话》，央视网，http://news.cntv.cn/news_2007/20100203/103784.shtml。

足，主要是以劳动密集型、资源高消耗、牺牲环境为支撑和代价的粗放发展模式。目前，我国核心技术自主创新能力比较薄弱，科技创新储备不足。新能源领域的一些核心技术缺失，智能电网发展滞后，部分环保技术与发达国家仍存在较大差距。中国在调整能源结构、提高能源资源利用效率、应对气候变化方面，已经并将继续作出积极努力。因此，我们必须加强宏观规划和配套设施建设，推动清洁能源和可再生能源有序发展。可再生能源应成为 21 世纪中国能源结构的基础。同时，要采取更强有力的措施，突破关键技术，提高能源利用效率和优化能源消费结构。[①]世界各国都高度重视新能源产业发展，正在加快推进以绿色和低碳技术为标志的能源革命。为进一步加强中国绿色科技的创新力度，必须继续加大绿色科技研发的财政投入和政策倾斜力度，实行促进绿色技术自主创新的政府采购制度，加强绿色政策与创新政策的协调，创造有利于绿色科技创新的政策环境等。②建立绿色制度创新体系。创新不仅仅意味着技术创新，也包含制度、政策和管理的创新。温家宝在 2009 年 11 月向首都科技界发表的题为《让科技引领中国可持续发展》的讲话中指出，要推动中国经济在更长时期内全面协调可持续发展，走上创新驱动、内生增长的轨道，就必须把建设创新型国家作为战略目标，把可持续发展作为战略方向。因此，我们必须抓住创新机遇，提高创新能力，加快制度创新。制度创新不仅仅是技术创新的保障和支撑条件，而应成为创新的主体部分。为此，要优先解决资源配置扭曲的状况，使其价格能够真实反映资源稀缺程度、市场供求关系以及污染排放的外部成本。通过建立生态市场经济体制，减少政府的过度干预，依靠市场来进行调节。在涉及资源环境税（如能源税、环境税、碳税等）的问题上应统筹考虑，配合相关财政政策及整体税制改革步伐有序推开，同时减少人力资源相关税收，使税负总体水平保持平衡，以减少对企业竞争力的影响。

（3）建立一种以资源节约为核心，与经济发展水平和生态环境承载力相适应的绿色消费方式。绿色消费有狭义与广义之分，狭义的绿色消费是指消费方式生态化的一种基本要求，广义的绿色消费泛指一切有利于资源节约、环境友好的消费，即等同于消费方式的生态化。我们这里取其广义。改变传统的经济增长方式必须有消费方式转变的配合。自 2000 年以来，中国政府先后提出了一系列与绿色发展有关的方略，特别是 2004 年提出加快建设节约型社会，以节约资源和提高资源利用

---

① 温家宝：《让科技引领中国可持续发展》，人民网，2009-11-24，http：//theory.people.com.cn/GB/41038/10436881.html。

效率为核心，将节约能源、节约用水、节约原材料、节约和集约利用土地、推进资源综合利用和发展循环经济作为重点和优先领域，并且纳入“十一五”规划（2006—2010 年）中付诸实施。“十二五”时期是深入贯彻落实科学发展观，全面建设小康社会的关键时期，是加快转变发展方式全面推进“两型社会”建设的攻坚时期。目前，我国在推进循环经济发展、建设资源节约型和环境友好型社会方面还存在一些困难和阻碍。①节约优先的方针未能很好落实，节约优先的原则没有很好地体现到发展规划、城市建设和各项工作中；②尚未建立促进资源节约的长效机制；③缺乏大幅度提高资源利用率的关键技术；④全民节约意识不强。因此，党的十八大对全面促进资源节约作了具体部署，确定了全面促进资源节约的基本领域，提出了全面促进资源节约的重点工作。全面促进资源节约，必须牢固树立节约资源理念，必须推动资源利用方式根本转变，必须推动能源生产和消费革命，必须加强耕地、水、矿产等资源保护，必须大力发展循环经济。[①]逐步形成健康文明、节约资源的消费方式，实现消费水平提高与物耗降低、污染减少，物质生活改善与资源节约利用的有机统一。

4.3.3.3 加大绿色投资力度确保绿色经济发展战略的贯彻落实

要使绿色经济得以发展，首先要有绿色投资的支撑。绿色投资是适应绿色经济发展的要求而出现的一种新型投资模式，是当代经济中一种基于可持续发展理念的新兴投资，是指在可持续发展和社会和谐思想的指导下，以保护资源与环境为核心，以承担社会责任，促进人与自然和谐，兼顾经济、环境、社会三重盈余为基本要求，从而实现社会经济可持续发展及社会和谐的投资活动。[②]绿色投资是指用在发展循环经济上的投资，遵循“3R”原则——减量化（Reduce）、再使用（Reuse）、再循环（Recycle）。“绿色投资”的范围可分大、中、小三种口径。小口径，就是治理环境污染的投入，包括用于环境保护、污水排放、固体废弃物处理等设施、设备和有关费用支出。中口径，就是在小口径的基础上，再加上资源有效开发和节约利用的投入，包括用于节能、节材、节水、节地等措施的费用支出。大口径，就是凡能推动绿色经济发展的投入，均可属于“绿色投资”。[③]绿色投资是伴随环境保护、资源节约、社会公平、可持续发展而产生的一种新的投资活动，即要在现有社会投资

① 《如何全面促进资源节约？》，人民网，http://politics.people.com.cn/n/2013/0222/c70731-20567370.html。

② 孟耀：《绿色投资问题研究》，大连：东北财经大学出版社，2008 年版，第 22 页。

③ 《绿色投资》，2009 年 8 月 18 日《中国环境报》，第 8 版。

总量中，扣除不构成“绿色 GDP”的无效投资甚至有害投资。这种“绿色投资”最能体现以人为本和经济社会可持续发展的投资，是最能体现科学发展观的投资。绿色投资在社会总投资中所占比重越高，标志着有效投资和有益投资所占份额越大，对人类社会发展和经济健康增长的贡献越大。

按照绿色经济发展战略的要求，绿色投资必须遵循环境保护、资源节约、经济效益和公平正义等基本原则，从而达到经济效益、环境效益和社会效益的协调统一，最终实现社会经济可持续发展。绿色投资的判断标准是指经济效益、环境效益和社会效益统一的标准。绿色投资要求更高的科技含量。

绿色投资可分为两大投资方向：自然资源保护利用投资和生态环境保护投资。具体地可划分为六大重点投资领域：绿色产品投资、绿色企业投资、绿色产业投资、绿色园区投资、绿色城市投资、绿色技术投资。[①]第一，绿色产品投资。凡是未受污染、不含毒素、有利于人体健康和生命安全的产品，均可称为绿色产品。把资金投入到绿色产品的生产上，力求从源头上向人们提供信得过的有益产品，保障人们享受“绿色消费”。第二，资源综合利用产业、新能源产业、环境保护产业可以称为三大绿色产业。绿色产业的投资空间十分广阔。有数据显示，2007 年全球投向所有绿色部门的新投资达到了 1 500 亿美元。而据国际能源署估计，到 2030 年，为应对世界范围的电力和燃料需求的增长，需要投资 160 000 亿美元，这意味着每年要投资 6 000 亿美元。这些投资很多会流入绿色能源生产领域。[②]联合国数据显示，全球范围内，超过 14 亿人用不上电，而有 10 亿多的人也只是间歇性用电，超过 6 亿的非洲人生活基本与电无缘。[③]因此，加大新能源投资力度，已成为迫切需要。根据联合国环境规划署（UNEP）和 21 世纪可再生能源政策网络（REN21）发表的研究报告显示：中国在 2009 年已经成为世界对绿色能源投资力度最大的国家。[④]第三，绿色企业投资。绿色企业通过废物交换、循环利用和清洁生产手段，摒弃“生产—污染—治理—再污染”的模式，最终实现“产业垃圾低排放或零排放”。通过推进资源整合和企业重组，利用市场机制的调节作用把资源向绿色产业配置，构建现代绿色经济产业体系，让绿色发展理念始终贯穿于保增长全过程。绿色产业

---

① 田江海：《绿色经济与绿色投资》，北京：中国市场出版社，2010 年版，第 111～115 页。

② 《投资绿色产业是大趋势》，2011 年 4 月 22 日《成都商报》电子版。

③ 王林：《绿色投资是非洲发展大趋势》，2012 年 1 月 9 日《中国能源报》。

④ 姜山、陈伟：《中国对绿色能源投资力度全球最大》，2010 年 8 月 10 日《科学时报》。

资源配置的重点是合理引导资金投资绿色企业。第四，绿色园区投资。绿色园区主要是指生态型的绿色工业园区。绿色工业园区是依据循环经济理念和工业生态学原理，研究和建立入园企业之间的连接关系，合理规划园区内的资金流和能源流，整合园区各种要素，通过废物交换、循环利用、清洁生产等手段，实现园区内物质、能量和信息集成，达到园区的废物零排放。第五，绿色城市投资。这里是指广义的绿色城市，包括县、市、省（自治区）等区域。在建设循环经济型企业和园区的基础上，可进一步建设绿色城市。比如，武汉市建立的青（山）—阳（逻）—鄂（州）大循环经济示范区，湖北省“长江生态文明示范带”[①]的建设。第六，绿色技术投资。不论是建设“两型社会”还是建设“美丽中国”，都要依靠绿色技术。绿色技术的种类繁多，需求越来越大，绿色技术投资的任务也日趋艰巨。随着科技创新和社会进步的广度和深度的不断拓展，几乎可以肯定，未来的几年绿色科技行业所涵盖的范围还将不断扩大，将蕴含着极大的投资空间和投资机会。据清华大学国情研究院院长胡鞍钢估算，“十二五”期间，中国绿色投资将达到 8 万亿元人民币，这可能是全世界规模最大的绿色投资。

---

① 长江生态文明示范带，是指黄冈沿长江由西至东，包括团风、黄州、浠水、蕲春、黄梅、龙感湖等七大县市区，全长 216 km，涉及倒水、举水、巴水、浠水、蕲水、华阳河六大水系。

第 5 章

绿色经济发展与人类生态福祉

党的十八大首次把“美丽中国”作为生态文明建设的宏伟目标，把生态文明建设列入推进中国特色社会主义事业的“五位一体”总布局，生态成为中国未来发展的重要构成。“良好的生态环境是最公平的公共产品，是最普惠的民生福祉”。生态福祉是永恒的民生福祉。走生态文明的绿色经济发展道路，是人民群众的共同愿望和追求。只有不断夯实经济社会发展的生态基础，才能实现真正意义上的全面小康，才能使人民群众对美好幸福生活的梦想成真。

5.1 生态文明双重价值及目的

中国作为世界上最大的发展中国家，必须把坚持发展（科学发展、绿色发展、低碳发展）作为党执政兴国的第一要务。超越工业文明发展模式，创新科学发展新模式，建设生态文明，使 21 世纪中国经济发展真正成为低成本、低代价的生态内生经济，这是中国特色社会主义经济发展的价值目标与主要标志。21 世纪中国的经济发展，既面临着克服、消除工业文明的黑色经济形态与发展模式的黑色弊端，将其改造为绿色经济形态的压力，又面临着构建与生态文明发展相适应的绿色经济形态与发展模式的双重压力与双重应对。

建设生态文明是科学发展观重要内涵与组成部分，是科学发展观的新发展的重要标志。当今我们建设社会主义生态文明，既要保证满足全体人民可持续生存与全面发展的需要和利益，又要保证满足非人类生命物种的生存健康与安全发展的需要和利益。以人为本和以生态为本的价值取向的双重统一，是我们把人和自然都是发展的终极目的的双重价值取向理论，运用到社会主义生态文明建设中来，这不仅是生态智慧和生存智慧的升华，也是发展经济智慧的升华。追求生态自然和经济社会双赢的发展成为科学发展的根本标志。社会经济发展观和生态自然发展观的有机统一，决定了科学发展的价值定位也是双重的统一：既是实现以人的可持续生存与全面发展为导向的科学发展，又是实现以自然的健康、稳定、发展为导向的科学发展，从而确立了人和自然的可持续发展价值目标。按照生态马克思主义生态经济学的观点，这不仅指明了人与人的发展是科学发展的终极目标，而且指明了自然与生态发展也是科学发展的终极目标。这是建设生态文明和科学发展实践选择的两重目的与终极价值尺度，这极大地丰富了中国特色社会主义发展与经济发展目的理论，从而使自然与生态发展理念构成当代中国马克思主义生态经济学的基本价值取向。

因此，建设社会主义生态文明，推动科学发展、人与人的发展和自然与生态发展，都是发展中国特色社会主义经济发展的终极目标追求与最高价值取向。

5.2 经济增长与社会福祉

谈到经济增长与社会福利的关系，人们通常很自然地就想到了 GDP 的增加所带来的社会福利的增长。第二次世界大战以后，许多发达国家开始建立福利国家，于是把经济增长和就业当成了衡量福利的唯一标准，各国都在追求 GDP 的增长，社会福利建设程度的度量就看人均 GDP 的多少。20 世纪 50—70 年代初，从发达国家到发展中国家，追求 GDP 和人均 GDP 的增长已成为各国普遍的公共政策目标。因此，GDP 就是福利的代名词。如今伴随着工业化进程的发展，人们的物质生活水平得到了极大的提高，但同时也带来了严重的生态后果和收入差距过大等社会问题，我们因此应思考：经济增长等同于福利增长吗？或者说经济增长对社会福利的影响如何？随着生态经济学家们的大量研究发现，经济增长到一定程度会出现福利门槛和生态门槛。

新古典经济学如福利经济学，将福利简化为多多益善的功利性效用，而忽略了社会福利内涵的复杂性，认为经济增长和功利性福利的增加是目标，次要考虑社会公平分配问题，基本不考虑经济增长的生态规模问题，在此理论指导下的经济活动经常引起经济增长与社会分配、生态规模的严重冲突，这主要是因为新古典经济学忽略了两个方面的问题：一方面是经济系统不可能超越生态系统的规模而发展，也就是经济增长的物质规模是具有生态极限的，这也是外国经济学者提出来的所谓最大规模和生态门槛问题；另一方面是经济增长的物质扩张是有生态方面的成本的，这就是所谓的最佳规模和福利门槛的问题，也就是说边际收益大于生态方面的边际成本的增加是经济的，反之则是反经济的。GDP 的增加不一定能完全表征出社会福利的增加，因为经济增长（GDP 的增加）并没有很好地反映出生态方面和社会方面的成本。尹伊文（2009）认为"社会发展的目标应该是提高国民幸福总值 GNH，而不是提高 GDP。伴随着 GDP 高速增长而来的环境污染、工作压力、犯罪增多、失业威胁、社会冲突、人际疏离……使许多 GDP 很高的国家的人民深感痛苦。所以 GDP 不等于幸福，而幸福才应该是社会发展的终极目标。"因此，要想人类的福利随着社会进步和物质丰富度的增加而不断增加，那么我们的经济增长方式就必须考虑到生态和社会成本，即我们需要绿色经济发展方式。

5.3 绿色经济发展与生态经济社会福祉

《现代汉语词典》中"福（fú）"的意思是幸福、福气。"祉（zhǐ）"也是幸福的意思。[①]《辞海》释义"福"：①古称富贵寿考等为福。②降福，保佑。"祉"：福。[②]从以上的解释中不难发现，"福祉"即幸福的意思。福祉是一个综合性的概念，既要考虑心理满意度，同时也要考虑经济、社会和环境的因素。千年生态系统评估（Millennium Ecosystem Assessment，MA）[③]对人类福祉采用了广义的定义，着力研究生态系统变化如何影响收入与物质需求、健康状况、良好的社会关系、安全、选择与行动的自由。

近年来，"福祉"一词频频出现在中国官方语言中。中国共产党把"福祉"一词写进党代表大会的报告中，体现了中国共产党是重视民主，关注人民福祉，真正

① 《现代汉语词典》（第五版），北京：商务印书馆，2005 年版，第 422 页、第 1753 页。

② 《辞海》，上海：上海辞书出版社，1989 年版，第 1786 页、第 1793 页。

③ 千年生态系统评估是联合国秘书长安南于 2001 年 6 月 5 日宣布启动的一项为期 4 年（2001—2005 年）的国际合作项目。这是在全球范围内第一个针对生态系统及其服务与人类福祉之间的关系，通过各种资源，对各类生态系统进行全面、综合评估的重大项目。

为人民谋幸福的政党，也表明中国共产党实现祖国统一的诚意。“福祉”一词重如泰山，它牵动着广大群众对未来美好生活的憧憬。福祉的前提是和谐，社会和谐了，理想的幸福生活离百姓也就不远了。

5.3.1 中国共产党的人民群众福祉观

党的十七大以来，党中央、国务院把环境保护作为惠及当代、造福子孙的重大战略和民生问题给予高度重视。胡锦涛同志在党的十七大报告中讲道：“党的一切奋斗和工作都是为了造福人民。要始终把实现好、发展好最广大人民的根本利益作为党和国家一切工作的出发点和落脚点，做到发展为了人民、发展依靠人民、发展成果由人民共享”。“使人民在良好生态环境中生产生活，实现经济社会永续发展。”党的十七大报告首次提到生态文明之后，人们充分意识到，让人民群众过“一手拎着钱袋子、一手提着药罐子”的日子不是真正的小康社会。

党的十八大报告指出，“建设生态文明，是关乎人民福祉、关乎民族未来的长远大计。面对资源约束趋紧、环境污染严重、生态系统退化的严峻形势，必须树立尊重自然、顺应自然、保护自然的生态文明理念，把生态文明建设放在突出地位，融入经济建设、政治建设、文化建设、社会建设各方面和全过程，努力建设美丽中国，实现中华民族永续发展。”报告要求，“坚持节约资源和保护环境的基本国策，坚持节约优先、保护优先、自然恢复为主的方针，着力推进绿色发展、循环发展、低碳发展，形成节约资源和保护环境的空间格局、产业结构、生产方式、生活方式，从源头上扭转生态环境恶化趋势，为人民创造良好生产生活环境，为全球生态安全作出贡献。”党的十八大报告把生态文明置于人民福祉的高度，更加凸显了生态文明对于民生福祉的重大意义。生态文明建设可以使人民群众公正地享受发展成果，可以改善民生，可以增进人民群众的福祉，可以使社会更加公平和谐。

党的十八届三中全会通过的《中共中央关于全面深化改革若干重大问题的决定》强调，“全面深化改革……以促进社会公平正义、增进人民福祉为出发点和落脚点。”“实现发展成果更多、更公平，惠及全体人民，必须加快社会事业改革，解决人民最关心最直接最现实的利益问题，更好满足人民需求。”人民群众对良好生态环境的要求越来越迫切，对实现生态文明的改革，推进生态文明建设提出了更加紧迫的要求。通过深化改革促进红利释放，为实现生态文明和美丽中国提供有力的制度保证。

环境问题是重大的民生问题。人民最关心的问题是：能否喝上干净的水、能否呼吸上新鲜的空气、能否吃上安全的食品……抓住民生就是要抓住人民最关心最直接最现实的利益问题。随着人民群众总体生活水平的提高，对幸福的内涵有了更新的认识，对于与生命健康息息相关的环境问题越来越关切。提高人民群众的福祉，就是要保护环境、改善环境质量，环境质量提高了，人民群众的身心健康就有了保障，生活会更美好，幸福指数就会提高；民生问题做好了，改善了，人民群众的生活水平就会提高，环保意识也能增强，从而推动环保发展。持续改善生态环境就能增进民生福祉。正如习近平总书记在海南考察时指出，“保护生态环境就是保护生产力，改善生态环境就是发展生产力。良好生态环境是最公平的公共产品，是最普惠的民生福祉。”这不仅是对生态伦理的科学认识和对生态价值的科学判断，更是在科学发展基础上的理论升华。习近平总书记朴实无华而蕴含深意的讲话，道出了环境保护与经济建设的关系必须统筹兼顾，环保工作是民生工作的重要部分。因此必须切实处理好发展与保护的关系，积极推进生态文明建设，为子孙后代造福，实现中华民族的永续发展。

显然，人民群众的福祉是人民能够享受的经济社会发展的终端成果。衡量人民群众福祉的核心是人民生活质量。提高人民生活质量，增进人民群众的福祉，是在践行科学发展、又好又快的发展。

5.3.2 科学发展与人民福祉

科学发展观是关于科学发展的世界观，它旨在回答为什么发展和怎样发展的问题。我们追求的发展是惠及全体人民和子孙后代的发展，我们要走的道路是又好又快的发展道路。因此，增进人民群众的福祉，提高人民的生活质量，就是实践科学发展。人民福祉是人民能够享受的经济社会发展的终端成果，既包含客观享受，也包含主观感受。人民生活质量是衡量人民群众福祉的核心。关注人民福祉是科学发展观提出的时代潮流。把传统的以经济增长为核心的发展观转变为以人的福祉为核心的发展观，是当今时代的发展趋势。

党的十八大报告在强调落实科学发展观，全面落实“五位一体”总体布局的过程中提出，要“不断开拓生产发展、生活富裕、生态良好的文明发展道路”。文明发展的根本目的就是促进社会和谐，增进人民福祉。中国特色社会主义事业“五位一体”的总布局要求现阶段的发展既要坚持以经济建设为中心不动摇，又要更加注重保障和改善民生。近年来，以广东、江苏、浙江等地为代表的地方政府也纷纷把增强人民幸福感，提升人民福祉指数作为施政目标，把保障社会公平正义和人民福祉作为经济发展和社会建设的根本价值取向。湖北省政府提出了“民生 GDP”的理念。“民生 GDP”的内涵体现在：①追求高就业率的 GDP；②追求人民收入同步增长的 GDP；③给人民群众带来更多实惠福利的 GDP；④完善社会保障的 GDP。[①]民生 GDP 的提出，既是基于对科学发展观深刻理解基础上对传统 GDP 认识的深化和升华，更是深入贯彻落实党的十八大精神的实践创新。

科学发展是以人为本的发展，“以人为本”的发展意味着一国的发展要以人本身的发展为路径，以人的能力提升为动力，以人的福利增加为目标，三者相辅相成。然而，一些地方为片面追求 GDP 增长，置生态环境、民生福祉于不顾，造成环境污染、健康受损、精神文化生活空虚，幸福感大大降低。在不正确的政绩观和官僚主义、形式主义作风的影响下，存在大量的非科学发展。由于社会公平正义缺失，机会不均等导致利益分化，分配不公造成收入差距扩大。涉及百姓衣食住行、生老病死的民生问题得不到很好的解决，让人们群众生活得“不开心”“不幸福”。

因此，各级政府必须把“让人们幸福”的理念贯穿在执政的全过程中，贯穿在社会主义经济建设中，实现科学发展。科学发展观的根本要求就是坚持全面、协调、可持续发展。当代人的发展不能损害后代人的发展，当代人的幸福不能建立在后代痛苦基础上。坚持把人民利益作为一切工作的出发点和落脚点，从人民的根本利益出发谋发展、促发展，不断为人民幸福提供物质文化需要，不断提高人民幸福生活的质量，增强人民群众的幸福感。

5.3.3 生态文明建设与生态福祉

5.3.3.1 生态环境保护与生态福祉

生态环境强调的是人与自然的相互联系和相互作用，而福祉涉及人的幸福及利益问题。生态环境是人类赖以生存、繁衍和发展的整个外部世界，是人类享受福祉

① 赵凌云、陈世强、江国志等：《构建湖北“民生 GDP”发展体系》，载《政策》2013 年第 6 期，第 18～23 页。

的一个不可或缺的载体，是实现人类福祉最重要的基础条件。每个人都享有其健康和福利等要素不受侵害的环境的权利。人们的健康与当地的生态环境本身的“健康”是密不可分的。

然而，随着人口增长、经济的发展，生态环境问题日益严重，给人类社会福祉带来灾难性影响。①喝不上干净的水。近年来，水污染事故频发，并有增加的态势，四川沱江特大水污染、吉林松花江重大水污染、湖南岳阳砷污染、福建紫金矿业水污染、云南曲靖铬污染等重大水污染事件，不仅造成巨大的经济损失，还危及人的健康及用水安全。②呼吸不到新鲜的空气。由于工业化进程加快、依赖煤电、汽车保有量迅猛增长，空气污染成为中国的一个严重问题。2013 年初的雾霾天气笼罩了几乎半个中国，呈现日数多、范围广、影响大的特点。“雾霾天”严重危害人体健康。引发上呼吸道感染，诱发心脑血管疾病，导致免疫系统的抵抗力下降。③享受不到优美的生态环境。土地在退化，天然湿地大面积萎缩、消亡、退化，水土流失和荒漠化面积不断扩张，红树林、珊瑚礁大面积减少。日益严重的环境问题制约着人类社会经济的发展，造成巨大的经济损失，使人类福祉不断降低。

持续改善生态环境，增进民生福祉。提高人民群众的福祉，就是要让人民群众喝上干净的水、呼吸上新鲜的空气、吃上安全的食品，在良好的生态环境中生产生活。保护生态环境就是保护生产力，改善生态环境就是发展生产力。良好生态环境是最公平的公共产品，是最普惠的民生福祉。[①]环境质量提高了，人民群众的身心健康就有了保障，生活就更好，幸福指数就会提高；民生问题做好了，生态环境改善了，人民群众的生活水平就会提高，环保意识也能增强，从而推动环保发展。

5.3.3.2 生态系统服务与生态福祉

生态系统服务，作为生态系统与生态过程所形成及维持的人类赖以生存的自然环境条件与效用，其变化可以直接或间接地影响人类福祉的所有组成要素，但二者之间并不是一种线性关系。[②]某些系统服务可以提高人类福祉水平，而另一些变化则对人类福祉造成严重损害。

生态系统服务功能是人类文明和可持续发展的基础。生态系统所提供的生态系统服务最终将影响人类福祉。生态系统服务包括生活必需品服务功能，如食物、水、

① 习近平在海南考察时的讲话，载《瞭望》新闻周刊，2013-04-22。

② 杨光梅等：《对我国生态系统服务研究局限性的思考及建议》，载《中国人口·资源与环境》2007 年第 17 卷第 1 期，第 85～91 页。

木材和纤维；调节服务功能，如调节气候、洪水、疾病、废物和水质；文化服务功能，如休闲、审美和精神享受；支持性服务功能，如土壤构成、光合作用及营养循环。这些功能是人类福祉不可或缺的。目前地球上几乎所有生态系统都由于人类活动发生了剧烈转变。有充分的数据显示，热带和亚热带国家的红树林，半数以上已经消失。在工业化国家，海岸湿地消失的比例甚至更大。在意大利，其海岸湿地是许多地中海鱼类的繁殖场所，消失率已经高达 95%。2000—2004 年，全世界被摧毁的珊瑚礁（指活珊瑚已经消失了 90%）已从 11%增加到 20%。[①]自 1990 年以来，发展中国家一年丧失森林 1 300 万 hm^2 左右，相当于希腊国土的面积。全世界每年净丧失的森林超过 700 万 hm^2。[②]随着森林减少，森林提供的服务都将消失，雨水径流量增加，土地也因为更强的蒸腾作用而丧失水分，农作物的产量便随之降低，可能会瓦解某些国家的地方经济。人类对生态系统的干预可以增加其对人类社会的效益，但是人类活动对生态系统的影响加剧了生态系统变化，并将会损害人类福祉。因此，未来提高生态系统服务功能，必须通过完善法律制度、建立生态补偿机制，保护森林免遭砍伐，减少雨水径流损失，遏制与之有关的洪灾和土壤侵蚀，实现内陆雨水的循环使用，恢复地下含水层的回灌，必须同时停止对森林的砍伐和加快植树造林。通过退耕还林还草、保护性耕作，保护和恢复土壤。

生物多样性对人类的惠益不仅仅在于其对物质福利与生计的贡献，还有对于安全、恢复、社会关系、健康、选择及行动自由等的贡献。然而，不断变化的人类活动直接或间接促进生态系统变化，而生态系统变化引起人类安康的变化也使人类的福祉发生了变化。人类生物基地紧张的征象是物种在消失。各种不同生物的消失，使地球的生态系统产生变化，减少了自然界提供的，诸如花粉传授、种子散布、昆虫控制和养分循环等种种服务。物种的损失削弱了生命网络，倘若持续下去，会在网络中撕出许多豁口，导致地球生态系统不可逆转的变化。研究结果显示，在不同分类群体中，多数物种种群数量或种类均呈减少趋势。鸟类是生物多样性的良好标志。在已知的 9 817 个鸟类物种中，个体数量不断减少的大约有 70%，其中估计有 1 217 中濒临灭绝。在濒危的鸟类物种中，有 91%是栖息地的消失和退化造成的。[③]“我们已经把地球改变到连鸟都不能容纳的地步。”据世界自然保护联盟的评估，栖

① 莱斯特 • R. 布朗：《B 模式 3.0 紧急动员 拯救文明》，北京：东方出版社，2009 年版，第 118～119 页。
② 莱斯特 • R. 布朗：《B 模式 3.0 紧急动员 拯救文明》，北京：东方出版社，2009 年版，第 105～106 页。
③ 莱斯特 • R. 布朗：《B 模式 3.0 紧急动员 拯救文明》，北京：东方出版社，2009 年版，第 121 页。

息于北美洲江河湖泊的鱼类物种，估计已经有 65%灭绝或者处于危险境地。已经发生的物种灭绝和独特种群的消亡造成这些物种和种群所含的独特遗传多样性丧失。这种丧失降低了生态系统的总体健康和适应能力，生物多样性丧失和生态系统服务功能的变化使一些人的福利水平下降。要想增强人类生态福祉，必须保护地球上珍贵的生物多样性。通过建立保护区、以“栖息地为基础”保护物种的方式保护地球生物的丰富多样性；通过恢复包括湿地、森林、草原、珊瑚礁和红树林在内的所有生态系统，减轻物种栖息地遭受破坏，尽可能减少威胁到某个濒临物种的任何行为；通过市场手段和行政手段，保护生物多样性的某些方面并支持其可持续利用。

5.3.3.3 推进生态文明建设，提高生态福祉

建设生态文明，是关系人民福祉、关乎民族未来的长远大计。拥有天蓝、水清、山绿、地净的美好家园，是每个人的梦想。没有好的环境，不仅美丽家园无从谈起，幸福指数也难以提升。

大力建设良好的生态环境。建设良好生态环境是社会主义生态文明建设的奋斗目标。我们既要金山银山也要绿水青山，宁要绿水青山，不要金山银山，而且绿水青山就是金山银山。为此，我们必须牢固树立生态为民、生态惠民、生态利民的理念，加快推进生态文明建设。让绿水青山充分发挥经济社会效益，切实做到经济效益、社会效益、生态效益同步提升，实现百姓富、生态美有机统一。

解决损害群众健康的突出环境问题。当前，许多地方存在雾霾频发、垃圾围城、饮水不安全、土壤重金属含量超标等环境问题，威胁着人民群众生产生活和生命健康。这说明，生态环境在群众生活幸福指数中的地位不断凸显。因此，我们必须清醒认识保护生态环境、治理环境污染的紧迫性和艰巨性，坚持“预防为主、综合治理”，集中力量解决大气污染、水污染、土壤污染等损害人身健康、影响群众生产生活的突出环境问题，切实改善环境质量，实施重大生态修复工程，增强生态产品生产能力，推进荒漠化、石漠化综合治理，扩大湖泊、湿地面积，保护生物多样性。

第 6 章

绿色经济发展模式的构建

建设美丽中国的中心环节就是走出一条生态文明的经济发展道路，其核心就是生态文明的经济建设模式，其本质就是绿色经济发展模式。时至今日，在各国绿色经济发展过程中，已经取得了一系列重要的成果，建立了各具特色的绿色经济发展模式，如丹麦以发展可再生能源为主的绿色经济发展模式，日本以核心技术为基础的经济与环境双赢模式，德国务实的循环经济发展模式，美国以太阳能、风能、智能电网、生物燃料开发以及节能增效技术为主的绿色经济模式。而我国的绿色经济发展模式仍较为粗放，因此需要借鉴世界各国的成功模式和经验，结合中国的国情，创造具有中国特色的、多元化的绿色经济发展模式。

6.1 绿色经济发展模式的原则

绿色经济实质上是一种生态经济可持续发展模式，换言之，它是可持续经济发展模式。现代经济发展的实践表明，任何可持续发展经济问题都涉及人口、科技、文化、教育、政治、制度、伦理、心理、资源、环境等许多领域。因此，在研究创建绿色经济发展模式的过程中，需要明晰绿色经济发展的基本原则，为构建绿色经济发展模式提供理论基础。绿色经济发展模式的本质特征是建立在生态良性循环基础上的生态经济协调可持续发展。因此，构建全新的现代经济发展模式必须遵循生态经济社会有机、整体、全面、和谐、协调、可持续发展即绿色发展的原则。这主要有生态发展优先原则、公平性原则、共同性原则、协调性原则和绩效性原则。

6.1.1 生态发展优先原则

马克思多次声明自己的唯物主义立场，完全承认和坚持自然界对于人类优先地位的不可动摇性，明确提出了“外部自然界的优先地位”。马克思主义关于自然界对于人类及人类社会优先地位的科学论断，从根本上规定了自然界是人类及人类社会存在的根源性基础。按照马克思把自然作为全部存在的总和及最广义的物质世界来理解，自然界当然是最先的、最基础的存在。因而，就自然与人的关系来看，自然界无疑是人的存在及其一切实践活动的基础与前提。①

自然界对于人类的优先地位“既表现在自然界对于人及其意识的先在性上，也表现在人的生存对自然界本质的依赖性上，更突出地表现在人对自然界及其物质的固有规律性的遵循上”。而“人的目的的每一次实现恰恰都是人遵从了自然及其规律”②。因此，生态应该也必须优先，这是生态在人类实践活动中享有优先权的一种内在的、本质的必然趋势和客观过程，是不以人们意志为转移的客观规律。所以，我们完全可以说，生态优先规律不仅是世界系统运行的基本规律，而且也是人类处理与自然关系的最高法则。因此，现代人类社会活动就应该首先遵循生态优先规律。③

生态发展优先，追求的是人类实践活动及人类经济社会发展不能超越自然界生态环境的承载能力，保护世界系统运行的生态合理性。生态发展优先原则，就是生态经济学强调的“生态合理性优先”原则，包括生态规律优先、生态资本优先和生态效益优先基本原则。生态发展优先原则，是生态经济社会有机整体和谐协调的重要法则。

生态兴则文明兴，生态衰则文明衰。良好的生态环境是人类文明形成和发展的基础和条件。生态可载文明之舟，亦可覆舟。习近平总书记曾明确指出：“你善待环境，环境是友好的；你污染环境，环境总有一天会翻脸，会毫不留情地报复你。

① 刘思华：《生态马克思主义经济学原理》（修订版），北京：人民出版社，2014 年版，第 49～53 页。

② 林娅：《环境哲学概论》，北京：中国政法大学出版社，2000 年版，第 230 页。

③ 刘思华：《刘思华文集》，武汉：湖北人民出版社，2003 年版，第 494 页。

这是自然界的规律，不以人的意志为转移。”[①]顺自然规律者兴、逆自然规律者亡。人类文明要想继续向前推进持续发展，就必须要正确认识人与自然的关系，解决好人与自然的矛盾和冲突，并将其置于文明根基的重要地位。在文明进步中，什么时候生态被牺牲掉了，生态危机就出现了。生态危机是人类文明的最大威胁。要走出生态危机困局，就必须排除经济发展遭遇的阻碍，寻找一条新的发展道路，而这条道路，正是生态文明建设。只有大力推进生态文明建设，不断满足人民群众对生态环境质量的需求，不断夯实经济社会发展的生态基础，才能实现真正意义上的全面小康。

良好的生态环境本身就是生产力，就是发展后劲，就是核心竞争力。蓝天白云、绿水青山是民生之基、民生所向。经济发展和碧水蓝天能否兼得，是对各级党委、政府的重大考验。习近平总书记讲道：“环境就是民生，青山就是美丽，蓝天就是幸福。要像保护眼睛一样保护生态环境，像对待生命一样对待生态环境。”[②]

保护生态环境就是保护民生，改善生态环境就是改善民生。良好生态环境是最公平的公共产品，是最普惠的民生福祉。自 2012 年党的十八大首提“美丽中国”理念以来，习近平总书记在各类场合有关生态文明的讲话、论述、批示超过 60 次，“绿水青山就是金山银山”“APEC 蓝”“乡愁”等“习式生态词汇”广为人知。习近平总书记关于生态问题的一系列重要论述，契合时代发展潮流，回应了人民群众的关切。“小康要全面，生态是关键”正成为全社会的普遍共识。[③]如果说发展经济需要大干快上的“有为”，改善生态则需要彻底转变观念，谨慎敬畏的“有所不为”。生态将是中国未来发展的重要构成。

建设生态文明就是发展生产力。只有夯实生态文明的基石，保护好环境，才能解决生产力可持续发展中处于关键地位的资源要素问题，以循环经济的驱动力打破经济社会发展“瓶颈”。同时，绿色化的生产生活方式也在倒逼和助推解决、产业结构转型升级。习近平总书记多次强调，推进生态建设，既是经济发展方式的转变，更是思想观念的一场深刻变革。山清水秀但贫穷落后不是我们的目标，生活富裕但

① 《习近平任浙江省委书记时在浙江生态省建设领导小组会议上的讲话》，2005 年 4 月 15 日《人民日报》，第 10 版。

② 习近平于 2015 年 3 月 6 日参加十二届全国人大三次会议和全国政协十二届三次会议，在江西代表团参加审议时的讲话。

③ 周龙：《小康要全面　生态是关键》，2015 年 4 月 30 日《光明日报》。

环境退化也不是我们的目标，只有蓝天白云、青山绿水，才是长远发展的最大本钱。所以，必须牢固树立保护生态环境就是保护生产力、改善生态环境就是发展生产力的理念，牢固树立绿水青山也是金山银山的生态理念，更加自觉地推动绿色发展、循环发展、低碳发展，构建与生态文明相适应的发展方式。这是先导，也是生态文明建设的本质要求。[①]

习近平关于生态、生态环境、生态与文明的关系等讲话、论述，都包含了生态发展优先的原则。因此，我们必须遵循生态优先地位，自觉协调经济活动与生态环境发展关系，把保持生态系统良性循环放在现代经济社会发展的首要地位。一切都应该围绕“生态优先”改善生态环境而发展，使经济发展建立在生态环境资源的承载力所允许阈值的牢固基础之上。

6.1.2 公平性原则

公平是反映人与人之间相互关系的概念，它包括每个社会成员的人身平等、地位平等、权利平等、机会均等、分配公平。其中权利平等又包括生存权、发展权等。从社会的角度来看，公平意味着改善低收入者生活水平的同时也要抑制富人的消费；从生态文明的角度去看，公平意味着不同人群平等参与环境资源开发和保护的决策与行动。公平强调过程和结果的合理性，公正则强调制度、措施的正义性，是对政府决策的监督和约束。在可持续发展经济理论中的公平也包含这两层含义，并强调人类需求和合理欲望的满足是发展的主要目标，同时，在对待人类需求、供给、交换、分配过程中的许多不公平的因素时，可持续发展经济的公平原则归根到底就是人类在分配资源和占有财富上的“时空公平”，他们对这一生存空间中的自然资源和社会财富拥有同等享用权，他们应该拥有同等的生存权。可持续发展中的公平性原则突出体现在国家范围之内同代人的公平、发达国家与不发达国家间的公平、代际间的公平三个方面。可持续发展要求社会从两方面满足人民需要，一是提高市场潜力，二是确保每人都有平等的机会。[②]

可持续发展是一种机会、利益均等的发展。它既包括同代内区际间的均衡发展，

---

① 曹华飞：《建设生态文明就是发展生产力》，2015 年 5 月 5 日《光明日报》。

② 世界环境与发展委员会：《我们共同的未来》（王之佳，等译），长春：吉林人民出版社，1997 年版，第 54 页。

即一个地区的发展不应以损害其他地区的发展为代价；也包括代际间的均衡发展，即既满足当代人的需要，又不损害后代人的发展能力。从生态文明角度讲，代内的公平正义应该是指同时代的所有人对于开发、利用和保护环境资源享有平等的权利和义务，主要体现为国际公平正义和国内公平正义两个方面。当前，全球性的生态环境危机正威胁着人类的生存和发展，要想解决这一全球性的问题，仅凭一己之力是行不通的，需要世界各国的通力合作。然而，由于代内之间的权利和责任不对等，致使各国之间、各地区之间分工不明，协作不力，沟通不畅，无法达到和实现全球的可持续、可协调的发展。代际公平强调当代人与后代人在生态资源的利用上要实现动态的平衡。合理的状态应该是自然资源的使用既满足当代人生存发展的需要，又不会对子孙后代生存与发展构成威胁，为子孙后代留下可供利用的生态资源和发展条件。归根到底是人类在分配资源和占有财富上的“时空公平”，即自然资源如何在不同世代之间的合理配置。种际公平，它强调人类与大自然之间应该保持一种适度的开发与保护关系，既不能为了人类的利益破坏大自然生态环境，也不能为了保护自然生态环境而罔顾人类的生存与发展，人与自然环境之间构建一种共生共荣、相互协调、相互包容关系，在能量和物质交换上达到动态平衡，使人类社会能够可持续发展下去。种际公正要求人类敬畏生命，尊重其他物种生存的权利，其基本要求就是保持生物多样性，保护濒危动植物，寻求人与自然和谐。

然而，每个社会、每个国家为了自己的生存和繁荣而奋斗时，很少考虑对其他国家的影响。当代人在发展过程中对地球资源的消耗，很少考虑对后代人的影响。按照现在有些国家消耗地球上资源的速度，留给后代的资源将所剩无几。因此，《我们共同的未来》呼吁，要给各国、各地区的人、世世代代的人以平等的发展权。

6.1.3 共同性原则

绿色发展是超越文化与历史的障碍来看待全球发展问题的。保护环境、稳定世界人口、缩小贫富差距和消除赤贫，这些可持续发展所面临的挑战已成为全球可持续发展工作的重心。不同国家、不同社会阶层背负着相同的责任，面临着同样的命运，将这一共识扩大到国际层面，以便尽量确保世界各地可持续发展。虽然各国国情不同，可持续发展的具体模式也会不同，但不约而同地有一个非常一致的共同利益，那就是整个世界范围内的人类经济社会的可持续发展。因而实现可持续发展是地球人类的共同责任。在全球范围内实现的目标是共同的：建立合理利用能源、土地以及资源的体系，阻止气候变化、物种灭绝、一级生态系统破坏这些最危险的发展趋势；通过使人们自愿降低生育率，到 2050 年将世界人口稳定在 80 亿或者 80 亿以下；到 2025 年消除赤贫，加强富裕国家的经济安全；并找到解决全球性难题的一种新方法，即基于各国合作与非政府部门能动性和创造性的一种新方法。[①]

在现实世界，资源耗竭和环境压力等许多问题产生于经济和政治权利的不平等。生态系统的相互作用不会尊重个体所有制和政治管理权的界限。传统的社会制度承认这种相互依赖的某些方面，并使社区行使对农业方式以及对涉及水、森林和土地的传统权利的控制。虽然这种控制可能限制技术革新的接受和推广，但“共同利益”的控制并不一定妨碍增长和发展。全球性繁荣未必受到日渐减少的自然资源的限制。尽管共同利益的实现会经常遇到麻烦，由于行政管辖权限的范围与受影响的范围不一致。在一个管辖范围内的能源政策造成另一个管辖范围内的酸沉降，一个国家的捕捞政策影响到另一个国家的捕捞量。没有超越国家权威当局来解决这样的问题。[②]但只要加强国际合作，在全球范围内实现共同的目标、共同的利益是可以做到的，障碍在于我们的合作能力大小。因此，无论是富国还是穷国，公平性原则和共同性原则都是共同的，各个国家要实现可持续发展需要适当调整其国内和国际政策，正如《我们共同的未来》前言中所述，“人们的福利是所有的环境政策和发展政策的最终目标”。“只有全人类共同努力，才能将人类的局部利益和整体利益结合起来，才能实现可持续发展的总体目标。”

共同性原则反映了世界各国既要致力于达成尊重所有各方的利益，又要保护全球环境与发展体系的国际协定，认识到我们的家园——地球的整体性和相互依存性。

6.1.4 协调性原则

绿色发展系统是由可持续发展生态系统、绿色发展经济系统和绿色发展社会系

① 杰弗里·萨克斯：《共同财富——可持续发展将如何改变人类命运》（石晓燕，译），北京：中信出版社，2010 年版，第 7 页。

② 世界环境与发展委员会：《我们共同的未来》（王之佳，等译），长春：吉林人民出版社，1997 年版，第 53～59 页。

统组成的，是由人口、资源、环境、经济、社会等要素组成的协同系统。各个子系统之间彼此相互联系、相互制约，共同组成一个整体。当某一个系统临近生态极限时，不平等变得更加尖锐。因此，绿色发展的关键就是要使经济社会发展同资源利用与环境保护相适应，协调经济社会发展同人口、资源、环境之间的关系。为了实现这一目标，需要人类通过不断理性化的行为和规范，协调人类社会经济行为与自然生态的关系，协调经济发展与环境的关系，协调人类的持久生存与资源长期利用的关系，做到经济发展与生态保护的和谐统一，经济发展对自然资源的需求和供给能力的和谐统一。

协调性原则实际上就是绿色发展功能优化要求遵循的关系为原则，即绿色发展系统内在关系的协调，包括人地关系的协调、区际（代内）关系的协调、代际关系的协调。在现实经济活动中，人们通常说的生态恶化和环境污染主要是人地关系不协调，资源禀赋不同导致的贫富分化与地区冲突主要是区际（代内）关系不协调，滥用、浪费从后代那里借用的自然资源和环境资本，主要是指代际关系不协调。贫穷、不公正、环境退化和冲突都是绿色发展的大敌，是不能持续发展的原因。绿色发展旨在促进人类之间以及人与自然之间的和谐，贯彻绿色发展的共同的主题是需要在决策过程中必须将经济和生态结合起来考虑。贫穷、环境退化、冲突等这些不协调问题不可能在隔绝状态中加以解决，必须在协调性原则下加以解决。

6.1.5 绩效性原则

由于地球生态系统承载力有限，不可能承受人类对资源能源无限和无节制的开发利用以及由此而产生的污染排放的无限增长。由此，必须削减人类活动对资源或环境的影响。

传统经济发展模式下，世界各国的经济增长是以牺牲生态环境为代价的。自然生态系统与经济发展不相适应，就会加剧人类生存与生态环境之间的矛盾，就会制约整个社会的永恒发展。如果试图通过降低经济增长率来缓解经济发展和人类生存与生态环境间的矛盾，或减少对环境的影响是不现实的。绿色增长就是要在追求经济增长的同时，不仅是不能增加其环境影响，更要将其环境影响削减至一定的限度内或者实现经济增长与其环境影响之间的脱钩。要想在追求经济增长的同时降低其对环境的影响，并能协调经济增长与环境可持续性，就必须依靠技术创新和提高生态效率或资源环境绩效。绿色发展的核心是提高生态效率或资源环境绩效，而提高资源环境绩效又有赖于绿色创新。[①]

绿色创新或可持续创新作为创新与可持续发展的重要结合点，目前尚未有统一定义。如果从微观和宏观层面来理解，那么微观层面的绿色创新通常是指企业在一个相当长的时间内，持续不断地推出、实施旨在节能、降耗、减排、改善环境质量的绿色创新项目，并不断实现创新经济效益的过程。[②]而宏观层面上，绿色创新则指人类社会关注环境—经济—社会协调发展并使之得以实现的创新性活动。[③]绿色创新的本质可能是技术的、组织的、社会的和制度的。由于资源环境绩效更多地受到技术、结构、制度的影响，因此围绕资源环境绩效提高的绿色创新必然涉及技术创新、结构创新和制度创新。根据《2010 中国可持续发展战略报告》，提升资源环境绩效可能有三种路径：一是在短期内，通过研究和创新对已有的方法和途径进行微调以满足需求；二是在中期内（5～20 年）依靠研究和创新对更多的产品和过程进行综合技术改造或重组；三是设计形成一种全新的系统方案，采用与现有模式完全不同的一套技术、制度和社会安排。依靠前两种路径来提升资源环境绩效的范围有限，第三种路径暗含着发展方向的改变并且创造了一种新的模式，该途径对应于可持续性创新。[④]

6.2 绿色经济发展模式的绿色能源基础

能源是实现人类社会可持续发展的关键因素之一。在常规能源中，我国有丰富的煤炭资源，但油、气资源相对短缺。这种“富煤、贫油、少气”的资源禀赋特点，决定了我国长期依赖一直以煤作为主要能源，严重偏离了国际上以油、气为主的能源消费结构的主流。世界发达国家能源结构早于几十年前就完成了由煤向石油的转换，现在正朝着高效、清洁、低碳或无碳的天然气、核能、太阳能、风能方向发展。

---

① 中国科学院可持续发展战略研究组：《2010 中国可持续发展战略报告》，北京：科学出版社，2010 年版，第 6 页。

② 李海萍：《中国制造业绿色创新的环境效益向企业经济效益转换的制度条件初探》，载《科研管理》2005 年第 2 期，第 46～49 页。

③ 陈华斌：《试论绿色创新及其激励机制》，载《软科学》1999 年第 3 期，第 43～44 页.

④ 中国科学院可持续发展战略研究组：《2010 中国可持续发展战略报告》，北京：科学出版社，2010 年版，第 10～12 页。

绿色能源，也称新能源、可再生能源。长期以来，国际和国内关于“新能源”的定义都存在着一定的争议，其定义模糊不清、范围不够明晰。在联合国新能源与可再生能源会议上将新能源正式定义为“以新技术和新材料作为基础，将传统的可再生能源通过现代化的开发与利用，不断替代资源有限且对环境有污染的化石能源，获得取之不尽、用之不竭的可再生能源”。如水能、太阳能、风能、核能、氢能、生物质能、天然气、清洁煤炭等这些可再生能源，储存量丰富，基本上不会对环境造成污染，还可以就地使用，在利用形式上可以集中建设，也可以分散建设，形式灵活多样。

长期以煤为主的能源消费结构，使得我国不得不面对当前的严峻形势。“贫油、少气”的资源禀赋，使得我国在短期内难以改变对化石能源消费模式的依赖。未来几年，我国对能源需求的刚性增长难以改变，煤炭仍是能源消费的主力，环境污染压力持续增加，环境约束不断加大。中国是世界上的能源消费大国，人均二氧化碳排放量超过世界平均水平。能源科技自主创新基础比较薄弱，可再生能源整体开发障碍重重。因此，在如此严峻的能源形势面前，我们只有尽快转变能源消费结构，改用高效、低碳的清洁能源，才能提高效率、减少污染、消除能源安全隐患，构建夯实的绿色能源基础。

6.2.1 绿色能源与绿色经济发展

绿色能源是环境保护和良好生态系统的象征和代名词。绿色能源既是解决环保和能源的危机，也是绿色经济发展的最好切入点和新的增长点。绿色经济发展需要绿色能源作支撑，绿色能源保障社会经济可持续发展。因此，世界金融危机和能源危机之后，各国政府都在反思能源发展策略并采取应对措施，从发达国家的历史经验来看，主要有开源和节流两种策略思路。

美国出台的《2009年美国绿色能源与安全保障法》，该法案的绿色能源部分包括可再生能源、二氧化碳回收与储藏、低碳交通和智能电网四个内容。法案要求风能、生物能、太阳能和地热等可再生能源所产生的电力在电力公司的发电量中占到一定的比例，以此促进可再生能源的发展。在二氧化碳回收与储藏领域，法案为确保煤炭在美国未来能源中持续占有主要地位，把促进二氧化碳回收与储藏技术的发展作为重要的战略目标。在低碳交通领域，法案要求联邦政府制定一个低碳交通运输燃料标准，以便促进现今的生物质燃料和其他清洁交通运输燃料的发展。法案批准向城市、州或公营公司提供拨款或贷款担保，以扶持电动汽车的大规模示范项目。并且批准扶持汽车厂商对其生产制造设备进行改组以便能够生产电动汽车。在智能电网领域，法案规定采取措施促进智能电网的推广和使用，法案还指示联邦能源管理委员会改革地区规划流程以便实现电网现代化，并做好准备敷设新型输电线以便传输可再生能源产生的电力。法案允许各州能源办公室建立州能源与环境发展基金，以便共同赞助联邦政府扶持清洁能源和能效项目。

日本是一个能源稀缺的国家，历来重视节能减排，是新能源开发技术最领先的国家之一。早在 2004 年日本就提出了建设低碳社会，2008 年“福田蓝图”的提出，标志着日本低碳战略形成，其内容包括：改革工业结构，加快低碳汽车的技术开发；促进可再生能源的开发与普及，重点发展核电与太阳能等低碳能源；鼓励节能技术与低碳能源技术创新；大力支持 CCS 技术。2008 年，日本首相福田康夫以政府的名义提出日本新的防止全球气候变暖对策，即“福田蓝图”，是日本低碳战略正式形成的标志。2009 年，《绿色经济与社会变革》政策草案，要求采取环境、能源措施刺激经济，并提出实现低碳社会、实现与自然和谐共生的社会等中长期方针，提议实施温室气体排放权交易制和征收环境税等。2010 年，《能源基本计划修正案》是日本 2030 年前的能源政策方针。2011 年，《新的能源和环境战略》受当年福岛第一核电站事故影响，日本调整能源策略，在现有核能和化石能源这两大能源支柱上，新增可再生能源和能效两大支柱。

欧盟把绿色低碳经济作为未来发展方向，视其为一场“新的工业革命”。提出了开发廉价、清洁、高效和低排放的能源技术；确保和推广碳捕集与封存技术（CCS）的安全使用；以法规的方式强制要求各成员国发展可再生能源，并鼓励成员国采取各种优惠政策支持可再生能源发展等绿色低碳战略规划。2008 年，欧盟制定的《欧盟能源气候一揽子计划》，是低碳经济政策框架，包括排放权交易机制修正案、欧盟成员国配套措施任务分配的决定、CCS 的法律框架、可再生能源指令、汽车 CO_2 排放法规、燃料质量指令等六项内容。2010 年，《能源 2020：有竞争力、可持续和确保安全的发展战略》，将节能革新、提高能源效率作为第一大能源战略。2011 年，《2050 年能源路线图》，将通过提高能源利用效率、发展可再生能源、发展核能以及采用 CCS 技术，实现绿色低碳发展。

作为第一次工业革命先驱的英国，进入 21 世纪后，其绿色能源战略重点为：

提高能源效率，开发低碳发电技术，包括对燃煤电厂进行“绿色改造”；开发和利用新兴能源技术，重点发展可再生能源；开发和推广 CCS。2003 年，《我们能源的未来：创建低碳经济》首次提出低碳经济的概念，并将实现低碳经济作为英国能源战略的首要目标。2008 年，《气候变化法案》，使其成为世界上第一个为减少温室气体排放、适应气候变化而建立具有法律约束力长期框架的国家。《英国低碳转换计划》《英国可再生能源战略》，使其成为世界上第一个在政府预算框架内特别设立碳排放管理规划的国家。2010 年，《2010 年能源法》，规范 CCS 技术示范、评估与利用的相关活动，规范电厂发电碳化与采用 CCS 技术相关事宜等。2011 年，《碳行动计划草案》《英国可再生能源发展路线图》公布了世界首个低碳热能激励计划《可再生热能激励计划》。

中国为了保障未来能源可持续发展，第一，积极、稳妥、有序地开发水电。虽然中国目前水电装机容量已超过 2 亿 kW，但开发强度仍远远低于发达国家的水平。力争 2020 年达到 3.5 亿 kW 左右的规划目标。因此，主要从以下方面着手：①建立稳妥的政策促进水电开发；②重视水能开发和生态环境的关系；③重视地质结构对水电工程的影响。第二，有效发展风能、太阳能。目前太阳能主要利用方式包括：太阳能的热利用，最具代表性的是太阳能热水器利用；太阳能的光电利用，最有代表性的是光伏发电；太阳能的光化学利用，主要用于太阳能发电和电池的生产等。国家对太阳能产业的发展制定了一系列的有效措施，如电价补贴、税收补贴、所得税补贴都在一定程度上支持了太阳能产业。第三，积极发展生物质能。生物质能主要是指植物借助光合作用将光照转化生物体内的能源利用方式，人们很早就开始利用生物质能，用其生火、取暖等，在我国农村生物质能得到广泛应用，如利用其作为燃料，将其发酵生产沼气等，因此，生物质能在我国目前的能源体系中不可或缺，目前生物质能的利用方式主要有发电，生物液体燃料。第四，确保安全的基础上高效发展核电。核能是安全、经济、清洁的能源，目前中国核电装机容量仅占发电总装机容量的 1%左右，与美国、法国、日本等核电大国相比，仍有很大的发展空间。因此，我们必须实施热中子堆、快中子堆、聚变堆“三步走”的发展道路，尽快研发、掌握快中子增殖堆核电技术及快中子堆核燃料循环技术。

6.2.2 可再生能源发展与能源革命

可再生能源发展至今，在世界能源消费中已占据重要地位，在发电、供热及交通等领域得到了广泛应用。有关资料显示，2012 年，全球可再生能源发电装机超过 14.7 亿 kW，占全球发电装机总量的 26%，发电量占比也超过 21%。其中，太阳能发电装机增长势头强劲，光伏发电与发电装机分别达到 1 亿 kW 与 250 万 kW，同比增长 41%与 60%；风电装机保持快速增长，装机达到 2.83 亿 kW，同比增长 19%；水力发电和地热发电装机增速有所缓慢，同比增长 3%～4%，达到 9.9 亿 kW 与 1 170 万 kW。此外，全球生物发电装机同比增长 8%，达到 8 300 万 kW。2012 年，世界可再生能源发电装机最多的前 5 位国家分别是中国、美国、巴西、加拿大和德国，而“金砖五国”装机占全球 36%。[①]

尽管可再生能源有所发展，但不尽如人意。根据国际能源署和世界银行联合发布的关于联合国“人人享有持续能源”倡议的报告，可再生能源发展的速度远低于 2030 年的全球目标。报告显示，可再生能源在全球能源结构中的比例从 2010 年的 17.8%上升至 2012 年的 18.1%，而上述倡议呼吁 2030 年全球可再生能源在能源结构中的比重起码翻一番。[②]但是，我国未来的经济发展面临严峻的挑战和能源约束。

从表 6-1 来看，我国的能源消费结构不合理和能源使用效率低下。2013 年我国煤炭消费量仍占主导地位，超过世界煤炭总消费量的 40%；天然气和包括核电、水电、风电与光伏发电在内的非化石清洁能源占比仅为 5%和 9.6%。我国煤炭占能源总消费量的比例远远高于其他主要经济体，而天然气和非化石能源占比则远低于其他主要经济体。我国单位 GDP 能耗却远高于俄罗斯和印度以外的主要经济体，是意大利和英国的 4 倍，德国和法国的 3.5 倍，日本的 3.2 倍，巴西的 2.5 倍，世界平均水平的 1.8 倍多。我国能源发展面临的结构问题和能源使用效率问题之所以难以解决，主要是难以对能源领域的各种问题进行深入改革。

① 张萌、张斌：《浅析世界可再生能源政策及发展》，国家能源网，2014-05-14，http：//www.nea.gov.cn/2014-05/14/c_133332280.htm。

② 《全球可再生能源投入不足》，商务部网站，2015-05-23，http：//www.escn.com.cn/news/show-239973.html。

表 6-1　2013 年经济总量前 10 位国家的相关能源数据

	能源消费结构/%								化石能源经济可采储量/亿 t 标煤	GDP/万亿美元	每万美元GDP 能源消耗/t 标煤
	化石能源				非化石能源						
	煤炭	石油	天然气	总计	核能	水能	其他可再生能源	总计			
美国	20	17	30	86.4	8.3	2.7	2.6	13.6	1 896	16.8	1.93
中国	68	18	5.1	90.4	0.9	7.2	1.5	9.6	896	9.2	4.41
日本	27	44	22	93.4	0.7	3.9	2	6.6	2.5	4.9	1.38
德国	25	35	23	82.7	6.8	1.4	9.1	17.3	290	3.7	1.25
法国	4.9	32	16	52.8	39	6.2	2.4	47.2	0	2.8	1.26
英国	18	35	33	86	8	0.6	5.5	14	11	2.7	1.07
巴西	4.8	47	12	63.5	1.2	31	4.7	36.5	86	2.3	1.8
俄罗斯	13	22	53	88.5	5.6	5.9	0.01	11.5	1 719	2.1	4.76
意大利	9.2	39	36	84.5	0	7.3	8.2	15.5	3.6	2.2	1.06
印度	55	29	7.8	91.7	1.3	5	2	8.2	462	1.9	4.53
世界	30	33	24	86.7	4.4	6.7	2.2	13.3	12 242	75.6	2.41

资料来源：王敏、徐晋涛、黄卓：《中国能源体制改革研究与建议》，2015 年 6 月 10 日《光明日报》，第 16 版理论周刊。

纵观世界历次工业革命，都伴随着新的能源革命，能源和能源革命是人类社会发展的根本动力，只有依靠新能源替代化石能源的“能源革命”，才能从根本上解决能源安全问题，以及解决由此带来的气候、环境等一系列问题。新常态下中国能源革命蓄势待发。习近平同志在中央财经领导小组第六次会议上指出，“全球新一轮科技革命、产业革命、能源革命蓄势待发”。中国面临着能源需求压力巨大、能源供给制约较多、能源生产和消费对环境损害严重、能源技术水平总体落后等挑战，因此，中国必须推动能源消费、能源供给、能源技术和能源体制四方面的“革命”。[①]能源革命将掀起绿色经济发展的浪潮。

能源革命，也就是“能源生产革命”，主要是指能源形态的变更，以及人类能源开发和利用方式的重大突破。能源消费是一定时期内，物质生产与居民生活消费等部门消耗的各种能源资源。习近平同志就推动能源生产和消费革命提出五点要求。第一，推动能源消费革命，抑制不合理能源消费。第二，推动能源供给革命，

① 《习近平在 2014 年 6 月 13 日中央财经领导小组第六次会议上的讲话》，中国新闻网，2014-06-13，http: // www.chinanews.com/gn/2014/06-13/6279712.shtml。

建立多元供应体系。第三，推动能源技术革命，带动产业升级。第四，推动能源体制革命，打通能源发展快车道。第五，全方位加强国际合作，实现开放条件下能源安全。[①]

能源技术创新是能源革命的基础支撑和动力源泉。中国要走出一条新型的能源发展道路，构建起高效、绿色、安全的能源系统，不仅需要新兴的可再生能源技术和智能能源技术，需要现今的非常规油气技术和核电技术，还需要传统的节能技术和煤炭清洁高效利用技术。能源技术创新对保障国家能源安全至关重要。能源技术创新需要政府的支持和投入，特别是提高技术标准、制定鼓励性政策等方面。为了保证中国的能源安全，我们必须大力发展清洁能源技术。①立足中国的国情，把握能源技术创新的重点方向和领域，依托重大工程，以重大科技专项攻关为抓手，力争突破页岩油气、深海油气、可燃冰、新一代核电能源领域的一批关键性技术；同时，加强国内能源创新体系和能源装备工业体系建设，推动能源装备国产化、产业化，并以能源装备制造创新平台建设为纽带，加快能源科技成果转化，抢占绿色能源技术的制高点。②紧跟国际能源技术革命新趋势，拓宽视野，积极吸收国际上成熟的技术和经验，推动页岩油气开采技术、大电网技术等国际先进技术在国内应用；积极加强国际合作，有效利用国际能源资源，不断优化我国能源结构。[②]优化能源结构的路径是：降低煤炭消费比重，提高天然气消费比重，大力发展风电、太阳能、地热能等可再生能源，安全发展核电。

能源体制变革是能源革命的保证。能源领域的体制改革与制度创新，需要与技术创新同步推进，落后的体制机制会阻碍技术创新。我国能源领域的体制改革面临着复杂的情况，对能源领域该不该市场化、哪些领域该市场化、如何市场化和打破垄断争论不休，相应监督管理机制的转型难以推进。因此，能源体制改革的重点和核心是：第一，加快政府职能转变，要真正做到政府职能的合理转变和政府作用的有效发挥，必须实现从“功能泛化的传统能源管理体系”向“功能分化的现代能源管理体系”的转变；[③]第二，还原能源的产品属性，为市场在能源配置中起决定性作用创造条件。坚定不移地推进改革，构建有效竞争的市场结构和市场体系，放宽

① 习近平：《积极推动我国能源生产和消费革命》，新华网，2014-06-13，http：//news.xinhuanet.com/politics/2014-06/13/c_1111139161.htm。

② 黄晓勇：《新常态下能源革命蓄势待发》，2015 年 5 月 6 日《人民日报》，第 7 版。

③ 宣晓伟：《能源改革何以步履维艰》，中国能源网，2015-05-22，http：//news.emca.cn/n/20150522102458.html。

市场准入，推动能源投资主体多元化。形成主要由市场决定能源价格的机制，建立健全能源法律法规体系，建立节能减排长效机制，促进绿色能源的使用。

“互联网+能源”的大众革命。能源互联网作为一种新经济形态，其改造的逻辑是互联网思维占主导。能源系统的再分散和再集中都是能源技术和体制的新革命，其特点在于先“分”后“合”，其生产“终端”将变得更为多元化、小型化和智能化，交易主体数量更为庞大，竞争更为充分和透明，最终形成的大能源市场则更为一体化，资源配置自由化。最终完成和电信网、广播电视网、互联网、物联网之间的大融合。“互联网+能源”采用的是互联网理念、方法和技术实现能源基础设施架构本身的重大变革。能源革命的大众思维有可能产生新的社会推动力量和普惠机制，同样可能带来生态环境治理的新契机。高比例低碳和零碳能源将随着网络智能化水平的提高而成为可能，能源的“即插拔”模式将大大改善能源结构的动态调整性能。在互联网思维的时代里，能源免费时代也有可能随之到来。

6.2.3 能源资源的多元化和低碳化发展

当前，我国能源呈现多元化的发展趋势，主要体现为基础能源体系形成多元发展态势、能源结构层次呈现低碳多元化格局和能源的开发形成区域化战略三个大的方面。与此同时，近年来，在我国能源领域也已悄然发生了以下几个方面战略转型和发展变化：由高成本的粗放型利用能源向集约化使用能源方式转变、由负外部性非清洁化能源开发向清洁化能源模式转变、由非市场化向市场化的目标转变。

改革开放 30 多年，我们走完了西方大多数国家 200 多年的工业化历程，但是代价巨大，能源产生的各类污染物均占世界第一，温室气体排放也超过了许多发达国家，如果不实现能源低碳化，不抓紧进行清洁化和低碳化的能源革命，我国的能源出路和回旋的余地将很小。因此，必须通过自主创新，推动能源资源的多元化和低碳化发展。

6.2.3.1 通过技术创新来引领能源资源的多元化和低碳化发展

（1）突破太阳能光伏的核心技术。多晶硅是太阳能光伏产业的核心，其技术线路有多种。目前世界多数国家（包括我国）采用的是改良西门子法，这一技术能耗高（耗电 100 kW • h/kg）、生产成本高（50 美元/kg），正逐步被能耗低、成本低的流化床法、冶金法（耗电 30～50 kW·h/kg、成本 10～20 美元/kg）替代。[①]中国正积极研发或引进冶金法、薄膜太阳能光伏等技术、工艺和设备，并力争在 3 年内实现大规模产业化。

（2）突破风电装备技术。目前，全国风电装备技术大多是技术引进、技术许可方式，不具备核心技术。因此，我国必须在引进国外先进技术的同时，加强消化吸引再创新，形成自主知识产权的核心技术。

6.2.3.2 通过优势领域的重点项目和企业来引领能源资源的多元化和低碳化发展

目前，国内外在绿色能源及环保产业领域的竞争力极为激烈，中国要想在竞争中赢得主动，应学习借鉴外国政府支持大企业、大力发展信息产业的经验，凭借政府的强力支持，培养一批低碳能源企业。在太阳能光伏领域，加大资金投入力度，积极创造条件，争取外国太阳能行业在中国设立研发中心、运营中心。在风电领域，重点扶持大中型国有电力企业发展风电装备，建设风能电厂，开展风电运营。在核电领域，重点支持国家级的核能发电企业，尽快多建大型核电站来满足我国的供电需求。在生物质能领域，尽快解决国家重点扶持企业配套的木本油料生产基地建设、秸秆稳定供应、低碳能源指标及价格补贴、电力上网等问题。显而易见，低碳能源产业成本较高，但具有低污染、可再生、可持续的特点，政府应对低碳能源产业给予适当的减税或财政补贴等政策支持。

6.2.4 能源的效率化与能源消费的低碳化

6.2.4.1 提高能源利用效率

节能并不是不用能源，而是合理用能，提高能源利用效率、减少浪费、节省费用，在使用同样多的能源条件下产出最大，或使人民享受的能源服务最大化。为此，要重点抓好以下工作。第一，转变经济增长方式，引导能源消费结构升级。坚持把节能减排作为落实科学发展观、加快转变经济发展方式的重要着力点，把节能当做继石油、天然气、煤炭和非化石能源后的第 5 大“能源”来开发。加快构建资源节约、环境友好的生产方式和消费方式，增强可持续发展能力。加快促进天然气产量的增长，推进煤层气、页岩气等非常规油气资源开发利用，加强油气战略进口通道、

① 陶良虎：《中国低碳经济——面向未来的绿色产业革命》，北京：研究出版社，2010 年版，第 151 页。

国内主干管网、城市配网和储备库建设。结合产业布局调整，有序引导高耗能企业向能源产地适度集中，减少长距离输煤输电。大力调整出口结构，顺利实现向高附加值、高技术含量产品出口模式的转变。第二，大力推进节能技术进步，提高能源使用效率。长期以来的粗放型增长方式，使中国能源利用效率很低，与国际先进水平差距较大。据初步分析，中国技术上可行、经济上合理的节能潜力高达 6 亿多 t 标煤。如果到 2020 年将这 6 亿多 t 标煤的节能潜力被挖掘出 80%，即可节约出 4.8 亿 t 标煤的能源需求空间。因此，必须完善节能环保技术创新体系，加强基础性、前沿性和共生性技术研发，在节能环保关键技术领域取得突破。建立节能的长效机制，加强政府指导、推动建立以企业为主体、市场为导向、多种形式的产学研战略联盟，鼓励企业加大研发投入。重点支持成熟的节能减排关键、共性技术与装备产业化示范和应用，加快产业化基地建设。加强节能环保领域国际交流合作，加快国外先进适用节能减排技术的引进吸收和推广应用。第三，夯实节能工作基础。完善节能环保法律、法规和标准体系。推动加快制定《固定资产投资节能评估与审查条例》《节能监察条例》等配套法规，修订《重点用能单位节能管理办法》《能效标识管理办法》等文件，提高法律法规的可操作性。健全节能和环保产品及装备标准。完善环境质量标准。加快重点行业单位产品能耗限额、终端用能产品能效标准、建筑节能标准和设计规范等一系列节能标准的建立和完善，为促进全社会节约能源、提高能效提供更加完善的法律依据和标准基础。

6.2.4.2 能源低碳化消费的领域

目前，世界上一些国家的能源消费结构已经向着高效、清洁、低碳或无碳排放的新能源和可再生能源的方向转变。我国在能源消费领域全面推广和普及节约技术，鼓励消费者选择能源消费节约型产品。

智能电网。智能电网是指把信息通信网络和电网融合在一起双向控制电力供应的系统，该系统可以使消费者与可再生能源等的信息相结合，从而构筑的高可靠性、高效率、高质量的供电系统。智能电网的配电自动化系统可以控制到普通家庭和办公大楼，甚至可以控制到室内空调的温度。用户也可以通过智能电网上的智能电表掌握家中电器的电力使用状况，管理自己的电力消费，从而削减电力的使用量。智能电网的目的不仅仅在于节电和管理电力的使用状况。它最大的目的是起到“可再生能源输送网”的作用。将设在郊外或是远离大城市的边远地区的可再生能源（太阳、风力、地热）发电基地产生的电力输送到电力消费量大的城市。智能电网还可以通过双向通信把消费者的需求传送给电力公司。智能电网的目的在于实现电网能力的整体提升，其目标是提高资源优化配置和高效利用能力，促进资源节约型、环境友好型社会的建设和发展。

节能电器。节能型家用电器的推广与使用早就得到发达国家的高度重视。1987年，美国通过全国电器节能法案，制定家电产品的能耗限额标准，通过"能源之星"标识制度，淘汰了市场上非节能家用电器产品。随后，欧洲国家设立A级节能认证制度，控制不节能家电产品的生产和销售。美国、日本、澳大利亚、欧盟等发达国家和地区，相继出台或修订家电产品节能标准，有效促进了节能家电产品的生产和销售。近年来，我国家电节能产品得到了快速发展，逐渐成为市场主流产品。不少厂家的变频空调、冰箱达到了欧洲能效 A^{++} 标准，如海尔、海信、新飞等品牌获得了广泛认证。但与国际先进水平仍存在一定差距。提升节能型家电产品的技术势在必行。空调变频技术、燃气灶内燃火技术、热水器冷凝技术等节能技术先后投入运用。国家先后针对空调、冰箱、洗衣机、电脑等产品设定了能效标准，强制加贴能效标识。届时，对达不到标准的小家电将被禁止生产和销售。居民生活中节能产品的效果非常明显。节能冰箱比普通冰箱每天节电约0.5 kW·h，节能洗衣机比一般洗衣机节电50%、节水60%，使用30%的变频空调与同功率的定速空调相比，每台变频空调每年可节约250元电费。①

节能建筑。就是建筑项目从设计到建筑施工的所有环节都考虑环境负荷，尽可能地减少环境负荷的建筑项目。在项目中使用环境负荷低的涂料、建筑材料，使用可再生能源和节能产品。节能建筑采用新材料新工艺，节能环保又安全，"冬暖夏凉，比较舒适"。宏观来说，节能建筑是建设节约型社会的关键，关系到国家的未来；微观来说，节能建筑可以让普通老百姓得到实惠，节约生活中的电费或燃气费。随着人们对节能环保意识逐渐增强，以及中国政府的极力推动，使得节能建筑在中国得到大力推广及应用。2009年4月22日，欧盟经济委员会发表"住宅能源效率化工作委员会报告"指出，投资住宅能源效率化比建设新的发电站更有效。据该报告分析，为住宅节能改造投资1欧元，可以节约能源生产所需的2欧元。②

---

① 中国科学院可持续发展战略研究组：《2011中国可持续发展战略报告》，北京：科学出版社，2011年版，第43～44页。

② 蔡琳海：《低碳经济大格局——绿色革命与全球创新竞争》，北京：经济科学出版社，2009年版，第207页。

6.3 绿色经济发展模式的产业形式

21 世纪的产业经济正由以物质经济为主的经济发展模式向以智力经济为主的经济发展模式转换。因而产业经济发展的重心从物质生产部门向非物质生产部门转移，使脑力劳动、信息与知识产业在现代经济活动中日益占据主导地位；以信息经济为代表的知识经济兴起，使信息技术产业在产业经济发展中起主导作用，并成为整个国民经济快速、持续、稳定发展的基础。产业经济发展的巨大变革归根到底是产业结构的绿色化，即产业结构的知识化与生态化及其相互协调与融合发展，这是 21 世纪世界产业革命及其产业调整浪潮的实质与方向。

6.3.1 产业结构绿化与绿色产业崛起

现代科学技术革命不仅出现了信息化的新趋势，而且还出现了生态化的新趋势；不仅越来越朝着实现国民经济知识化的方向发展，而且越来越朝着国民经济生态化的方向发展。产业结构调整转换与优化升级的过程，实质上是产业知识化和知识产业化与产业生态化与生态产业化的相互协调、融合发展的过程。

所谓产业结构绿化，是指在社会生产与再生产过程中投入资源能源少，各种资源利用率高，产出的产品或服务多，废物最少，污染最轻，甚至无环境污染与生态破坏，使产业经济发展建立在生态环境良性循环的基础上，因此，产业结构绿化是组织生态化的物质生产和知识生产过程或服务过程，使整个社会生产技术工艺过程和经营管理过程生态化，变社会生产或服务过程为自然生态过程或纳入自然生态过程，即社会生产、分配、流通、消费、再生产各个环节生态化过程，①这是 21 世纪产业经济发展和产业结构演变的总趋势，是历史趋势，也是现实追求目标。在社会生产与再生产过程中，各类产业的产品或服务在生产与消费过程中对生态环境和人体健康的负效应最小化乃至无害化，实现生态经济协调与可持续发展。为此必须实现环境保护与生态建设的产业化，即生态环境发展的产业经济化。因此，产业结构绿化的本质是产业经济的生态化与生态的产业经济化一体化，是生态环境已从经济

① 刘思华：《刘思华文集》，武汉：湖北人民出版社，2003 年版，第 440 页。

发展的外在因素转化为经济发展的内在因素，并在 21 世纪产业结构转型升级中的基础作用越来越强。

绿色崛起，产业先行。绿色崛起需要绿色产业崛起。所谓绿色产业崛起，我们的理解是以产业结构生态化为前提，以最小的环境代价和最合理的资源消耗获得最大的社会经济效益，实现社会效益、经济效益和生态效益的有机统一。绿色产业是把绿色理念贯穿到社会生产过程中，既对传统产业加以改造，又发展零污染或低污染的产业。也就是说，绿色产业既可能覆盖所有战略性新兴产业，也可能仅仅是节能环保产业，本质是产业结构调整和转型升级，这不仅顺应了国际潮流，而且还可缓解资源环境约束。目前，我国绿色产业发展面临内外双重压力，既面临绿色产业规模小、技术含量低、产业结构不合理的内部因素，又面临国际激烈竞争和“走出去”的中国企业履行国际社会责任能力有待提高的外部压力。正因为如此，2015 年 5 月 5 日，中共中央、国务院印发了《关于加快推进生态文明建设的意见》（以下简称《意见》）中首提“绿色化”，“绿色化”就是用较小的资源环境代价支撑经济社会可持续发展。通过生产绿色化带动绿色产业，推动生产方式绿色化，就是要构建科技含量高、资源消耗低、环境污染少的产业结构，形成符合生态文明要求的产业体系。该体系应该包括两个方面，①生态产业（或称为绿色产业），即完全基于生态市场与再生产所形成的生态产业；②传统的第一、第二、第三产业和现代知识产业的绿色化，用生态化改造全部产业经济及其整个国民经济，构建低碳、高效、包容的绿色产业体系。

6.3.2 用生态化改造第一产业，构建绿色农业产业模式

绿色农业是指充分运用先进科学技术、先进工业装备和先进管理理念，以促进农产品安全、生态安全、资源安全和提高农业综合经济效益的协调统一为目标，以倡导农产品标准化为手段，推动人类社会和经济全面、协调、可持续发展的农业发展模式。[①]“绿色农业”就是要在改善生态环境的前提下，使粮食和食品生产的全过程实现三个零，即零公害、零污染、零废弃物，形成农业经济的良性循环。

构建绿色农业体系，就是要大力推动农业生产资源利用节约化、生产过程清洁

① 石永波：《农业专家解读“绿色农业”建设模式》，2013 年 3 月 22 日《农民日报》。

化、废物处理资源化和无害化、产业链条循环化，促进农业生产方式转变。大力发展生态农业，扩大无公害农产品、绿色食品和有机食品生产基地规模。也就是要大幅度提高绿色、有机、生态农业的比重。

发展节约集约型农业。推广节水农业技术，治理水土流失。发展农作物间作套种技术模式，提高复种指数，大力推进中低产田地改造、土地整治和高标准基本农田建设，节约集约用地，转变经济发展方式。“立体种养的节地、节水、节能模式”就是节约集约型农业发展模式，该模式的特点就是“集约”“高效”“持续”“环保”。

推行农业清洁生产。加强农产品产地污染的源头预防，控制城市和工业“三废”污染，加强对重金属污染的监管，加强农业投入品（如化肥、农药、农膜和饲料添加剂等）的监管。加强农业废弃物综合利用，推动秸秆、废旧农膜、畜禽粪污、林业“三剩物”等废弃物的高值化利用，因地制宜发展农村沼气工程。加快推进农业生产过程清洁化，推广节肥节药技术，推广绿色植保技术，发展畜禽清洁养殖，推进水产健康养殖。加快建立农业清洁生产的技术体系。

鼓励延伸农业产业链。所谓农业产业链就是按照现代化大生产的要求，在纵向上实行产销一体化，将农业生产资料供应，农产品生产、加工、储运、销售等环节链接成一个有机整体，并对其中人、财、物、信息、技术等要素的流动进行组织、协调和控制，以期获得农产品价值增值。延伸农业产业链，必须大力推广农业循环经济模式（如养殖食物链型模式、立体水面混养模式），形成农、林、牧、渔多业共生、三次产业联动发展、农工社产业复合发展的循环经济产业体系。

6.3.3 用生态化改造第二产业，构建绿色工业产业模式

在第二产业的生态化改造中，大力推动战略性新兴产业和节能环保、可再生能源、再制造、资源回收利用等绿色新兴产业的发展，坚持绿色生产，丰富绿色产品，打造绿色工业品牌。构建绿色工业体系，就是要在工业领域全面推行“源头减量、过程控制、纵向延伸、横向耦合、末端再生”的绿色生产方式，从原料—生产过程—产品加废弃物的线性生产方式转变为原料—生产过程—产品加原料的循环生产方式。

加快对传统工业实施生态化改造，逐步淘汰不符合低碳发展理念、高耗能、高污染、低效益的产业、技术和产能。在生产过程中，大力推行生产设计，推行清洁

生产，加强工业污染防治。大力推进重点行业清洁生产和结构优化，减少大气污染排放。强化重点行业节能减排和节水技术改造，提高工业集约用地水平。大力推行大气污染防治工业清洁生产技术方案，在钢铁、建材、石化、化工、有色等重点行业推广先进适用清洁生产技术，大幅度削减二氧化硫、氮氧化物、烟粉尘和挥发性有机物，从源头上解决污染排放问题。

突出循环发展，推进工业资源循环利用，积极打造循环经济产业链。推进工业“三废”综合利用，指导企业开展冶炼废渣、化工碱渣、尾矿等工业废渣的资源化利用，提高综合利用率。积极落实资源综合利用税收优惠政策，推动建立减量化、再利用、再循环的资源综合利用型企业。

实行生产责任延伸制度。该制度强调生产者的主导作用。在一些重点行业实行生产责任延伸制度，提高生产者对产品的整个生命周期，特别是对产品的包装物和消费后废弃的产品进行回收和再生利用。

6.3.4 用生态化改造第三产业，构建绿色服务业产业模式

现代服务业需要绿色农业、绿色工业作为载体，绿色产业需要绿色服务业的支撑，有了绿色服务业绿色产业才可以得到更好的发展。

加快传统产业生态转型，构建绿色服务业产业体系。大力提升服务业发展水平，大力发展金融、电子商务、文化、健康、养老等低消耗低污染的服务业，推进零售批发、物流、餐饮、住宿、旅游等行业服务主体生态化、服务过程清洁化、消费模式绿色化。加快发展第三产业，全力构建绿色服务业产业链。

加快发展绿色物流。开展零售业等流通领域节能减排行动。优化运输结构，发展多式联运。发展高效节约型现代物流业，合理布局物流节点空间，整合物流资源；发展资源再生利用产业和大型废弃物回收产业。开展废弃物管理、交易和再生利用工作，建立工业固体废物系统、社区垃圾收集系统的信息交流渠道，推进资源综合回收利用系统的建立。

加快发展绿色旅游。绿色旅游提倡尊重自然环境，强调对自然环境的保护，要求旅游者约束自己的行为以保护自然环境。发展生态旅游业，进一步优化旅游产业区域布局。加强旅游生态环境建设，开发适宜的旅游产品，提升旅游产业竞争力。推进餐饮住宿业绿色发展，实施绿色设计、绿色采购、节能降耗、固体废弃物资源

化利用，引领绿色消费。

着力发展绿色金融服务业。积极开展金融创新，加大对环保产业的支持力度。建立银行绿色评级制度，将绿色信贷成效作为对银行机构进行监管和绩效评价的要素。建立银行绿色核算体系，将生态因素纳入金融业的核算和决策体系中。支持民间资本进入污水、垃圾处理等市政公用事业建设。鼓励信用担保机构加大对资质好、管理规范的环保服务企业的融资担保力度。

6.3.5 加快发展绿色知识产业，构建绿色信息产业模式

传统的工业经济主要是依靠自然资源、人力和设备投入为主的经济，现代经济形态已由传统的工业经济转向现代知识经济，即进入到以信息、知识和技术为主的经济。以信息经济为代表的知识经济兴起，必然引起产业经济发展所需劳动者由大众劳动型向精英劳动型的转变。技术密集型产业将逐步取代资源、劳动密集型产业，第一、第二产业的蓝领工人所占比重不断下降，而从事研究、技术开发、管理、信息咨询等新兴的第三产业、知识产业和生态产业的白领工人所占比重越来越大。这必然导致世界范围内产业经济结构调整与产业转型升级。

当今世界，信息技术革命日新月异，信息产业已成为国民经济的基础产业、支柱产业、先导产业和战略性产业，信息产业是高技术、高效益、高增值型产业，是知识密集和技术密集型产业。目前，发达国家信息产业的产值已超过国内生产总值（GDP）的一半。全世界信息产业年平均增长率超过整个经济增长率一倍以上。[①]随着国民经济和社会信息化进程的加快，我国信息产业进入了持续快速发展的新时期，信息产业对于国民经济的增长作出了极大的贡献。有研究表明，信息产业 1990—2008 年对 GDP 的直接贡献率平均为 23.75%，最高达到了 53.41%。[②]未来相当长的一段时间内必定仍然是国民经济的主要增长点。

信息产业作为一个新兴的产业部门，自身也在寻找低成本、高效益的发展道路，构建绿色信息产业模式。①加快促进工业化经济向信息型知识经济转变。知识经济源于 20 世纪 80 年代兴起的高科技革命，而信息技术是高科技的核心。因此，我们

① 王兰英、邵宇宾、杨帆：《论信息产业与可持续发展》，载《中国人口·资源与环境》2011 年第 2 期，第 86 页。

② 王钢、王欣：《信息产业对国民经济增长的作用分析》，载《情报科学》2010 年第 10 期，第 1552 页。

一方面必须以高于国民经济增长的速度发展以信息技术为核心的高新技术产业，使得该产业在国民生产总值中所占比例不断提高；另一方面，加速利用信息技术对传统产业的改造，加快经济结构重组与调整步伐。②信息产业加快朝着节能和高效的方向转型。加强技术创新，努力降低电子产品在研究开发、生产制造、营销流通的环节中如何更好创新，逐步淘汰落后的工艺装置和技术设备；发展电子信息产品使用过程中有害物质排放的控制技术，提高废旧电子产品回收效率，减少处理过程中的二次污染；严格控制洋电子垃圾的涌入，发布禁止进口污染环境的电子垃圾目录，进一步增强监督执法力度。

信息技术和信息产业的迅猛发展极大地影响了经济的增长方式和结构。随着“宽带中国”战略实施方案的正式提出，我国相继颁布关于促进信息、发展信息产业的政策，推动信息产业的健康发展。为此，我们需要注重以下工作重点：①重视基础研究，全方位开展信息技术研究与开发活动；②制定明确的信息发展战略，确保信息产业在国民经济中的主导地位；③注重信息技术的商品化和产业化，实现信息产业对传统产业结构的优化升级；④加大投资力度，重视信息科技人才的培养。

6.4 创建多元性的绿色经济发展模式和实现形式

工业文明主导经济形态的工业经济形态的实现形态与形象概括就是黑色经济形态。而生态文明开辟了经济社会发展绿色化即生态化的绿色发展道路，最终形成生态文明绿色经济形态。实现生态文明的绿色经济形态，可以创新多种绿色经济发展模式和实现形式。

6.4.1 生态经济省：省域生态建设与绿色经济发展模式

6.4.1.1 生态经济省的基本内涵

根据环境保护部 2008 年颁布的《生态县、生态市、生态省建设指标（修订稿）》的文件精神，生态省是指社会经济和生态环境协调发展，各个领域基本符合可持续发展要求的省级行政区域。相对于政府部门而言，国内学者对生态省的界定大多更加侧重于生态学和生态经济学的角度。季昆森（2005）认为生态省实际上是“生态经济省”，是在一个省域范围内，以科学发展观和可持续发展战略、环境保护基本国策统揽经济建设和社会发展大局，转变经济增长方式，提高环境质量，同时遵循三大规律（经济增长规律、社会发展规律、自然生态规律），推动整个社会走上生产发展、生活富裕、生态良好的文明发展道路。关琰珠（2003）指出，生态省的内涵是以绿色发展理论为基础，运用经济学原理和系统工程学方法，遵循生态规律和经济规律，在省的区域范围内建立科学合理的良性循环经济体系，促进经济、社会和生态环境复合系统和谐、高效、可持续发展。祝光耀（2004）认为，生态省（市、县）建设是以生态学和生态经济学原理为指导，以区域可持续发展为目标，以创建工作为手段，把区域（省、市、县）经济发展、社会进步和环境保护三者有机结合起来，总体规划，合理布局，统一推进。[①]从国内众多学者对生态省的界定中不难看出，生态经济是生态省理论构想和实际建设之间的桥梁，因此，“生态省”和“生态经济省”二者的内涵是基本一致的，通常情况下可以将“生态省”理解为“生态经济省”。

生态经济省的建设标志着生态问题已经被我国省级政府提升到了战略层面的高度，很多省份甚至大张旗鼓地提出了“生态立省”的响亮口号，“生态立省”口号的提出，并不是地方政府对中央政策的简单回应，更不是一时兴起的潮流，而是地方政府在几十年经济社会发展经验及教训基础之上的深思熟虑和科学决策。“生态立省”代表的是一种地方经济发展理念的创新，更是一种区域发展模式的变革。其发展与建设的思路和理念是根据各自特有的生态区位、经济社会发展程度、生态与环境质量和生物资源状况等，实现经济社会与生态环境相协调的一种符合绿色发展要求的省级行政区域的发展。[②]“生态立省”是地方政府在实践基础之上的经验总结，更是理论探索道路上的反思升华，“生态立省”绝不是空洞的口号，而是对实践有着巨大指导意义的理论纲领。

（1）生态经济省是一种在省域水平上以绿色发展为目标的经济发展模式。生态经济省建设的根本要求是全面实施可持续发展战略，实现经济效益、社会效益和生态效益的统一，实现近期目标和长远目标的统一，实现局部利益和整体利益的统一。可持续发展是当代经济社会发展的必由之路，也是人类文明发展的共同追求。可持

① 王书明、高晓红等：《海南生态省建设研究综述》，载《海南师范大学学报》（社会科学版）2012 年第 1 期，第 1～8 页。

② 郑杰、王成才：《生态立省是建设和谐青海的根本》，载《攀登》2008 年第 12 期，第 77 页。

续发展的内涵是追求经济和社会发展的长久性，不以牺牲长远利益为代价来获取眼前利益。可持续发展既注重当代人的利益，更要保护后代人的权益，可持续发展要求在保证当代人生活品质的同时，必须为后代人预留足够的生存和发展空间。生态立省的理念和可持续发展思想在本质上是相互贯通的。以生态立省的目的是运用可持续发展理论和生态学、生态经济学原理，以促进经济增长方式的转变和改善环境为前提，建立"资源消耗低，环境污染少"的经济体系，把生态环境保护和建设融入经济和社会发展之中，大力发展循环经济、低碳经济和生态经济，建设生态社会和改善生态环境，实现区域经济的可持续发展。[①]生态立省的区域发展战略体现了可持续发展的思想精髓，是可持续发展理念在省级行政区域内的具体实践。生态经济省的建设要求，始终以可持续发展思想作为一切工作的政策指导，同时，将是否符合可持续发展目标作为评价所有工作成功与否的重要标准。

（2）生态经济省的本质内涵是发展生态经济。生态经济省的建设必然要求对生态问题给予高度重视，生态保护是生态经济省建设工作的前提条件，但这绝不意味着为了保护生态环境就必须放缓甚至放弃地方经济发展。相反，生态经济省建设过程中的经济发展和生态保护二者是和谐统一的，因为建设生态经济省的本质内涵和根本途径正是大力发展生态经济。纵观历史，人类的文明历经了四个阶段，产生了四种经济形态，分别是原始社会阶段的原始经济形态、农业社会阶段的农业经济形态、工业社会阶段的工业经济形态、生态社会阶段的生态经济形态。在漫长的原始经济时期，人类行为对自然环境和生态系统的影响微乎其微，生态系统基本处于自然运行的良好状态。同时由于此时生产力的发展水平十分低下，人类社会的生存和发展也受到了极大的威胁；进入农业经济时代，人类改造自然和利用自然的能力有了较大的提高，人类的经济行为对自然和生态系统造成了一定程度的负面影响，但同样由于人类社会的技术水平非常落后，生态系统的运行总体上仍处在自我修复的范围之内，并且人类社会的生存质量依然十分低下。到了近代的工业经济时代，由于工业革命带来的技术革新和机器的大规模使用，人类社会的生产力得到了极大的提高，物质财富的创造能力大为增强，人类社会的生活水平达到了前所未有的高度。但与此同时，伴随着经济高速发展带来的人口爆炸性增长以及技术的过度使用，使得人类社会对环境和生态系统的破坏也达到了空前的程度，出现了臭氧层空洞、海

① 祁苑玲：《美丽云南生态立省》，2012 年 11 月 30 日《云南经济日报》。

平面上升、极端天气频现、生物多样性锐减等一系列全球性的生态安全问题，生态系统的总体性失衡已经威胁到了整个人类的生存，迫使人类社会必须进行经济发展模式的彻底变革。因此，源于现代社会方兴未艾的生态经济时代，就是为了纠正工业革命以来以牺牲环境为代价来换取经济高速发展的片面做法。相对于传统的工业经济来说，生态经济讲求的是经济可持续发展和生态环境有效保护的和谐统一。生态经济是指在生态系统承载能力的范围之内，追求经济的和谐协调可持续发展，即绿色发展。生态经济要求从生态学和经济学的综合角度出发，充分运用先进的生态技术和方法，改变人类社会传统的生产方式和消费模式，积极发展高效节能、低碳环保的绿色生态产业，大力推广健康合理的生态生活理念，实现经济发展与环境保护相协调，物质文明与生态文明相统一的经济社会发展新模式。生态经济强调人与自然关系，模拟自然生态系统运行方式和规律，通过生产、流通、消费等各个环节的技术和制度创新，提高资源利用效率，以环境保护优化经济增长。①因此，建设生态经济省，本质内涵就是要大力发展生态经济，将生态经济的有效构建和良性运行作为生态经济省建设和发展的原动力。此外，建设生态经济省，大力发展生态经济，必须做到生态保护和经济发展二者齐头并进，既要维护生态系统的安全稳定，同时也要保证经济的持续发展，逐步提高民众的生活质量。

6.4.1.2 建设生态经济省是顺应时代潮流的需要

（1）建设生态经济省是“生态立国”战略国策的重要组成部分。近年来，中央政府对生态问题的重视程度越来越高，在政府报告中，涉及生态问题的比重逐步加大，甚至已将生态问题上升到基本国策的高度。胡锦涛同志在党的十八大报告中提出：大力推进生态文明建设，实现中华民族永续发展。他说，建设生态文明，是关系人民福祉、关乎民族未来的长远大计。面对资源约束趋紧、环境污染严重、生态系统退化的严峻形势，必须树立尊重自然、顺应自然、保护自然的生态文明理念，把生态文明建设放在突出地位，融入经济建设、政治建设、文化建设、社会建设各方面和全过程，努力建设美丽中国，实现中华民族永续发展。胡锦涛同志指出，坚持节约资源和保护环境的基本国策，坚持节约优先、保护优先、自然恢复为主的方针，着力推进绿色发展、循环发展、低碳发展，形成节约资源和保护环境的空间格局、产业结构、生产方式、生活方式，从源头上扭转生态恶化趋势，为人民创造良

---

① 郭爱丽：《发展生态经济是生态经济省建设的核心》，2006 年 9 月 13 日《中国环境报》。

好生活环境，为全球生态安全作出贡献。[①]胡锦涛的讲话蕴含着“生态立国”的基本理念，所谓“生态立国”，就是将生态问题上升到国家战略的高度，将经济发展及社会生活中的各个子系统纳入整个生态系统当中，将短期经济效益与长远社会效益结合起来，将地区局部利益与国家整体利益结合起来，从宏观层面的产业结构调整及布局，到微观层面的国民日常生活消费，都要以维护生态系统安全与稳定为首要目标，确保我国经济社会整体性的可持续发展。

建设生态经济省是“生态立国”发展战略的有机组成部分，建设生态经济省与“生态立国”二者之间并不是简单的局部与整体的隶属关系，而是相互联动的内在系统关系。“生态立国”的发展国策是中央政府在宏观层面的政策制定，是对中华民族未来发展方向和模式的总体规划，同时也是对地方经济社会发展理念的纲领性指导，建设生态经济省是省级地方政府对中央“生态立国”战略的深刻理解和具体实施，是对“生态立国”总体目标的细化和分解。另外，建设生态经济省并不是省级地方政府对中央“生态立国”总体目标的盲目服从，而是各省份基于自身实际情况的改革和创新。“生态立国”规定了各省经济社会的发展方向，但却没有制定统一的实施模式和评判标准，也没有太多的成功经验可供借鉴。因此，各省在建设生态经济省的过程当中，首先要立足于自身的实际情况，深刻分析本省的资源优势及不足、主要环境问题类型、人口数量及结构特征、产业结构和经济增长模式等诸多方面的情况，在此基础上科学决策，合理规划，寻求准确的相对优势，走一条有自身特色的生态经济省建设之路。

（2）建设生态经济省是地方政府对以往单一经济发展模式的纠正和改良。在过去很长时间里，中央政府实行“以经济建设为中心”的国家发展战略，对地方政府的政绩考核以经济发展为主要指标，导致地方政府对经济总量和速度增长的片面追求，以至于对环境和生态问题基本处于忽视状态。经过几十年的积累，现阶段我国许多地方的环境和生态问题日益严重，生态平衡遭到极大破坏，生态安全受到严重威胁，不仅阻碍了地方经济的长远发展，而且在空气质量、饮水安全、疾病诱发等多个领域对普通民众构成明显威胁，已严重影响到了国民的正常生活。因此，生态经济省的建设，标志着地方政府开始逐步纠正自身过分偏重经济指标的片面发展道路，改良和转变区域经济发展模式，注重经济发展与生态系统的和谐统一，切实改

① 胡锦涛在党的十八大会议上的报告——《坚定不移沿着中国特色社会主义道路前进　为全面建成小康社会而奋斗》。

善民众生活质量，寻求地方经济社会可持续发展的理性选择。

（3）建设生态经济省是我国地方环境生态保护整体规划的需要。长期以来，我国省级行政区域内的环境生态系统保护存在诸多弊端，环境生态问题久拖不决，主要原因就是各级环境保护主管部门的条块分割现象严重，从而导致地方保护主义的蔓延，省内环境生态问题的治理往往只能取得较低程度的阶段性、区域性效果，并且环境生态问题的反弹和扩散现象比较严重，很难从根本上得到治理。因此，建设生态经济省，就是要站在省级行政区域的高度来重视和解决环境生态问题，打破各自为政的地方主义思想，高效整合全省的生态系统管理资源，厘清“多龙治水”的混乱格局，形成全省生态资源系统的统一规划和使用，切实提高省级行政区域的环境生态治理和管理水平。

6.4.1.3 建设生态经济省的战略路径

生态经济省的建设不可能一蹴而就，它是一个动态的渐进过程，同时也是一个庞大的系统工程，不仅涉及环境生态领域，同时还辐射政治、经济、文化、科技等多方面的内容。因此，生态经济省的建设需要省级政府亲自挂帅，从全省的大局出发，统筹兼顾，全面指导，尤其要注意重点从以下几个方面着手。

（1）制定生态经济省建设的长远规划。生态经济省的建设是一个漫长而艰辛的过程，需要几十年甚至更长的时间才能显出成效。因此，在生态经济省建设开始之前，省级政府必须提前制定长远的发展目标和方案设计，并且严格遵照执行，以保持生态经济省建设的一致性和连续性，尤其是要确保生态经济省的建设不因政府更替和人员变换而发生反复，防止资源浪费甚至中途而废的情况出现。同时，生态经济省的正式建设过程当中，在不违背生态经济省建设根本方针和总体规划的前提下，应当根据现实因素的变化进行局部调整和变通，因地制宜，最大限度地提高经济生态省建设的实际效果。

（2）注重省域之间的协调配合，充分利用省内外各类型优势资源。生态经济省的建设是一个蕴含着经济、社会、自然、技术四大要素的复杂工程，单靠一个省份自身的力量很难达成既定目标。此外，虽然经济生态省的建设以省级行政区域为主要划分标志，但由于生态系统天然的整体性和联动性，导致了不同省份之间在地理环境及生态结构方面不可避免地存在着千丝万缕的联系，这就决定了不同省份之间在建设生态经济省的时候必须紧密配合，统一协调，充分发挥各自省份的资源和生态优势，实现优势资源的共享开发和互补利用，在经济产业布局、资源分配利用、生态技术研发、人口流动迁徙、社会舆论引导等诸多领域统筹规划，以生态系统的总体大局为重，打破“就省论省”的狭隘格局，从更加宏观和系统的角度提高生态经济省建设的整体效果。

（3）积极拓宽生态经济省建设资金的来源渠道。生态经济省的建设是一项巨大的工程，需要的资金数量非常庞大，仅靠省级政府的资金投入难免捉襟见肘。因此，在生态经济省的建设过程当中，要高度重视资金流量问题，尽最大可能拓宽生态经济省建设资金的来源渠道。除省级政府自身筹备和国家下拨的专项建设资金外，还要充分利用市场经济的力量，大力引导企业资金参与生态经济省的建设，必要时甚至可以考虑发行专门的生态彩票，以吸收民间的零散个人资金。除此之外，生态经济省的建设还可以通过广泛的国际交流与合作，积极利用外资渠道，借助世界银行、亚洲开发银行、全球环境基金、联合国开发计划署等国际组织以及各国政府及民间团体的低息贷款和无偿赠款，最大限度地为生态经济省的建设提供充裕的资金保证。

（4）实现传统省级生态环境保护模式的转型。我国现阶段省级行政区域内的生态系统破坏严重，生态系统失衡的比例较大，除了受经济增长模式单一、政府对生态问题重视程度不够、居民环境生态意识不足的影响之外，传统省级生态系统保护模式存在的弊端也是一个非常重要的因素。我国许多省级政府在生态环境保护方面存在着明显的滞后管理现象和局部思维模式，往往是等到某个地方出现严重环境污染和生态问题的时候，才能够引起省级政府在一定时期和一定范围内的重视，这种有限程度的环境生态问题治理只能取得短期的局部效果，从长远来看，环境生态问题并未得到总体上的改善，甚至存在进一步恶化的可能。因此，生态经济省的建设要求必须进行传统生态环境保护模式的改良，切实将环境生态问题作为经济社会可持续发展的一个核心内生变量进行认真考量，彻底改变传统环境生态领域的事后局部治理模式，始终将环境保护和生态安全作为省级政府工作的核心内容，对环境生态领域可能出现的破坏进行提前预防，对已经出现的环境生态问题进行整体治理。同时拓宽环境生态问题的监管和治理主体，除传统的各级政府环保部门之外，还要充分参考相关领域专家学者的意见，充分动员社会团体和民间人士的力量，加大对环境生态问题的常态监督，提高环境生态问题的预防效果和治理效率。

（5）实现省级区域经济的合理增长。生态经济省的建设离不开地方经济的基础性平台作用，地方经济的良性发展不仅能够提高民众的生活水平，也能为生态经济省的建设提供有力的资金支持。为此，生态经济省的建设必须坚定不移地走一条生态经济的发展之路，在有效保护地方生态环境的同时，充分维持地方经济发展的活力。具体而言，建设生态经济省就是要始终坚持可持续发展战略，充分运用生态学原理、系统工程方法和循环经济理念，以促进经济增长方式的转变和改善环境质量为前提，充分发挥区域生态、资源、产业和机制优势，大力发展生态经济和绿色产业，改善生态环境，培育生态文化，实现省域经济发展与生态环境的协调统一。

（6）提高生态技术研发的投入力度和管理水平。生态经济省的建设要求以生态经济模式为驱动，以绿色产业结构为支撑，这些都意味着生态经济省的建设离不开生态技术的核心作用。生态技术是推进生态经济省建设的动力和保障，生态技术的研发和利用情况在很大程度上决定了生态经济省建设的实际成效。由于现阶段的生态技术研发存在投资回收期长、市场风险较高的特点，因此，生态经济省的建设要求省级政府必须加大对生态领域的投入力度，为生态技术的研发提供有力的资金支持。同时，省级政府还应提高对生态技术的综合管理和利用水平，高效整合各部门、各层次的生态技术研发力量，避免生态科研资源的重复投入和无谓浪费，提高生态科研资金的利用效率，加快生态技术成果转换的频率和时限，以科技的手段促进生态经济省建设的步伐。

（7）控制人口数量和优化人口结构。人口是整个生态系统中不可或缺的重要组成部分，同时，无论是在生态领域还是经济领域中，人口都是最具能动性、最有创造性的活力因素，人口因素既受生态系统和经济系统的制约，反过来也在很大程度上影响甚至决定着生态系统和经济系统运行的成效。因此，对于生态经济省的建设而言，绝不能忽视省内的人口因素。省级政府在制定生态经济省建设方案的时候，要充分了解本省人口的数量和结构特征，在本省资源总量及环境生态系统承载极限基础之上，制定合理的人口生育和流动政策，使本省的人口数量和增长速度与生态系统运行保持平衡。同时，省级政府还应当进一步优化人口结构，通过教育、培训、人才引入及调配等多种手段提升本省人口的总体素质，为经济生态省的建设打下坚实的人文素养基础。

（8）合理开发和利用自然资源。生态经济省的建设要求高度重视和保护省内环境和生态资源，但并不意味着自然资源的绝对保护和零开发利用，生态经济省的建设离不开自身资源的支撑，因此对自然资源的开发利用是不可避免的，生态经济省追求的是生态系统保护范围内的资源合理开发和有效利用。建设生态经济省的目的就是把省域范围内的经济发展、社会进步、环境保护有机结合起来，以较小的资源环境代价赢得经济社会的较快发展，实现资源高效利用，生态良性循环，经济社会发展和人口、资源、环境相协调的良好局面。

6.4.2 生态城市：市级生态建设与绿色经济发展模式

6.4.2.1 生态城市是一种市级行政区域内社会—经济—自然复合生态系统的可持续发展模式

生态城市是指自然、技术、人文充分融合，物质、能量、信息高度利用，人的创造力和生产力得到最大限度的发挥，居民的身心健康和环境质量得到维护，一种生态、高效、和谐的人类聚居新环境。目前一致认为："生态城市"是从全局和系统的角度应用生态学基本原理而建立的，是人与自然和谐共处、物质循环良好、能量流通顺畅的生态系统。生态城市的建设以环境容量和生态承载力为前提。[①]生态城市有着丰富的内涵，从深层次上讲，生态城市是建立在人与自然和谐关系基础之上的一种人类社会生存理念，体现了人类社会一种新型的生产形式和生活方式。同时，生态城市是人工系统和自然系统有机结合的一种人工复合生态系统，生态城市建设的宗旨是力求最大限度地保护自然生态系统的完整，尽最大可能减少人类聚集行为对环境生态系统造成的破坏。生态城市的理念是将传统的城市规划建设和城市日常管理放在更为宏观的生态系统中加以考虑，生态城市建设的核心思想是在人口不断增加的历史背景下维持人类社会的可持续发展，并进一步地提高人类社会的生活质量。

6.4.2.2 生态城市的特征

生态城市建设作为人类社会对工业化以来大规模城市化进程的反思和纠正，标志着人类社会的发展由传统的经济增长模式向复合生态驱动模式的转变，是人类社会由工业文明走向生态文明的创新之举。同时，和传统的工业型城市比较起来，生态城市在很多方面有着明显的特征及优势。

（1）可持续性。生态城市从建立之初就以可持续发展思想为指导，强调城市的运行和发展不能够超越城市生态系统的承载能力，注重调控城市经济产业布局的科

---

① 孙建国、吴克昌：《基于生态城理论的我国生态城市建设研究》，载《特区经济》2007 年第 2 期，第 132 页。

学性和城市人口消费行为的合理性。因此，城市生态可持续性的内涵就是从整体上把握和解决环境—人口—经济—社会子系统之间以及城市系统与周边区域等外部系统间协调发展的问题，促进城市生态系统的最优化发展，在结构上表现为增长与规模的适度性和协调性，在过程上表现为发展的可持续性和高效性，在功能上表现为资源利用与环境状况持续改善、社会经济活动和自然环境高度和谐、城市福利水平不断提高。①

（2）系统性。生态城市是一个庞大的复合系统，涉及的影响因素很多。生态城市的建设和运行要求能够有效协调城市经济子系统、城市生活子系统、城市人口子系统、城市交通子系统、城市环境子系统等多个系统之间的矛盾和冲突。因此，生态城市本身就是一个整体性的概念，生态城市是建立在各种因素的相互制约、相互平衡的基础之上的，忽视其中任何一个因素就不是真正意义上的生态城市。

（3）循环性。生态城市将环境和生态系统的保护放在首位，在城市的建设和运营过程当中力求资源能够得到最大限度的利用，同时将城市系统运行中的废弃物排放量降到最低。因此，生态城市的建设和运行必然要求大力发展循环经济、绿色经济和低碳经济，加大资源的重复使用频率，最大限度地提高资源的利用效率，减少资源消耗和环境污染。

（4）高效性。生态城市的建设以可持续发展思想为指导，要求在城市运行过程当中将各个环节的损耗降到最低限度。为此，生态城市需要着重建设绿色低碳的循环经济产业，大力发展低碳环保的公共交通系统，积极提倡健康合理的居民消费理念，提高所有资源的使用效率，在物质流、能源流、信息流、价值流、人员流等各个领域减少价值损耗，真正实现生态城市的整体高效运行。

（5）技术性。生态城市走的是一条技术之路，生态城市无论是理念层面的规划设计还是现实世界的有效运行都离不开技术的支撑。生态城市的技术运用应当综合体现在城市功能结构布局、城市支柱产业培育、城市生活住宅设计、城市交通系统选择等多个领域。因此，可以说生态城市既是一座生态之城，同时也是一座科技之城。

（6）创新性。生态城市的建设，要求突破传统城市模式的束缚，在城市规划设计理念、城市建设模式、城市产业结构布局、城市交通系统设计、城市功能划分等

---

① 蒋涤非、宋杰：《城市生态可持续性的内涵及其支持系统评价指标体系研究》，载《生态环境学报》2012年第2期，第273～274页。

多个方面进行大胆的尝试和创新，以新的理念、新的模式、新的技术、新的方法来构建经济、社会、环境三者和谐统一的全新城市格局。

6.4.2.3 生态城市建设过程中的误区

我国生态城市的建设已经有了十几年的历程，生态城市的试点工作也在全国各地普遍开展，并已取得了一定成效，形成了一些有借鉴意义的生态城市建设经验。与此同时，我国生态城市的建设也存在明显的问题，尚有诸多需要改进和提高之处。

（1）对生态城市的理解存在偏差。生态城市是一个内涵非常丰富的概念，同时，生态城市涉及的领域很多，影响因素也非常广泛。所以有专家认为，生态城市至少要满足以下标准：城市结构合理，功能协调；产业结构合理，实现清洁生产；能源能量有较高的循环利用率；居民的生活质量和城市环境质量能够达到一定要求；尊重居民的文化和生活特征；居民身心健康，有自觉的生态意识和环境道德观念；建立完善的、动态的生态调控管理与决策系统。[①]由此可见，生态城市的建设需要综合考虑多方面的因素，而现阶段我国试点的生态城市建设大多没有深刻理解生态城市的内涵，很多地方简单地将生态城市等同于“绿色城市”“园林城市”“森林城市”，在生态城市建设过程中基本以扩大绿化面积，扩大太阳能、风能使用范围为主，这种局限性不仅偏离了生态城市的本质，而且根本无法实现生态城市的整体功能。

（2）生态城市建设缺乏规模效应。我国现阶段的生态城市建设基本是以新城区的形式来呈现，由于新兴生态城区与老城区在地缘空间上相距较远，尤其是在城市功能衔接上严重脱节，致使生态城市建设的规模过小，只能实现辐射范围较小、综合指标较低的低端生态化运行，无法取得生态城市建设的规模效应，同时直接导致了生态城市建设的成本过于高昂，妨碍了生态城市的扩展和持续运行。

（3）生态城市建设的模式单一。生态城市遵循的是城市人工系统和自然生态系统的天然匹配，这就要求生态城市的建设必须立足于城市自然环境和生态系统的基础之上，走一条有自身地方特色的生态城市建设之路。而现阶段我国的生态城市建设存在明显的趋同化现象，生态城市建设的模式过于单一，无法体现出地域差异，很多生态城市的建设和运行根本未能契合本地的资源和环境优势，不仅使得生态城市建设缺乏可持续发展的能力，甚至造成城市原有生态系统的进一步破坏。

---

① 张晓丽：《关于我国生态城市建设的几个误区》，载《北方经济》2009 年第 20 期，第 5 页。

6.4.2.4 生态城市的建设原则

生态城市的兴起昭示着人类社会聚居形式发展的必然趋势，对许多地方政府来说，生态城市建设既是当地经济社会发展的机遇，同时也是一项艰巨的任务。为更大范围地推动生态城市发展的步伐，生态城市的建设应当基于以下几个原则。

（1）和谐便利原则。城市的运行不能对自然生态系统造成威胁和破坏，这是生态城市建设的基本前提和首要目标。因此，生态城市的规划要以城市生态学为理论基础，在实际建设过程中始终坚持“人与自然和谐统一”的原则，充分尊重和利用自然生态规律的作用，严禁脱离实际的主观臆断，尽最大努力将对生态系统的影响和干扰降至最低。同时，生态城市的建设还要充分体现“以人为本”的思想，因为“人”始终都是生态城市的主体，生态城市建设的目的不是为了单纯地保护生态环境，而是在生态保护的前提下最大限度提高人类生活的便利程度和舒适性。生态城市的建设要在多个方面认真考虑城市居民的感受，满足人们对工作、生活、闲暇的需求，建立良好的宜居环境，形成生态城市的强大吸引力，推动生态城市的可持续发展。

（2）因地制宜原则。由于生态系统受自然环境和地理因素的影响和制约很大，不同地域生态系统的特征差异明显，导致生态城市的建设并无太多通用的规律可循。生态城市的建设只能从自身的实际情况出发，在城市资源优势和生态系统特征的基础上，按照因地制宜的原则，从生态城市的规划、设计到建设、管理等多个环节制定有针对性的管理方案和技术手段，形成有着明显地域特色的生态城市建设之路，切忌不顾本地实际情况照搬外部经验的盲目做法。

（3）循环经济原则。传统城市对环境生态系统造成破坏的一个重要形式就是城市在运行过程中不可避免地会向生态系统排放大量的废弃物，这种情况源于传统经济模式固有的弊端。从物质流动的方向看，传统工业社会的经济是一种单向流动的线性经济，即“资源→产品→废物”。线性经济的增长，依靠的是高强度地开采和消耗资源，同时高强度地破坏自然环境。循环经济的增长模式是“资源→产品→再生资源”。循环经济就是通过资源循环利用使社会生产投入自然资源最少、向环境中排放的废弃物最少、对环境的危害或破坏最小的经济发展模式。[①]生态城市的循环经济模式，将使得人类能够从根本上解决城市发展与资源短缺、环境承载力低下

① 杨云彦、陈浩：《人口、资源与环境经济学》，武汉：湖北长江出版社，2011年版，第241页。

之间的矛盾，维护本就脆弱的城市生态系统，极大程度地降低城市生态系统面临的压力，使城市走上一条良性循环的生态发展道路。

（4）低碳运行原则。当今社会，碳排放是全人类共同关注的热点，碳排放问题也是传统城市饱受诟病的原因之一。传统城市的经济产业过于集中，人口规模和聚居密度过大，导致城市工业的生产环节和城市人口的生活过程产生大量的碳排放，形成城市特有的“富碳环境”，致使碳排放已经严重威胁到传统城市居民的生存和健康，亟待解决。生态城市正是一种以低碳运行为新型模式的城市形态，生态城市的建设要求在城市能源供给中大规模采用太阳能、风能、地热能等多种绿色能源，在城市产业布局中大规模实行循环经济和清洁生产，在城市生活布局中大规模建设绿色建筑，在城市交通系统中大量使用低碳环保的绿色公共交通系统。以低碳模式作为生态城市可持续发展的手段和动力，建设人与自然和谐相处的城市人居环境。

6.4.3 生态县：县级生态建设与绿色经济发展模式

6.4.3.1 生态县的基本内涵

生态县（市）是社会经济和生态环境协调发展，各个领域基本符合可持续发展要求的县级行政区域。一般来说，县级并非是一个完整的自然生态系统，其边界有按分水岭、河流、海岸线等自然地理边界划分，也有按政治经济联系或历史文化渊源划分的。因而是一类异质的、开放的人工生态系统。生态县规划不同于传统的经济规划或环境规划，它具有以下几个特点：①强调经济的高效而不是高速。一个资源潜力未充分利用的高速发展的经济不是生态县经济，相反，一个县的经济发展的绝对指标虽不高，但若已达到地尽其力，物尽其用，人尽其能，则应是一种接近生态县目标的发展。②强调自然的和谐而不是平衡。人在改造自然的过程中，总是要不断地破坏自然、建设自然。不平衡是绝对的，平衡是相对的。生态县建设的目标就是要追求总体关系的和谐和系统功能的协调。③强调社会的开放而不是封闭。生态县建设并不反对投入，相反，它要动员自身的竞争活力去争取尽可能多的有效投入。但却不依赖投入，强调系统的应变能力和多样性，外部环境变动的情况下仍能健康地发展，能有多重的发展机会和有效的替代资源。[①]

---

① 王如松：《生态县的科学内涵及其指标体系》，载《生态学报》1999 年第 6 期，第 182～183 页。

生态县（市）是县级规模生态示范区建设发展的最终目标。生态示范区是以生态学和生态经济学原理为指导，以协调经济、社会发展和环境保护为主要对象，统一规划，综合建设，生态良性循环，社会经济全面、健康、持续发展的一定行政区域。生态示范区是一个相对独立，对外开放的社会、经济、自然的复合生态系统。生态示范区建设可以乡、县和市域为基本单位组织实施，当前重点可放在以县为单位组织实施上。[①]生态示范区建设是在一个市、县区域内，由政府牵头组织，以社会—经济—自然复合生态系统为对象，以区域可持续发展为最终目标的一种工作组织方式。生态示范区建设是实施可持续发展战略的最基本的经济社会形式，是可持续发展思想的集中体现，也是落实基本国策的重要保证。

6.4.3.2 生态县建设的基本原则

（1）因地制宜的原则。生态示范区建设应从当地的实际情况出发，以当地的生态环境和自然资源条件、社会经济和科技文化发展水平为基础，科学合理地组织建设。

（2）资源永续利用原则。提倡资源的合理开发利用，积极开展资源的综合利用和循环利用，能源的高效利用，实现废物的最小化；可更新资源和开发利用与保护增殖相并重，实现自然资源的开发利用与生态环境的保护和改善相协调。

（3）环境效益、经济效益、社会效益相统一原则。生态示范区建设应与农村脱贫致富、地区经济发展结合起来，与当地的社会发展、城乡建设结合起来。

（4）政府宏观指导与社会共同参与相结合原则。生态示范区建设作为一项政府行为，强调政府对生态示范区建设的宏观管理和扶持作用。同时，应充分调动社会力量共同参与。

（5）统一规划、突出重点、分步实施原则。生态示范区建设规划应当是生态环境建设与社会经济发展相结合的统一规划，应体现出生态系统与社会经济系统的有机联系。同时，规划应明确近期、中期、远期目标，并将建设任务加以分解落实，分阶段、分部门组织实施，突出阶段、部门的建设重点，组成重点建设项目。

6.4.3.3 生态县建设的战略目标和战略路径

（1）生态县建设的战略目标。生态示范区建设的目的是按照可持续发展的要求和生态经济学原理，调整区域内经济发展与自然环境的关系，努力建立起人与自然

① 《安徽投入逾 500 亿元建设巢湖生态示范区》，网易新闻，2012-11-04，http://news.163.com/12/1104/16/8FFRLN3R00014JB5.html。

和谐相处的社会，促进经济、社会和自然环境的可持续发展。通过生态示范区建设，树立一批区域生态建设与社会经济发展相协调的典型。环境保护部分7个批次颁布了528个国家级生态示范区名单。设计了各具特色的试点模式：生态农业型的生态示范区、农工商一体化的生态示范区、生态旅游型的生态示范区、乡镇工业型的生态示范区、城市化的生态示范区、生态破坏恢复型的生态示范区。之后，通过在全国广大地区的推广普及，使生态环境质量和人民生活水平得到较大程度的改善，逐步实现资源的永续利用和社会经济的可持续发展。

（2）生态县建设的战略路径。随着“生态立县”建设目标的提出，中国对县域生态文明建设研究和实践日益重视。余维海（2011）认为，生态县的建设是解决生态危机的重要手段，增强了中国模式的影响力，成为彰显中国社会主义优越性的历史机遇；柯福艳等（2011）在对生态立县背景下县域建设进行探索，提出了针对山区县跨越式新农村建设的发展路径；陈志琴（2011）对推进“生态立县”的策略进行研究后认为，生态县的建设就是利用生态农业、工业和旅游业的经济发展模式将人类活动的各个环节纳入生态生产的过程。

根据学者们的研究和实践探索，生态县建设的关键在于：①要发展以科技含量高、经济效益好、资源消耗低、环境污染少为特征的生态经济，从而实现经济增长方式的根本转变，提高县域经济竞争力；②要加强环境污染防治和生态治理；③要注重城乡统筹发展，用生态文明理念指导城镇化发展，以生态为立县之基，发展之路。

由此可知，生态县建设既要符合区域长远的发展要求，又要结合各地自身阶段的实际情况。生态县建设的路径设计应该考虑：①围绕生态抓发展。生态县建设的目标，不是简单地达到一种“返璞归真”的自然状态，而是解决与环境良性互动下量的扩张和质的提升。简而言之，就是生态要发展，环境要改善，这是生态县建设的战略之举。按照生态功能区划、自然资源禀赋来调整优化生产力布局，进一步明确产业定位，建设生态型工业园区，引导产业聚集。②抓好生态促发展。生态县建设的目的，主要是转变经济发展模式，实现从“牺牲环境换发展”向“保护环境促发展”的转变。不断增强“抓好生态促发展”的责任意识。制定完善的生态发展规划，对不符合生态县建设总体规划要求的事项一律不能审批。

6.4.4 生态文明建设开创中国绿色经济发展的新航程

党的十八大报告提出了“五位一体”的总体布局，强调要不断开拓生产发展、生活富裕、生态良好的文明发展道路，明确了全面建成小康社会的目标，更提出建设“美丽中国”的崭新概念，令人耳目一新。“美丽中国”是党中央高瞻远瞩，先天下之忧而忧，面向全党全国发出的新世纪总动员。走向生态文明的新时代，建设美丽中国，努力推进中国绿色经济发展。

坚定尊重自然、顺应自然、保护自然的信念。只有坚信尊重自然的发展道路才是有前途的发展道路。人类与自然是平等的，人类不是自然的奴隶，人类也不是自然的主宰者。在开发自然、利用自然中，人类不能凌驾于自然之上，人类的行为方式应该符合自然规律，在快速经济发展中积极反思和调整人类自身行为。只有尊重自然，才能得到自然的尊重。

不断探索经济绿色发展之路，加快构建绿色化的经济结构、产业结构和能源结构，发展绿色生产力，才能真正形成绿色经济发展模式。努力走上一条既要经济发展，更要生态发展的康庄大道，这是我们在生态建设和经济建设关系处理上坚守的底线。

完善的生态文明制度和法律体系是形成绿色经济发展模式的制度和法治保障。只有不断进行制度创新和公众参与，才能促进绿色经济发展。实践证明，一个国家经济的增长、生态的平衡、社会的发展，其本质就是制度的合理性和创造力。大力推进生态文明建设和发展绿色经济的制度化、法治化，构建生态文明的绿色制度框架和绿色法律体系，用制度和法律创造绿色经济发展的美好未来。

第 7 章 构建绿色经济发展模式的对策建议

基于资源环境、劳动力、技术、制度的约束，绿色经济发展需要绿色创新驱动。为此，必须加快构建驱动绿色经济发展的科技创新机制，加快构建绿色经济发展的政策支撑体系，加快形成有利于绿色经济发展的制度机制。

7.1 构建绿色经济发展模式面临的主要问题

虽然我国在建立制度保障绿色经济发展方面取得了明显的成绩，但也面临着许多挑战。比如，在全球气候变化、全球多种危机背景下，资源环境约束不断加大、劳动力资源供给约束不断强化、绿色技术落后等，严重阻碍了绿色经济发展。

7.1.1 资源环境约束加大和劳动力资源供给约束强化使中国绿色经济发展难有起色

随着经济增长的阶段性变化，支撑我国过去 30 多年经济高速增长的劳动力、土地、矿产资源等生产要素供求关系发生变化，要素价格持续上升，原有的低成本竞争优势开始减弱，继续依靠大规模增加投入支撑绿色经济发展已经越来越困难。

7.1.1.1 资源环境的约束持续加大

（1）资源供需矛盾突出。受客观条件和社会经济因素制约，我国资源的供需形势较为严峻。我国森林资源总量不足，人均占有量少，并且国内对林产品的需求不断增加，造成木材进口增长迅速，供给压力上升。我国土地资源的供需也存在着矛盾。一方面，未来二三十年中国经济社会平稳较快发展，对土地矿产资源的需求刚性上升，国土资源供需矛盾日益突出，当前城市与农村争地、工业与农业争地、燃料与粮食争地、住房与庄稼争地现象非常突出。矿产资源消费快于生产、生产快于勘探，国内供需失衡，对外依存度不断攀升；另一方面，中国现有土地、矿产资源的开发利用还存在着严重粗放浪费现象，违规违法行为未能有效遏制。①未来中国矿产资源供需矛盾最为突出。根据大量的数据显示，中国过去 10 年，能源消费量增长 118%，粗钢消费量增长 300%，铜消费量增长 394%，钾盐消费量增长 50%，矿产资源消费量之大、增速之快，是历史上任何国家所不曾有过的。国内产能难以满足如此之高的矿产需求，对外依存度不断攀升，矿产资源安全遇到前所未有的挑战。目前中国正处于快速工业化阶段，如果按照 2010—2015 年我国 GDP 年均增速为 7.5%，2015 年为 6%来计算，未来中国矿产资源供需矛盾最为突出，短缺矿种范围将进一步扩大。②

（2）资源分布不均衡阻碍社会经济发展。我国各类土地资源不仅比例构成不合理，而且分布不均衡。优质耕地较少且主要分布在用地需求增长较快的经济发达地区，使得耕地丧失问题更严重。建设用地占用耕地影响农业生产。我国的水资源时空分布不均，总体来看，时间上，夏秋多，冬春少；空间上，南方多，北方少。水资源丰富的省份主要集中在西藏、四川、江西、湖南、广东、广西等南方地区，而在北方地区，尤其在宁夏、甘肃、陕西等西北地区，以及河南、山东、山西、河北等中部地区，水资源量极为匮乏。我国矿产资源在地理上分布极不均匀，煤炭产销地分离，导致了中国煤炭的北煤南运、西煤东运。中国煤炭输出源地有：山西、内蒙古、陕西、贵州等省份，煤炭交汇中心有：河南、安徽、河北等省份，煤炭汇流中心有：山东、江苏、浙江等。矿产资源消耗量较大的东部发达地区矿产资源相对贫乏，矿产资源生产与消费在空间上错位。从现实中来看，资源分布的不均衡已经成为阻碍我国社会经济发展的突出因素。

---

①《国土资源部部长：中国国土资源管理面临双重压力》，中国新闻网，2009-11-21，http://www.chinanews.com/cj/cj-gncj/news/2009/11-21/1976830.shtml。

② 孟宪来：《未来 5 年到 10 年我国矿产资源供需矛盾最突出》，网易财经，2010-12-30，http://money.163.com/10/1230/11/6P58J5KP00252G50.html。

（3）资源不合理利用导致生态环境恶化。近年来，内蒙古草原生态环境严重恶化，根本原因不是自然因素，更不是牲畜和牧民造成的超载过牧，而是“定牧”、乱采滥挖矿产资源、牧区经济政策失误等人为因素造成的。据研究，全国荒漠化土地面积2.6亿 hm^2，其中80%发生在牧区，占牧区草原面积的70%，而且呈加速退化趋势。目前，内蒙古牧区90%以上的草原出现“三化”，草原生产力普遍下降一半以上，其中1/3以上的荒漠草原草场基本丧失经济功能和生态功能。这一严重局面直接危及中国北方和有关邻国的生态安全。①西南地区的森林资源被大量砍伐，转而种植橡胶和其他林种，致使森林生态系统涵养水源、保持水土等生态功能受到严重损害，西南地区的森林生态系统作为维持长江中上游生态屏障的功能受到破坏。在中国城镇化过程中，大量农田和天然湿地被改造为水泥地面，大规模的填河、填湖、填海造地，用于修建高速公路、高速铁路、城市扩张和建工业园区，原有的局域生态被破坏，导致生态环境恶化，影响了人们的生存安全。②

（4）资源利用效率低下。我国的水资源利用效率低。目前，中国只有约40%的工业用水被循环使用，循环使用率仅为欧洲的一半。其余的都被排到河流和湖泊。华北平原超过一半的地下水不能用于工业，七成不适于燃料接触。③我国的土地利用方式粗放，利用效率低。建设用地主要靠外延扩展，盲目扩大，实际利用效率低；农业用地中，中低产田的面积占耕地总面积的78.8%，高产田只占21.2%；林地的利用也不充分，林地生产效率较低。中国煤层气开发利用率严重偏低。到2015年末，煤层气产量为300亿 m^3，其中地面抽采160亿 m^3，井下抽采140亿 m^3。据统计数据显示，2014年，我国煤层气抽采量仅达到170亿 m^3。其中井下瓦斯抽采量133亿 m^3、利用量45亿 m^3；地面煤层气产量37亿 m^3、利用量32亿 m^3，离国家预定目标的实现还相距甚远。④

7.1.1.2 劳动力资源供给约束强化，劳动力成本上升

过去20年来，中国从农业经济跻身于世界工业大国之列，成为钢铁、水泥、

---

①《内蒙古草原生态环境缘何严重恶化》，财新网，2011-08-30，http：//magazine.caixin.com/2011-08-30/100296318.html。

② 中国科学院可持续发展战略研究组：《2013中国可持续发展战略报告》，北京：科学出版社，2013年版，第65页。

③《〈经济学家〉：中国亟须提高水资源利用率》，参考消息网，2013-10-12，china.cankaoxiaoxi.com/2013/1012/284783.shtml。

④《中国煤层气开发利用效率偏低》，中国煤炭资源网，2015-05-29，http：//www.sxcoal.com/coal/4148993/articlenew.html。

冰箱和电视等产品的全球最大制造商，我们在国外看到的全都是“made in China”“中国制造”，有“世界工厂”之称。由于受金融危机影响，劳动力价格上涨已经是大势所趋。有经济专家指出，由于中国劳动力成本的迅速上升，中国制造业尤其是劳动密集型的轻工业正在逐渐失去优势，中国已经成为发展中国家里工资最高的国家，这些年再去国外，看到的很多东西已经是“made in 周边邻国”。据美国国会研究服务机构统计，2000—2013 年，中国工资平均每年增长 11.4%。21 世纪初，中国工人的工资只有墨西哥工人的 30.2%，而 2013 年，中国工人的月工资已经比墨西哥工人高出 50.5%，比越南工人高出 168%。①

据《经济参考报》报道，中国美国商会近期公布的《中国商务环境调查报告》显示，7 年前中国是绝大多数会员企业的首选投资地，但目前已经下降到了 20%。中国欧盟商会发布的调查结果也显示，2/3 的大企业在华经营越来越困难，一半受访企业认为在中国的“黄金时代”已经结束。不过，业内专家却认为，目前中国经济基本面较好，综合配套能力较强，短时期内不会出现外资大规模“退潮”。②

在中国经济保持持续、高速发展的同时，阻碍发展的因素也在积累。从劳动力资源供给约束强化，劳动力成本上升，人口年龄结构变化和人口红利逐渐减少等因素出发，潜在经济增长率放缓是无可争辩的。当前，绿色经济发展正在全球兴起，发展绿色产业、创新绿色科技、生产绿色产品、开发绿色能源、倡导绿色消费，不仅有助于减缓经济发展与资源环境的矛盾，而且有利于经济的持续增长。产业结构的“绿色化”不仅不是增长的负担，反而是增长的引擎，是实现可持续发展的有效途径。

中国目前仍属于中等收入国家，劳动力成本飙升，这也是现在我们面临的一个特别重大的挑战。原来我们发展经济时说，我们有我们的优势，因为我们劳动成本低。可中国在这 10 年中间，劳动力成本上升了 4 倍，美国才上升了 27%。有一些统计数据表明我们这样一个差距，在 2005 年左右的时候，中国的劳动力成本、工资水平跟菲律宾、泰国差不多，可能比印度尼西亚、越南高出 1 000 美元左右，但是到了 2012 年左右的时候，我们的劳动力成本比菲律宾、泰国这些国家高出 2 000

---

① 《劳动力成本上升 中国将不再是世界工厂？》，参考消息网，2014-08-23，http：//finance.cankaoxiaoxi.com/2014/0823/471118.shtml。

②《“中国制造”变“印尼制造”折射中国劳动力成本上升》，中国经济网，2014-10-20，http：//cen.ce.cn/more/201410/20/t20141020_3737537.shtml。

多美元，比越南和印度尼西亚高出 2～3 倍，比柬埔寨高出了 5～6 倍，所以在这种情况下，我们劳动力成本飙升，但是我们同时要发展，又面临着许多现在中等收入国家面临的问题，比如经济停滞或者回落、金融体系的脆弱、就业困难、贫富分化、公共基础设施的匮乏，还有腐败多发、民主乱象等。中国现在提出来人均 7 000 美元，正处在中等收入这个瓶颈，我们说我们要跨越这个瓶颈，就要发展经济，在政治、社会各方面都要有一个全面的提升，这个时候，在我们劳动力成本急剧上升的情况下，又要提出保护环境、绿色经济发展这样一些重大的课题，怎么去应对，的确是一个非常艰巨的任务。[①]

7.1.2 绿色技术落后，研发力量薄弱，不利于绿色经济发展

"绿色技术"是遵循生态原理和生态经济规律，节约资源和能源，避免、消除或减轻生态环境污染和破坏，生态负效应最小的"无公害化"或"少公害化"的技术、工艺和产品的总称。[②]绿色技术不是一个单一的技术，而是一个技术群。并不是说绿色技术就能解决绿色转型发展中一切问题。单凭绿色技术不能创造出一种绿色经济。

随着我国经济发展、人口增长对自然资源需求增大与当前资源相对短缺之间的矛盾逐渐突出，我国开始改变传统发展战略，重塑绿色发展战略，大力提倡绿色技术创新，使绿色技术成为实现经济与环境和谐、统一的智力支持。目前，我国绿色技术创新中遇到了一些障碍，导致绿色技术落后，从而阻碍了绿色经济发展的进程。

7.1.2.1 落后的绿色技术阻碍了绿色经济发展

公众的环保意识普遍还较低。绿色技术的创新者、消费者对环境意识的认识和所持的态度，直接影响到绿色技术能否得到推广，绿色技术市场需求能否得到拉动。市场拉动绿色技术创新主要表现在，社会对绿色生活和消费模式的倡导和鼓励。比如，在技术和经济层面被认为属于绿色创新的核能和相关技术，由于公众的疑虑和反对，不可能形成技术市场。我国企业尤其是中小企业的决策者非常缺乏环境保护知识，不了解企业在生产过程中产生的废弃物以及不当的原材料选择会给环境造成怎样的危害以及如何正确处理废弃物。同时，由于消费者的环保意识薄弱，宁可选

---

① 孙祁祥：《中国绿色发展风险与应对》，和讯保险网，2015-04-24，http：//insurance.hexun.com/2015-04-24/175282465.html。

② 彭攀、丁丹：《略论绿色技术创新》，载《学术交流》2005 年第 12 期，第 100 页。

择便宜的不符合环保标准的产品，影响了企业绿色技术创新的积极性。

大多数企业缺乏对绿色技术创新的扶持。不管是清洁技术创新还是绿色产品开发，技术投资和运行费用都极其昂贵。由于绿色技术的高风险性和低回报率，绿色技术创新在资金筹集上会遇到很大困难，这就需要各方面资金的大力支持。资金短缺是发展中国家面临的普遍问题。

有的企业对绿色技术理解还不是很深入，缺乏绿色技术创新的动力。由于绿色技术是一种与生态环境系统相协调的新型的现代技术系统，开发的周期比较长、费用昂贵，我国大部分中小企业没有能力进行基础研究和绿色技术成果转化，导致企业缺乏绿色技术创新的动力。

7.1.2.2 滞后的绿色创新制度不利于绿色经济发展

绿色创新资源分散，没有形成协同创新机制。我国绿色技术创新的投入和管理部门分散在科学技术部、环境保护部、国家发展和改革委员会、工业和信息化部、国土资源部、财政部、国家自然科学基金委员会等部门。不同部门投入的创新资源零零散散地分布于大型企业、高校和科研院所，存在交叉重复、统筹协调困难、资源使用效率不高等问题，没有形成系统的、有效率的绿色技术创新协同机制。

缺乏保护绿色技术创新的产权制度。明晰的产权使企业真正成为绿色技术创新的决策者、投资者、风险承担者，同时也是利益的获得者，让企业成为绿色技术创新的主体，提高企业绿色技术创新的动力以及扩散力。目前世界上大多数绿色低碳核心技术的知识产权都掌握在欧美等发达国家手中，从而轻而易举地占据了全球绿色低碳经济市场的制高点。我国不仅需要花费巨资，购买大量的欧美国家的绿色低碳技术装备，而且技术遭到了知识产权壁垒和绿色壁垒，需要为一些节能减排技术和低碳技术支付巨额的专利费，这不仅制约了我国绿色产业和绿色经济发展，而且还因缺乏知识产权使绿色技术创新主体的权益得不到保障，影响企业绿色技术创新的积极性。

缺乏绿色技术验证制度。环境技术验证制度通过对具有商业化潜力、创新的环境技术进行第三方科学、公正的测试和评价，获取环境技术的性能数据和技术特征，编制技术验证报告，供技术的潜在购买者在进行决策时参考。经过认证的技术在项目立项、融资、扩大市场方面更容易得到认可，能够有效推动绿色新技术的市场化。目前，我国还没有建立环境技术验证制度，对绿色技术的验证和评价主要是通过召开专家评审会或函审的形式进行，且以定性评价为主，评价结果的客观性和公正性受到影响。[①]

7.1.3 我国的政策和体制机制惯性不利于经济发展方式的转变

尽管我国加快转变经济发展方式已经取得一些成绩，但必须清楚地认识到，我国还没有从根本上完成经济发展方式的转变，制约经济发展方式转变的深层次矛盾和问题还没有得到根本解决，发展观念还需要进一步转变，体制改革还需要进一步深化。

7.1.3.1 现有的财税体制下，各级政府的财权与事权不匹配

现行财税体制是在 1994 年分税制改革的基础上逐步形成的，对实现政府财力增强和经济快速发展的双赢目标发挥了重要作用。但随着形势发展变化，现行财税体制存在一些不适应、不完善之处。目前，各级政府之间资源与生态环境保护方面的事权划分主要依据法律法规和政府部门“三定”方案[②]，但中央事权、中央和地方共同事权和地方事权并没有清楚的界定和划分。地方政府对所辖区域环境质量负责的法律规定同地方环境保护的事权和支出责任不匹配，存在着严重的事权和财权不对称及“越位”和“错位”问题。生态环境保护主要责任在地方政府，要在财政收入和财政支出方面坚持一致性原则。虽然近年来中央政府通过提供一般性转移支付和专项转移支付，提高了地方环境治理能力，但多数地方尚难有同法律规定相应的财力。

例如，生态补偿机制问题，我国采取纵向转移支付制度设计中，财力向上集中再分配的过程，很难体现出由于这种生态补偿的空间差异性而产生的生态产品和服务的空间溢出效应。也很难真正体现生态产品和服务的收益补偿关系。在国家财政转移支付数额的影响因素中也尚未体现这种空间溢出的生态收益和成本。使得地方政府在提供生态保护方面的积极性不高，地方政府之间在区域生态保护方面合作的力度不够，成为我国生态环境保护中一个较为严重的问题。“一刀切”的补偿标准经常会造成省际间“补偿不足”和“补偿过高”，从而导致生态补偿机制失效。

---

① 中国科学院可持续发展战略研究组：《2013 中国可持续发展战略报告》，北京：科学出版社，2013 年版，第 182 页。

② “三定”方案，即定机构、定编制、定职能。

7.1.3.2 资源性产品价格机制尚不完善，重要原材料价格不能完全反映资源稀缺程度和环境成本

目前，我国资源性产品（石油、天然气、水、土地、电力、煤炭）价格大多数由政府控制，整体价格偏低，没有真实地反映市场的供求。这不但难以对地方政府和企业起到节约使用资源的激励与约束作用，反而由此产生了大量的资源浪费和环境污染问题。存在的主要问题表现在：①

（1）产品定价总体偏低。资源价格低，难以遏制资源过度占用和生态环境破坏。我国大多数资源人均占有量远低于世界平均水平，其价格却低于国际一般水平，未能反映出我国资源的稀缺性，不利于进一步促进市场整合消费者，提高资源利用效率。由于国家尚未建立健全资源开发生态环境损害的补偿制度，导致资源性产品生产成本核算体系不健全，主要反映为将开发和生产资源所直接消耗的人、财、物等内部成本计入了成本，而未将生态环境损害补偿等外部成本纳入核算范围，后者最终将由社会承担。

（2）比价关系尚未理顺。资源价格扭曲、环境成本没有内部化等，使得企业缺乏高效利用资源能源和保护环境的积极性。目前，我国天然气出厂价格与可替代能源价格相比偏低，各地纷纷进行煤改气、油改气、争上以天然气为原料的加工项目，导致部分地区天然气供求矛盾突出。再加上我国资源性产品的国际依存度较高，这些都严重影响经济发展方式的转变。

（3）一些资源性产品难以形成市场价格机制。这主要是由于资源行业的特殊性和历史原因，资源性产品价格管理一直以国企垄断为基础。石油、电、水、气等资源性产品几乎仍由国有企业垄断。这种垄断基本属于行政性垄断，如果不破除国内能源资源企业的垄断地位，将难以在能源资源领域引入有效竞争。资源与生态环境流域产权制度不健全，对公共性、公益性资源资产使用和保护的监管不够严格，对完全可以纳入市场交易的商业性资源资产尚未完全按照市场规则运营管理。环境损害成本的合理负担机制尚未形成，现有经济制度、政策之间协调不够、配套措施不足、技术保障不力。

---

① 崔军：《健全资源性产品价格形成机制》，2013 年 9 月 21 日《光明日报》。

7.1.3.3 目前的政绩考核体制仍是以国内生产总值增长为主，弱化了地方政府转变经济发展方式的自觉性和紧迫感

当前党政干部考核机制仍然存在着偏重经济增长指标、鼓励各级地方政府追求经济增长、追求 GDP 增长的现象，导致政府过度追求经济增长速度，主要上高增加值项目，以不当方式干预市场，以低价供地、减免税收、放低环保要求等方式招商引资，形成所谓的经济和政治体制机制性问题。当前的政绩考核机制并没有解决“GDP 指挥棒”问题，资源消耗、环境损害和生态效应尚未纳入经济社会发展评价和党政机关的政绩考核体系，绿色发展绩效评估机制和环境保护责任追究制度尚未形成。这些问题带来的直接后果是经济发展方式转型缓慢，水、土地、能源和各种矿产资源消耗量较快增长，“边治理、边污染”和“边保护、边破坏”的现象广泛存在，特别是污染物种类和排放量不断增加，覆盖的地域、流域不断扩展，各地区面临的环境风险显著增大，地区性和全国性的生态环境安全问题凸显。

7.2 构建驱动绿色经济发展的科技创新机制

绿色经济发展模式是对传统经济发展模式的变革或创新，这种创新涉及技术、制度、文化等多个维度。尽管如此，绿色技术创新在驱动绿色经济发展中具有先导性作用，绿色技术创新是绿色经济发展的关键。

7.2.1 绿色经济发展依靠绿色科技创新

7.2.1.1 坚定不移贯彻创新驱动发展战略

党的十八大报告明确提出要实施创新驱动发展战略，强调科技创新是提高社会生产力和综合国力的战略支撑，必须摆在国家发展全局的核心位置。党的十八届三中全会通过的《中共中央关于全面深化改革若干重大问题的决定》（以下简称《决定》）指出要深化科技体制改革，并指出了国家实施创新驱动发展战略的制度安排。“创新驱动发展战略”为我国转变经济发展方式、实现绿色经济发展提供了战略支撑。绿色经济发展必须依靠绿色创新。

绿色创新是一种系统性创新，其内涵不仅包括绿色技术创新，还包括生产工艺、产品、服务、商业模式，以及相关的制度和政策创新。绿色技术创新是在经济和环

境协调发展基础上的创新活动，它与普通的技术创新相比负载着更高的生态和经济的价值追求。绿色技术创新包括绿色工艺技术创新、绿色设备技术创新和绿色产品创新。绿色工艺技术创新是绿色技术创新的关键所在，绿色设备技术创新是绿色技术创新的重要环节，绿色产品创新是绿色技术创新的最终体现。①

2014 年 1 月 10 日，李克强总理在国家科学技术奖励大会上的讲话中指出："必须依靠科技创新，才能有力推动产业向价值链中高端跃进，提升经济的整体质量；才能更多培育面向全球的竞争新优势，使我国发展的空间更加广阔；才能有效克服资源环境制约，增强发展的可持续性。我国已经到了必须更多依靠科技创新引领、支撑经济发展和社会进步的新阶段。"②2014 年习近平总书记在两院院士大会上强调，"我国科技发展的方向就是创新、创新、再创新。实施创新驱动发展战略，最根本的是要增强自主创新能力，最紧迫的是要破除体制机制障碍，最大限度激发科技作为第一生产力所蕴含的巨大潜能。"③因此，我们必须要坚定不移地走中国特色自主创新道路，坚持自主创新引领未来的方针，加快创新型国家建设步伐。

当前阻碍着中国自主创新事业发展的困境是：企业家和企业创新能力的提升幅度还远远不够，缺乏各种类型的创新型人才，技术创新驱动经济发展的作用仍显不足，创新资源分散、创新效率不高等。从目前我国企业的总体情况来看，普遍存在着创新动力不足、创新能力不强，特别是制度创新水平和能力较低。为此，中国从创新大国走向创新强国的关键在于提升创新战略、培育创新能力、培养创新人才以及整合创新资源。

7.2.1.2 绿色经济发展新动力——草根创新与大众创新

李克强总理在第八届夏季达沃斯论坛开幕式上的讲话强调："要借改革创新的'东风'，推动中国经济科学发展，在 960 万平方公里土地上掀起'大众创新'、'草根创业'的新浪潮，形成'万众创新'、'人人创新'的新态势"。④此后，他在首届世界互联网大会、国务院常务会议和各种场合中频频阐释这一关键词。每到一地考

① 刘思华：《企业经济可持续发展论》，北京：中国环境科学出版社，2002 年版，第 174～175 页。

② 《李克强在国家科学技术奖励大会上的讲话》，新华网，2014-01-10，http：//news.xinhuanet.com/politics/2014-01/10/c_118916327.htm。

③ 《习近平在中国科学院第十七次院士大会、中国工程院第十二次院士大会上的讲话》，中央政府门户网，2014-06-09，http://www.gov.cn/xinwen/2014-06/09/content_2697437.htm。

④ 李克强：《中国永远做开放、学习、包容、创新大国》，中国政府网，2014-09-11，http://www.gov.cn/guowuyuan/2014-09/11/content_2748957.htm。

察，他几乎都要与当地年轻的“创客”[①]会面。他希望激发民族的创业精神和创新基因。

推进大众创业、万众创新，是发展的动力之源，也是富民之道、公平之计、强国之策，是激发全社会创新潜能和创业活动的有效途径。中国经济增长的潜力远没有发挥出来，绿色经济发展可以成为经济增长的新动力，但必须要依靠绿色科技创新。绿色科技创新是破解我国严峻资源环境危机的必然要求，能够为绿色经济发展提供新的经济增长动力。绿色科技创新在注重经济增长的同时，还关注节约资源和保护生态环境，关注社会进步和人的生存与发展。

万众创新、大众创新是新时期科技创新的新模式。由于积极地融入互联网经济，因此中国在知识和技术的扩散和共享能力方面取得了巨大进步。伴随着信息和通信技术的日新月异，知识流动的物理瓶颈和社会边界被打破，创新不再是高知识积累群体才能完成的工作，而是走进了大众创新的时代。所谓大众创新，相当于我们以往所说的“人民群众的伟大创造”。用网络语言来说，就是草根创新。其特点是：一是大众创新正在从精英转向大众“新四军”成主力。其内容包括：年轻的大学生开始创业；出国留学回来的创业人员；企业的高管和连续创业者；在大学、研究所里从事科技的科研人员创业。这四路军汇合在一起与以前的草根创业已经发生了非常大的变化。[②]关注来自民间、个人等草根组织的创新，特别是让广大人民群众参与创新过程，是提高企业创新效率的关键。二是以生产者为中心的创新模式正在向以用户为中心的创新模式转变，创新正在经历从市场范式向服务范式转变的过程。[③]

中国的小米、海尔等企业的成功实践有力地揭示了大众创新的威力。小米公司以论坛为基础，以舆论领袖或发烧友为核心筛选出的大众创新团队实现了惊人的发展。2014 年小米公司销售小米手机 6 112 万部，较 2013 年增长 227%，销售额达到 743 亿元，较 2013 年增长 135%。[④]依靠大众创新小米公司已成为中国乃至全球成

---

① “创客”是指出于兴趣与爱好，努力把各种创意转变为现实的人。目前所说的中国创客不仅包含了“硬件再发明”的科技达人，也包括软件开发者和艺术家、设计家等诸多领域的优秀代表。

② 科技部：《创业主体从精英到大众　形成创业“新四军”》，中国新闻网，2015-07-09，http：//www.chinanews.com/cj/2015/07-09/7394646.shtml。

③ 宋刚、张楠：《创新 2.0：知识社会环境下的创新民主化》，载《中国软科学》2009 年第 10 期，第 61 页。

④《小米手机2014年销售6 122万台　销售额达743亿元》，中国网，2015-01-04，http://tech.china.com.cn/news/20150104/162850.shtml。

长最迅猛的企业。除了小米公司外，海尔集团是目前中国实施大众创新模式最为彻底和全面的企业。海尔集团于 2009 年成立了海尔开放式创新中心，致力于全球研发资源整合、颠覆传统的研发模式，以开放式创新的方式为集团提供即需即供的资源支持、支撑海尔产品的第一竞争力、提升海尔品牌形象及全球美誉度。海尔让用户、员工、大学师生等参与创意设计、技术开发、让投资者参与新事业的创立和发展，以及随之形成的创客实验平台、创新生态体系，使得这家传统的家电制造业企业实现了创意、创新、创业与创投的高度融合。创新已然成为海尔所有梦想的内在源泉。他们平均每天开发 1.7 个新产品，每天申报 2.7 项新专利。[①]海尔集团依据更为完整的大众创新模式，焕发出强大的技术创新活力和潜力。

中国草根创新、大众创业的潜力巨大，但远远没有发挥出来。究其原因主要在于：①体制因素阻碍中国本土创新发展。比如，金融机构缺乏对创新企业的支持，一些年轻人的创新兴趣和热情不高，更多人热衷于寻找安全稳定的“铁饭碗”，大学生当公务员的热情远高于从事实业的热情。[②]②制度环境阻碍了创业创新的发展。有些地方优惠政策不兑现，如办证手续繁杂；有些地方政策不够公允，如本地企业在批地、贷款、税费等方面的待遇不如外来企业，因此，亟须出台一系列配套措施，将好的政策落实到位，为创业创新营造好的发展环境。

大众创业万众创新，需要政府“扶上马、送一程”。一方面要转变政府职能角色，变“管理型”为“服务型”，为市场竞争提供一个良好的机制和体制，使“草根”创新蔚然成风、遍地开花。另一方面，政府要实施积极的创新人才引进政策，特别要引进具有国际视野和能力的领军人才，发挥其在创业创新中的重要作用。①通过简政放权转变职能，把该放的放到位，把该管的管到位，用政府权力的减法换取市场活力的乘法。②通过搭建平台，做好服务，营造良好的创业创新生态环境，要建立创业政策的集中发布平台，完善专业化、网络化的服务体系，加强中小企业公共服务平台的建设，为创业失败者再创业建立必要的指导和援助机制。同时，还要加强创业服务体系的建设。③要通过开放资源、创造机会，为创业创新发展提供保障。要推动政府掌握的大量数据资源的开放，为创业者提供数据资源。同时，还要建立重大科技基础设施、大型科技仪器和专利信息向社会开放的长效机制。为创

① 《海尔集团：锐意创新铸就世界品牌》，中国网，2012-11-09，http：//news.china.com.cn/txt/2012-11/09/content_27063461_2.htm。

② 卢现祥：《草根创新、大众创新是经济新动力》，2015 年 2 月 9 日《湖北日报》。

业者提供更多的便利条件。[①]

7.2.2 绿色科技创新需要制度保障

尽管中国企业的科技创新已经取得了一定的成效，但企业绿色科技创新的实施还存在着思想观念、体制政策等方面的障碍。如果缺乏制度保障和配套的政策支撑，企业往往缺乏绿色创新的积极性，国家绿色创新能力难以提升。因此，只有建立促进绿色创新的保障制度和配套的政策体系，破除制约绿色创新的各类障碍，健全绿色创新的市场导向机制，激发企业绿色创新活力，才能有效提升我国的绿色创新能力。

7.2.2.1 建立健全有效的绿色科技体制

有效的科技体制是以企业为主体、市场为导向、产学研结合。这其中最重要的是以企业为主体。目前我国科技人、财、物大量集中在研究机构和大学，而作为科技体制的主体——企业创新动力和创新能力不足。为什么我国以企业为主体的科技体制难以形成？①思想观念存在问题。大多数人认为，科技创新是研究人员和科学家的事，企业在理念上还难以把创新放在突出的地位。尽管近年来企业开始重视创新，但与发达国家的企业相比，还有很多的差距。②企业自身的技术创新能力很弱，三分之二以上的大中型企业没有建立技术开发机构。③体制政策方面存在一定局限。有利于企业自主创新的技术进步机制尚未形成、企业缺少不断创新的动力和压力，科技人员开发创新的积极性还没有充分发挥出来。④有利于企业创新的外部环境不理想。如知识产权的保护还不完善、创新融资难、创新的协同环境差等。[②]

“中国经济每一回破茧成蝶，靠的都是创新。创新不单是技术创新，更包括体制机制创新、管理创新、模式创新。”李克强总理说，“中国 30 多年来改革开放本身就是规模宏大的创新行动，今后创新发展的巨大潜能仍然蕴藏在体制改革之中。”[③]因此，我们必须加快科技体制改革。

（1）注重发挥政府的公共服务职能。政府要通过深化改革、转变职能、加强监

---

① [新华访谈]《发改委：政府应为创新创业清障搭台做好服务》，新华网，2015-07-09。http：//news.xinhuanet.com/talking/2015-07/09/c_1115863474.htm。

② 卢现祥：《投资、机制和体制：创新的核心命题》，2012 年 9 月 10 日《中国科学社会报》。

③ 李克强：《要掀起一个大众创业、草根创业的新浪潮》，新华网，2014-09-10，http：//news.xinhuanet.com/politics/2014-09/10/c_1112429958.htm。

管，加快制定公共政策、搭建公共平台、提供公共服务，营造助推“大众创业、万众创新”的良好生态环境。政府必须加大简政放权力度，给企业松绑，营造宽松的环境。政府必须带头自我革命，要拿出完整的“权力清单”。明确政府应该干什么，“法无授权不可为”，防止公权滥用，减少寻租现象；要给出“负面清单”，让企业明了不该干什么，可以干什么，“法无禁止皆可为”，以形成公开透明、预期稳定的制度安排。

（2）加大知识产权保护力度。实行严格的知识产权保护制度，研究降低侵权行为追究刑事责任门槛，调整损害赔偿标准，探索实施惩罚性赔偿制度；推进知识产权民事、刑事、行政案件的“三审合一”；将侵权行为信息纳入社会信用记录。充分实现专利的市场价值，综合运用财政、税收等政策，大力引导和支持企业、高校和科研院所创造和运用专利等知识产权。完善专利代理等社会服务体系，加快完善专利代理法律制度，营造有利于合法经营、诚实守信、公平有序竞争的法律环境；加强对专利代理等知识产权服务机构的监管、扶持和引导；加强专门人才培养和培育力度；扶持和引导从事专利信息加工、专利战略咨询等社会服务业发展。

（3）加快科技服务业发展。简单来说，科技服务业是围绕创新的全链条来发展的一些新兴业态。其内容主要包括研究开发、技术转移、检验检测、创业孵化、知识产权、科技金融、科学普及等，当然也包括相关业态的综合性的服务业。如何促进科技服务业的发展？按照十八届三中全会的要求，首先要以改革的方式来推动科技服务业的发展，很重要的一方面就是健全市场的机制，有序放开市场准入。其次，强化对于科技服务业发展基础的支撑，积极推进重点实验室、大型科技仪器中心等公共技术平台建设，规范科技服务业的一些标准和分类，以及科技面统计工作等。最后，加大财税支持的力度。通过政府财政适当地加大科技服务业的支持，更多地采取能够让所有科技服务业、企业都能够得到实惠的一些税收的激励措施。①

7.2.2.2 完善绿色科技创新的激励机制

（1）建立政府主导的外部推进和激励机制。政府要理出“责任清单”，政府该怎么管市场，“法定职责必须为”，建立诚信经营、公平竞争的市场环境，激发企业动力，鼓励创新创造。政府应在税收、融资、信贷、政府采购等方面对绿色科技创新实行优惠政策，降低企业进行绿色科技创新的成本。政府应通过计划、市场、立

① 赵玉海：解读《国务院关于加快科技服务业发展的若干意见》，中国政府网，2014-11-18，http://www.gov.cn/wenzheng/wz_zxft_ft59/。

法等手段让企业利用环境资源时付出相应的环境代价。对于污染环境较严重的企业可提高对其排污收费和税收的标准，使其处理污染物的代价提高，增加其生产成本，最终失去高额利润，从而改变生产工艺和产品结构，进行绿色技术创新。政府还可以通过直接购买企业开发的绿色科技产品，以促进企业绿色科技创新的顺利实现。

（2）建立健全绿色科技创新的市场导向机制。科技部副部长曹健林在国新办发布会上指出，“万众创新大众创业是一种经济行为，主要靠市场发挥作用”，并表示推动“大众创业、万众创新”，一方面政府要积极引导、大力支持创新创业，另一方面要为创新创业搭建平台，如提供工作空间、网络空间、交流空间等。[①]首先，建立产权明晰的现代企业制度。明晰的产权使企业真正成为绿色科技创新的决策者、投资者、风险承担者，同时也是利益的获得者，让企业成为绿色技术创新的主体，使绿色创新作为一个内生因素根植于企业绿色经济发展模式之中。其次，积极推进多种形式的产学研联合。完善的生产制度需要协同创新和共享平台。加强产学研联合创新，有利于企业运用市场机制集聚创新资源，降低企业的研发成本，提高产品的质量和效益，提升产业核心竞争力。北京碧水源科技股份有限公司就是“产学研用”联合模式创新的典型案例。2012 年 10 月，碧水源联合浙江大学建立的“浙江大学—碧水源膜与水处理技术研发中心”，通过采用产学研用相结合、联盟优势整合以及国际合作多种创新模式，集聚多方面的创新优势，解决“水脏、水少、水不安全”的水环境问题。最后，形成要素价格倒逼创新机制。运用主要由市场决定要素价格的机制，促使企业从过去依靠过度消耗资源能源、低性能低成本竞争，向依靠创新、实施差别化竞争转变；加快推进资源税改革，逐步将资源税扩展到占用各种自然生态空间，推进环境保护费改税。

7.2.2.3 建立绿色科技创新投融资机制和搭建绿色产业化平台

以体制创新推动科技创新。包括科技成果使用处置和收益管理改革，扩大股权和分红激励政策实施范围；保护知识产权、打击侵权行为。鼓励企业增加创新收入、大力发展众创空间。建立公开、统一的国家科技管理平台。

（1）建立绿色科技创新投融资机制，推动绿色关键技术的研发。广泛吸纳社会力量参与绿色科技的研发，促进形成政府、企业、社会多元化、多渠道的绿色科技投入格局。①加大公共财政的投入，减轻企业开展绿色技术创新的资金压力。采用

---

① 曹健林：《发挥市场作用　推动大众创业万众创新》，2015 年 2 月 9 日《中国高新技术产业导报》。

信贷、税收、补贴等手段，鼓励和吸引企业投资绿色技术和产品的研发和推广。建议在国家科技计划中增加绿色技术创新项目经费比例，可以增设“中国绿色创新计划项目”，用于资助企业、高校、科研院所及创新联盟开展绿色技术研究，并在一些重点前瞻性的研究领域加大资助力度。②增设“绿色技术示范项目”，联合相关部委，开展有可能具有较高的环境和商业潜力，但尚未经过实际检验的绿色技术的示范。比如，万科首个绿色技术示范项目——万科尚玲珑、杭州现代茶园绿色防控技术示范项目、公共机构绿色节能关键技术研究与示范项目、云南楚雄生态优质烟叶生产技术开发与示范研究项目等。③增设“绿色技术产业化项目”，促进具有巨大节能减排和商业化潜力的成熟绿色技术的产业化。比如，“十二五”国家科技支撑计划“轮胎全生命周期绿色制造关键技术与装备研发及产业化”项目，该项目根据轮胎生产和使用方面存在的“三高一低”（高能耗、高排放、高污染、低附加值）问题，以轮胎原材料生产、轮胎制造、旧轮胎翻修为主线，提出一套从工艺、技术、装备到管理的轮胎绿色制造综合优化方案，实现轮胎生产及使用各阶段减少环境影响、降低能量消耗、提高资源利用率。通过该项目的实施，形成了长期稳定的以企业为主体、以高校为基础、以轮胎产业循环经济产业链为目标的产学研合作模式。[①] ④设立“绿色创新专项补助资金”。该专项资金采取基金、“借转补”、财政金融产品和事后奖补等多种投入方式，吸引金融和社会资本跟进，发挥财政资金放大效应。对于开展绿色技术创新并取得经验证的创新成果的企业给予补贴，降低企业进行绿色技术创新的成本。2014 年合肥设立 6 亿元自主创新专项资金，鼓励增加研发投入“购仪器，给补助”最高补 500 万元[②]；东营广饶李鹊镇推广“绿色农药”设立专项资金，用于菜农购买绿色农药补贴，让群众吃上放心菜。

（2）创建绿色技术创新成果产业化平台和市场服务体系。绿色技术创新需要不断完善创新企业的孵化器平台，注重企业研发创新。政府可以整合信息、技术、人才力量为普通企业向绿色企业转型以及企业进行“绿色”投资提供信息咨询、技术服务、人才中介、风险投资等服务，成为绿色科技创新的示范中心和培育基地。推动企业实施信息化改造，着力构建以企业为主体、市场为导向、产学研相结合的技

---

① 《“十二五”国家科技支撑计划“轮胎全生命周期绿色制造关键技术与装备研发及产业化”项目通过验收》，科学技术部，2014-11-05，http：//www.most.gov.cn/kjbgz/201411/t20141104_116495.htm。

② 《合肥设立 6 亿元自主创新专项资金》，中安在线，2014-08-13，http：//ah.anhuinews.com/system/2014/08/13/006514211.shtml。

术创新体系，提升创新驱动绿色经济发展水平。实施技术创新孵化器平台建设推进工程，支持企业建设技术研发平台，推动重点工程实验室和技术中心建设。

截至 2014 年年底，全国科技企业孵化器超过 1 600 家，在孵企业 8 万余家，就业人数超过 175 万人；目前批准建立的国家高新区 115 家，园区注册企业超过 50 万家，仅中关村国家自主创新示范区 2014 年新增科技企业达 1.3 万家；全国创业投资机构 1 000 余家，资本总量超过 3 500 亿元；全年近 30 万项技术成果通过技术市场转移转化，技术合同成交额超过 8 577 亿元；全国互联网用户超过 6.3 亿，固定宽带家庭普及率近 50%。[①]

据有关资料显示，自 2009 年以来，在北京、深圳、武汉、杭州、西安、成都、苏州等创新创业氛围较为活跃的地区涌现出创新工场、车库咖啡、创客空间、天使汇、亚杰商会、联想之星、创业家等近百家新型孵化器。这些新型孵化器各具特色，产生了新模式、新机制、新服务、新文化，集聚融合各种创新创业要素，营造了良好的创新创业氛围，成为科技服务业的一支重要新兴力量。

现代经济是始于创新，但兴于金融。因此，创新和金融也是连在一起的，金融如何切入创新当中，如何进行创新，这也是近几年发展当中非常突出的特色。市场的服务体系越来越完整，而且发展的速度非常之快。

7.2.2.4 完善绿色科技创新和成果转化机制

目前，我国科技成果与市场需求脱节问题比较严重，突出问题表现在：科技规划立法滞后不够配套；符合市场经济要求的科技立项、科研考核评价制度较欠缺；现有制度体制难以激发科研成果转化动力，难以把发明转化为实业、产品及产业；政府对科技成果转化的支持有待改进。

因此，我们必须创新体制机制，促进科技成果转化。①修订完善有关绿色科技成果转化的制度，推动绿色科技成果的转化进入规范化、法律化轨道。通过健全立法可以解决赋予科研院校依法对科研成果享有支配权、处置权和收益权；重构科研成果立项、考核评价制度；落实产权独立；完善专利资助制度等问题。②转变和优化政府及相关部门的职能作用。政府应当作为科技成果转化的战略规划者、方向引领者、科技成果研究与转化的环境缔造者、服务的提供者。政府需要改进科技管理体制和运行机制。改进政府的支持方式，在成果转化的过程中，减少直接给予项目

---

① 曹健林：《发挥市场作用　推动大众创业万众创新》，2015 年 2 月 9 日《中国高新技术产业导报》。

资金的方法，而改为贴息贷款、融资担保、风险投资等支持。强化政府在产学研合作中的服务功能，开辟多样化的投融资渠道等。湖北省科技厅将在全省范围内特别是在各市县，全面实施“科技成果大转化工程”，力争到2017年，组织3 000项高校的先进科技成果在省内企业转化。[①]③处理好研发创新与转化的关系。目前，在科技成果转化方面，企业做得相对好一些，而高校、科研机构还有很大的提升空间。作为政府，要发挥好“有形之手”的作用，千方百计打通科技和经济转化的通道，让一切劳动、知识、技术、管理、资本的活力竞相迸发、成果充分显现，彻底解决科技投入与成果产出不相称的矛盾。因此，在高校、院所建立成果推广机构，探索政府引导、市场化运作的成果推广模式。同时，完善促进科技成果在工业企业和广大农村推广应用的激励机制和服务体系。

7.3 构建绿色经济发展模式的政策支撑体系

在我国绿色发展的现有政策研究基础上，围绕可持续发展战略和绿色经济发展战略的总体目标和要求，构建我国绿色经济发展政策保障体系，以保障绿色经济发展及绿色经济创新与转型。

7.3.1 建立绿色经济发展的制度保障体系

7.3.1.1 制度环境

在市场经济中，充分尊重市场在资源配置中的决定作用，政府不能过多干预市场运行。市场经济的重要特征是利用价格机制配置资源，价格体系能否真正反映出资源的稀缺性，取决于利用资源的社会成本是否包含在价格之中。市场经济的各种资源总是从效率较低的领域流向效率较高的领域，经济活动中导致的负面影响并未纳入市场价格体系。建立绿色经济发展的市场机制，必须把污染导致的损失纳入生产和服务的成本之中，必须利用价格机制来反映资源的稀缺性。也就是要建立反映市场供求关系、反映资源稀缺程度、环境损害成本的价格机制，从而达到利用市场价格机制来控制污染、保护环境。

① 姜晓晓：《让科技创新成为驱动发展的最强引擎——访省科技厅党组书记、副厅长王东风》，载《政策》2015年第7期，第52～55页。

绿色经济发展的市场机制是对资源价格和生产方式的成本与效益关系的调节作用，来实现人与自然的和谐。①随着自然资源的过度利用，自然资源会逐渐变得稀缺，在市场机制的作用下，其价格会不断提高，它会使人们由过去掠夺式利用自然资源转变到对其保护和合理利用的生产方式中来。②由于资源性产品整体价格偏低，没有真实地反映市场供求，由此产生了大量的资源浪费和环境污染问题。在市场机制的作用下，生态环境成本会逐渐反映在社会和企业的生产成本中，使社会和企业的生产成本不断提高，企业的效益不断降低。亦即生态环境被污染和破坏后，为得到一定量符合生产和生活要求的自然资源，就必须付出越来越大的成本。

就绿色经济发展的根本宗旨是增加人类绿色福利而言，通过价格机制创新，使环境污染的外部性内部化，从而为市场提供更多的绿色产品和绿色服务。

7.3.1.2 环境经济政策

环境经济政策主要有两大类。第一类是国家通过经济的利益来进行引导、调控和激励的政策。比如，像新能源、新材料等行业和产品，代表未来的发展方向，对环境保护有利，但开始时成本比较高，国家就通过补贴，促进其发展，以逐渐替代原来的行业和产品。此外，还有减免税费政策、绿色信贷政策等，都是正面激励型的环境经济政策。第二类主要是环境产权制度改革。这类政策更根本。比如，一个流域，有一定的水量，水的功能首先是保障人们的基本生活所需，其次也可以承纳一定的污染物排放，只要排放控制在一定范围内，水体是可以净化这些污染的。现在，这种承纳污染物的空间和能力越来越稀缺，它就成了一种稀缺资源，怎样使它的效益最大化，政府不知道，只有通过产权制度改革，依靠市场才能够知道答案。[①]

因此，发展绿色经济，需要建立以市场机制为基础的经济激励制度。2007年以来，中国环境保护部门与有关部门合作，积极开展环境保护税、绿色信贷、绿色保险、绿色证券、排污权交易、生态补偿、绿色贸易政策等各项环境经济政策的研究。

（1）开征环境保护税。国际上通常把污染环境和破坏生态环境的行为以及在消费过程中会造成环境污染的产品作为环境保护税的课税对象，但是考虑到可行性以及税收征管水平，目前中国适宜将各种废气、废水和固体废物纳入征税范围，对那

① 夏光：《环保，必须突破利益的藩篱》，中国水业网，2015-06-26，http：//www.water8848.com/news/201506/26/32216.html。

些难以分解和再回收利用的材料和各种包装物也可以包括在内。环境保护税主要包括：大气污染税、水污染税、固体废物税、噪声税、垃圾税。国家对开发利用生态环境资源的生产者和消费者，或生态收益的地区、部门（企业）和个人征收生态补偿费或生态税，用于保护、恢复开发利用过程中造成的自然生态环境破坏。

（2）绿色信贷。绿色信贷的概念来源于绿色金融，而绿色金融则来源于绿色文明。绿色信贷是国家利用金融手段参与环境保护和防范信贷风险的主要工具，对企业的环境行为具有引导、控制和防范的功能。为了遏制高耗能高污染产业的盲目扩张，2007 年 7 月 12 日国家环保总局、人民银行、银监会三部门联合提出一项全新的信贷政策《关于落实环境保护政策法规防范信贷风险的意见》(以下简称《意见》)。《意见》规定，“对不符合产业政策和环境违法的企业和项目进行信贷控制，各商业银行要将企业环保守法情况作为审批贷款的必备条件之一”。还规定，“各环保部门要向金融机构通报企业的环境信息”，“金融机构要依据环保通报情况，严格贷款审批、发放和监督管理，对未通过环评审批或者环保设施验收的新建项目，金融机构不得新增任何形式的授信支持”。[①]绿色信贷的本质在于追求处理金融业与可持续发展的关系。由于我国目前尚未建立统一的绿色信贷标准体系，现行绿色信贷政策多停留在方向性的引导上，缺少能融入商业银行信贷操作行为的审核标准和评估细则，结构调整的效力未能有效发挥。绿色信贷属于国家宏观调控的范畴。其基本政策手段包括：强化商业银行的环境法律责任，中国人民银行、银监会、环境保护部等部门对积极实施绿色信贷的银行进行奖励或资源支持，推出限制贷款行业名录，制定有利于环保产业的税收或者补贴政策等。

（3）绿色保险。绿色保险又被称为环境责任保险，是以被保险人因玷污或污染水、土地或空气，依法应承担的赔偿责任作为保险对象的保险。绿色保险通过解决环境纠纷、分散风险、为环境侵权人提供风险监控等为环境保护提供服务。绿色保险的发展依赖于一个健全的法律制度，而这个现行环境经济法律制度还不完善，需要进一步明确责任。如修订《环境保护法》《水污染防治法》《大气污染防治法》等法律，明确水、土壤和大气污染责任对清除污染费用、对第三方损害的经济赔偿责任，以及环境污染责任保险制度的基本内容和要求等。逐步制定有关环境污染责任保险制度的专门行政法规、部门规章，细化有关责任事故认定、损失评估标准、保

① 国家环境保护总局:《关于落实环境保护政策法规防范信贷风险的意见》(环发[2007]108 号)，2007-07-12。

险保障范围、操作流程等具体内容；明确企业投保费用税前列支，减轻企业负担，提高其投保意识的积极性，增强保险制度的可操作性。从目前来看，绿色保险在我国开展范围较小，投保企业不是很多。发展“绿色保险”，推进可持续发展，是一项复杂的系统工程，要求法律政策的支持和保障，需要经营理念和发展方式的转变与创新，需要保险业界的积极努力，以及社会各方面的大力支持。2008 年 2 月 18 日，国家环保总局和中国保监会联合发布《关于环境污染责任保险的指导意见》，正式确立建立环境污染责任保险制度的路线图。有利于实现保险业自身与经济社会的长期可持续发展。

（4）绿色证券。绿色证券是指上市公司在上市融资和再融资过程中，要经由环保部门进行环保审核。它是环境保护部于 2008 年 2 月继绿色信贷、绿色保险之后推出的第三项环境经济政策。绿色证券政策的主要内容是：在绿色信贷和绿色保险对企业间接融资进行环保控制的基础上，构建一个以绿色市场准入制度，绿色增发和配股制度以及环境绩效披露制度为主要内容的绿色证券市场，从资金源头上遏制“高污染、高能耗”企业的无序扩张，建立良好的环境，促进金融市场和环境的双向互动发展。由于我国的环境经济政策都没有一个完善的法律保障体系，银行利益与环保政策不一致，环保部门在信贷审批方面毫无权力，因此，重大环境污染事件仍呈逐年增加的趋势。据环境保护部环境规划院“绿色证券政策研究”课题组承担的《上市公司环境绩效评估报告》披露，在受评的火电、钢铁、化工、造纸、纺织、食品饮料和建材等 7 大重污染行业 161 家上市公司中，仅 10 家优良列入“红名单”，40 家不及格列入“黑名单”，优良率仅有 6%。由此可以看出，我国的上市公司在环境治理方面投入不够，上市公司环境绩效水平的优良度较差。①

（5）排污权交易。排污权交易的基本内容是：政府向企业发放排污许可证，企业则向指定的地点排放特定数量的污染物；而排污许可证及其所代表的排污权是允许交易的。一般来说，治污能力较弱的企业需要在排污权交易市场上购买许可证，而治污能力较强的企业可以在市场上出售自己富余的排污许可证。通过交易，排污单位将持有的排污许可证重新分配，实际上是重新分配了排污削减责任，使削减成本低的排污单位持有较少的排污许可证，削减较多的排污量，从而实现全社会排污总费用最小化。建立在市场机制基础上的排污权交易方法更能充分地发挥市场机制

① 梁嘉琳：《40 家重污染行业上市公司进入“黑名单”》，2011 年 6 月 24 日《经济参考报》。

配置资源的作用。通过将管制与市场调节方式的有机配合，可以有效地控制污染，提高环境管理的效率。当前，排污权交易是受到各国关注的环境经济政策之一。美国、德国、澳大利亚、英国等国家相继进行了排污权交易政策的实践。我国自“八五”开始进行排污交易试点。近年来，排污交易机制在全国各地得到广泛探索和应用，成为许多地区建立健全污染减排长效机制、完善环境资源价格形成机制、盘活污染物总量指标、促进经济与环境协调发展的重要手段。

（6）生态补偿。工业文明框架内生态补偿和生态文明框架内的生态补偿，因理论基础、价值目标与基本理念的差异，生态补偿的含义是不尽一致的。工业文明框架内的生态补偿是建立在环境与发展分裂的思想基础上，目的是要把保护环境的思想加进改造自然的思想框架之中，把生态改善的技术措施不断施用于工业体系之中，利用环境手段促进生态环境保护这一核心观念上，运用政府调控与市场化运作的方式让生态环境破坏者和生态环境建设者得到相应的惩罚或补助。工业文明框架内的生态补偿是促使外部成本或效益内部化的环境经济手段。生态补偿只是手段，保护生态环境，实现生态发展是最终目标。生态文明框架内的生态补偿是建立在生态经济学和可持续发展学理论基础上，将经济系统纳入生态系统之中，通过增加资本存量，促进生态发展，促进人的发展，其目的是促进人与自然和谐发展。根据生态系统服务价值、生态保护成本，运用政府和市场手段，调节生态保护利益相关者之间的关系。因此，生态文明框架内的生态补偿能更好地实现生态责任和生态利益分配上的公平性和合理性。

（7）绿色贸易政策。原国家环境保护局在推出“绿色证券”的同时，于 2008 年 2 月又公布了 2008 年第一批“高污染、高环境风险”产品名录（简称“双高”产品名录），其中共涉及 6 个行业的 141 种“双高”产品。“高污染”产品是指在生产过程中污染严重、难以治理的产品；“高环境风险”产品则是指在生产、运贮过程中易发生污染事故、危害环境和人体健康的产品。[①]“绿色贸易”政策限制“双高”产业，建议取消 39 种产品出口退税并禁止其加工贸易。这一政策不仅是保护公众健康的迫切需要，也是我国履行国际环保义务的实际行动。

在建设生态文明的过程中，完善和加强生态补偿机制是非常重要的一环。①建立真实反映资源稀缺程度、市场供求关系、环境损害成本的价格机制。目前，我国

---

① 李卫玲、陈丽娟：《“绿色贸易政策”浮出水面》，2008 年 2 月 27 日《国际金融报》。

资源性产品（石油、天然气、水、土地、电力、煤炭）价格大多数由政府控制，整体价格偏低，没有真实地反映市场的供求。不但难以对地方政府和企业起到节约使用资源的激励与约束作用，反而由此产生了大量的资源浪费和环境污染问题。建立科学合理的产品价格机制，本质上就是建立一个资源产品价格反映资源稀缺和环境成本的机制。这种价格机制要求尽快明确政府职能，建立合理的政府补偿机制。通过完善资源价格体系结构，将资源自身的价值、开采成本、环境代价等均纳入资源价格体系，为资源有偿使用的实施提供制度保障。②加快自然资源产权制度改革，建立边界清晰、权能健全、流转顺畅的生态资源资产的产权制度。自然资源产权界定及产权关系不明晰，容易导致因争夺资源而发生冲突，破坏资源矿产；容易导致资源的流失和生态环境的破坏。因此，对水流、森林、山岭、草原、荒地、滩涂等自然生态空间进行统一确权登记，形成归属清晰、权责明确、监管有效的自然资产产权制度。③加快建立生态补偿机制。生态补偿机制是这样一种经济制度：通过制度创新实行生态保护外部性的内部化，让生态“受益者”付费；通过体制创新增强生态产品的生产能力；通过机制创新激励投资者从事生态投资，建立吸引社会资本投入生态环境保护的市场化机制。这一制度的实施，既离不开市场机制，又离不开政府的强制力和执行力。因此，必须按照责、权、利相统一、共建共享、政府引导与市场调控相结合和因地制宜积极创新的原则，完善对重点生态功能区的生态补偿长效机制，推动区域间建立横向生态补偿制度。[①]

7.3.2 建立绿色经济发展的政策保障体系

7.3.2.1 加快绿色经济发展重点领域的政策保障体系建设

水资源绿色发展政策体系。水资源的可持续利用、永续利用，是我国实现绿色发展的关键。[②]根据 2011 年中央一号文件提出我国未来水资源的发展目标，将治水目标全面、系统纳入国家和部门的发展战略、规划和政策。继续推进水价改革，完善水价形成机制。建立多元化的水资源与环境保护投融资机制。[③] ①制定合理的水价政策体系。长期以来，我国水价严重脱离价值规律，这不仅造成水资源的浪费，

---

① 高红贵、汪成：《论建设生态文明的生态经济制度建设》，载《生态经济》2014 年第 8 期。

② 陈文玲等：《加快建立我国绿色发展公共政策体系》，载《商业时代》2012 年第 5 期，第 4～5 页.

③ 陈文玲：《绿色发展期待重点突破》，2012 年 12 月 26 日《经济参考报》。

而且使水利资金捉襟见肘，大多数水利设施因经费短缺而带病运行。为此，根据不同的产业和用途合理确定水价，建立用水和超额累进收费制度，逐步实行分质供水，优质优价，使水价体现国家水利产业政策并得到合理的成本补偿，建立起与社会主义市场经济相适应的水价机制。②建立健全以取水许可证为基础的国家水权制度。在完善总量控制和定额管理相结合的用水制度和取水许可证制度的基础之上，逐步明晰取水许可总量，建立健全以取水许可为基础的国家水权制度。合理确定水价，充分发挥水价对用水的调节作用。③建立水资源统一管理体制。加强对水资源的统一管理，要尽快理顺水资源的流域管理体制，加强水资源的流域管理，协调好江河上下游、左右岸的关系，促进流域经济的协调发展。建立水资源统一管理体制是保障水资源可持续利用的基础。从水资源的开发、利用、保护和管理等各个环节，采取综合有效的对策措施，实现永续利用。

低碳能源政策体系。①转变能源消费结构，提高能源使用效率。从肮脏能源为主的能源消费结构转向清洁能源为主的能源消费结构，大幅度削减煤炭需求与使用量；进口或输入天然气，采用进口液化天然气，以天然气取代煤炭，大幅度提高天然气使用率和普及率；采用清洁煤技术，大力发展高附加值的环保技术，减少煤炭消费和二氧化碳排放；提高能源使用效率；限制本地发电厂电量规模，使用外地或进口电力；鼓励使用生物能源、太阳能、风能、地热能和潮汐能。②完善油气价格形成机制。从能源供给角度促进绿色发展，大力发展非化石能源，加强化石能源的绿色集约开发和转化利用。从能源需求角度，有效抑制能源需求，节约能源。从能源价格角度，加快能源资源价格市场化改革，理顺能源资源及产品价格，深入推进煤炭价格市场化进程及全成本定价，加快电力价格机制改革，完善油气价格形成机制。

绿色制造业政策体系。我国是制造大国，但长期粗放式发展及落后的生产现状使得制造业在创造经济财富的同时，造成了严重的资源浪费和环境影响。走可持续发展之路，制造业的转型势在必行。①推动传统产业改造升级，主要包括推进重点产业结构调整，提升重点产业技术水平，加大淘汰落后产能力度，压缩和疏导过剩产能。引导传统行业企业调整升级，加强企业技术改造。②建立以产品生命周期为循环过程的产业链体系。绿色制造是减少产品全生命周期环境影响，提高资源利用率的关键技术，是实施制造业可持续发展的必由之路。

绿色低碳建筑政策体系。“十二五”期间，我国将通过加强相关政策激励、标准规范、技术进步、产业支撑、认证评估等方面能力建设，实现绿色建筑的快速发展。财政部和住房和城乡建设部曾联合发文宣布将通过政府财政补贴等方式全面提速中国绿色建筑发展，力争到 2020 年绿色建筑占新建建筑比重超过 30%。[①] ①加快推进低碳公共建筑示范点，大力发展低碳住宅。②加大政府支持力度。例如，建设示范工程，在规划、税收等方面给予优惠支持，对一些低碳的技术和材料更应给予扶持，以此刺激企业身体力行。③制定促进低碳建筑的优惠政策，调动各方参与积极性，形成鼓励发展低碳节能建筑的财税政策体系。例如，青海建立绿色建筑财政奖励机制，构建星级绿色建筑评价标识体系，对取得星级绿色建筑的建设项目，城市配套采用先征后返的政策，最高返还比例可达 70%。这一财政奖励机制推动了建筑行业向高级低碳生态型发展模式转变。[②] ④加快建立完善我国绿色建筑评价标识制度。陕西省政府率先推进绿色建筑强制性标识制度，企业探索和尝试“绿色建筑”、市民购买“绿色建筑”都可享受财政补贴。[③]同时加大既有居住建筑供热计量及节能改造力度，加强国家机关办公建筑和大型公共建筑节能监管，完善相关应用技术标准，同时推进建筑垃圾资源化利用和住宅产业化，加强中国绿色建筑综合能力建设。

绿色低碳交通政策保障体系。①绿色低碳交通政策。调整交通结构，优先发展公共交通、轨道交通，制定居民交通需求导向性政策和土地利用政策，国家应给予以地铁、轻轨为主的轨道交通系统一定比例的补贴，轨道交通必须与常规公交、出租车、私人交通等各种交通方式合理的接轨和换乘，实现交通的一体化。通过财政补贴和税费优惠等政策大力支持相关企业研发生产混合燃料汽车、电动汽车、氢气动力车、生物乙醇燃料汽车、太阳能汽车等绿色低碳交通工具。通过颁布税收抵免、财政补助等优惠政策，鼓励消费者购买绿色低碳交通工具，同时可以对传统汽车征收碳税，并提取一定比例作为绿色低碳交通工具的产业发展基金，支持建设必要的配套设施，如充电站、制氢厂、加氢站，以及氢气运输管道等。完善相关交通能耗规范、制度和标准体系，适时推出不同阶段的交通工具燃油经济性标准，建立和完

---

① 《通过政府财政补贴等方式全面提速中国绿色建筑发展》，2012-05-07，http：//www.jleeex.com/a/news/industry/2012/0507/733.html。

② 《青海建立绿色财政奖励机制》，2012-11-21，http：//money.163.com/12/1121/19/8GRUHDDR00014JB5.html。

③ 《西安建筑向绿色迈进　购买绿色建筑可享受财政补贴》，2012-08-02，http：//sn.ifeng.com/fangchanpindo/kuaibao/detail_2012_08/02/273335_0.shtml。

善车辆准入与退出机制，建立健全有关交通节能减排方面的统计指标体系，实行车辆燃料消耗动态监测管理，完善交通运输能源消耗和污染物排放的统计报告和分析制度。通过实施清洁燃料政策和严格排放标准政策，加强交通运输环境污染的预防、监控和紧急救援工作。②交通新技术保障。包括新型交通方式的使用，绿色能源的开发，ITS技术的应用和交通污染治理技术的提高。健全绿色交通法规与技术保障体系，提升科技支撑能力，深入实施科技强交战略，把握物联网、新能源、节能减排、应对气候变化等领域的科技发展方向，围绕共性和关键技术，统筹推进重大科技研发、成果推广应用，加快建设创新型交通运输行业。③个人交通（小汽车拥有或使用控制）政策。规划人员把汽车成为“个人”交通，自行车也是个人交通。我国政府在小汽车拥有或使用方面采取的是“不限制，但不提倡”的做法，这种无节制发展对城市的交通和环境都带来了灾难性的后果。在当前情况下，政府对市民购买小汽车由“不限制”政策变为“适当限制”，对小汽车的使用进行适当控制，加强科研投入争取早日普及清洁能源汽车，实现汽车环保化。自行车是中短途出行最好的交通工具。“自行车最终将取代汽车的最大原因在于，对生态文明的剖析将适合自行车而不是汽车”。[①]

7.3.2.2 加快构建绿色财政政策支持体系

传统经济发展模式和政策框架下，财政政策只重视经济建设，而不重视环境保护；在绿色经济时代和新的政策框架下，财政政策既要推动经济发展，又要强调环境保护。有什么样的经济形态就有什么样的财政形态，经济形态决定着财政形态。发展绿色经济需要财政的支持，我们必须将财政与绿色发展有机地结合起来。绿色经济发展呼唤绿色财政。绿色财政是相对于“黑色财政”而言的。绿色财政强调的就是从“黑色财政”向“绿色财政”的转型，以解决公共财政对生态环境保护缺位的问题，要促进它到位，用公共财政来购买全国性生态公共产品，对大江、大河、大湖、大海进行环保治理。这是全国性公共产品，需要国家财政特别是中央财政买单。[②]绿色财政是以国家为主体的分配活动。

因此，绿色财政是指国家在调节经济，争取经济适度增长的同时，注重自然生

---

① 理查德·瑞吉斯特：《生态城市——建设与自然平衡的人居环境》（王茹松、胡苒，译），北京：社会科学文献出版社，2002年版，第151页。

② 胡鞍钢：《中国绿色发展和绿色改革》，中国文化促进会网，2005-12-03，http: //www.tt65.net/zonghe/luntan/wenxian/9/mydoc010.htm。

态平衡，合理配置自然资源与人力资源，维护社会长远利益及长久发展的对社会产品进行分配与再分配的活动。绿色财政反映了人与自然之间的和谐关系，具体表现在：绿色财政将财政收入分配活动的目的延伸到经济发展以外，既注重经济发展也注重环境保护；其分配不再局限于本国经济的发展，也以促进全球经济发展为目标；绿色财政分配放眼未来，注重人类长远利益。[①]作为国家宏观调控政策之一，绿色财政就是为了保护环境，合理开发利用资源，推进清洁生产和绿色消费而建设的财政税收体系和其他政策工具。政府在宏观规划、发展经济、做大财政蛋糕中，考虑经济效应，更考虑环保效应；考虑利润价值，更考虑到人文价值；考虑眼前效应，更考虑到远景发展。绿色财政要注重公平性、持续性、共同性、系统性、协调性、均衡性、效率性。绿色财政是财政发展的一个新方向，是落实科学发展观、促进经济加快转型、实现可持续发展的一种新机制。

十一届全国人大常委会第十三次会议明确提出，中国要大力发展绿色经济、低碳经济，将绿色经济、低碳经济发展理念和相关发展目标纳入“十二五”规划和相关产业发展规划中。抓紧制定促进绿色经济、低碳经济发展的财税、金融、价格等激励政策。[②]财政部门必须创新绿色理财模式，积极推进财政政策体系建设。

（1）强化政府的绿色财政职能。绿色财政的职能，一方面是通过财政手段为技术创新提供资金支持，加速产业结构调整和经济发展模式转变，推动经济稳定可持续发展，促进绿色经济更好更快发展；另一方面是利用财政和税收政策，合理调配一切自然资源与公共资源，在实现经济适度增长的同时，兼顾自然资源和生态资源的代际配置，使这些资源能够被人类永续利用。因此，政府必须加大绿色支出力度，采取政策引导和统筹、安排、设立财政专项资金等手段，支持节能减排、新能源等低碳技术研发创新，推动低碳发展；支持重点流域、重点区域水污染综合治理和工业废水集中处理，加强饮用水水源保护；支持绿色经济发展，鼓励企业提高资源利用效率；不断优化财政收支结构，培育发展绿色财源，进一步加大节能减排、环境保护方面支出。

（2）建立健全政府间绿色转移支付制度。政府间转移支付制度是公共财政体系的一个重要内容。政府间关系层面的财政政策，主要体现在财政体制中。财政体制

① 杨蓓、李霞：《“绿色财政”初探》，载《银行家》1998年第6期，第7页。

② 《中国将采取四项措施大力发展绿色经济、低碳经济》，网易科技网，http://tech.163.com/10/0228/15/60KAJ8D5000945NN.html。

包括了两个主要内容：按照市场经济的要求，科学地划分政府间在环境问题上的事权与财权；通过转移支付制度，解决各级政府在环境问题上事权与财权不匹配的问题。转移支付制度实际上是一种再分配制度，一般是指上级政府对下级政府的预算补助。从目前情况看，我国建立支付制度所选择的各项因素中，几乎没有考虑环境因素。要使财政制度绿色化，必须把环境因素纳入国家财政预算科目中。《中共中央关于制定国民经济和社会发展第十二个五年规划的建议》明确指出，“深化财政体制改革，按照财力与事权相匹配的要求，在合理界定事权基础上，进一步理顺各级政府间财政分配关系，完善分税制。围绕推进公共服务均等化和主体功能区建设，完善支付制度，增加一般性特别是均衡性支付规模和比例，调减和规范专项转移支付。”[①]

（3）进一步完善政府绿色采购制度。政府绿色采购，是指政府购买和使用符合绿色认证标准的产品和服务的行为。由于“绿色”意味着环保、安全和有利于健康，因此政府“绿色”采购也是政府购买环保、安全和有利于健康的产品和服务的行为。[②]政府采购的绿色标准不仅要求末端产品符合环保技术标准，而且规定产品从研制、开发、生产、包装、运输、使用、循环再利用直到废弃的全过程均需符合环保要求。政府绿色采购政策的实施，有效降低了能耗水平，减少了污染物排放，对全社会形成节能减排风尚起到了良好的引导作用。为此，我国“十二五”规划进一步提出，推行政府绿色采购，完善政府强制采购制度，逐步提高节能节水产品和再生利用产品比重。为了更好地实施政府绿色采购制度，首先，必须进一步完善政府采购的相关法规和政策，在《政府采购法》的框架下，制定和颁布适合我国国情的《政府绿色采购条例》，通过调理来规范、引导政府部门在采购过程中履行其绿色采购义务；其次，要加强环境标志的认证工作，不断扩大环境标志产品的认证范围，不断完善环境标志认证产品的认证方法，建立绿色采购标准制度，制定出具有针对性、实用性和可操作性的衡量标准；最后，要完善政府绿色采购清单制度，进一步扩大清单所涵盖的范围，为政府绿色采购提供更多的选择，对绿色采购清单应实施动态管理，定期调整，增强绿色采购的可操作性。[③]2006 年 10 月财政部、国家环保总局联合颁布了《关于环境标志产品政府采购实施意见》和《环境标志产

① 《国民经济和社会发展“十二五”规划纲要》，2011 年 3 月 17 日《人民日报》。

② 娜仁图雅：《论生态资源环境建设的“绿色”财政措施》，载《绿色经济》2005 年第 4 期，第 76 页。

③ 马海涛、陈晨：《进一步完善我国政府绿色采购制度的思考》，载《中国政府采购》2010 年第 8 期，第 9 页。

品政府采购清单》，即中国第一份政府绿色采购清单。这是我国建立可持续消费模式，从而推进构建环境友好型社会的一个十分重要的制度与政策的突破。

7.3.2.3 加快构建绿色金融政策支持体系

绿色金融是支撑绿色产业发展和传统产业绿色改造的金融要素的综合，涵盖推动绿色发展的各种金融制度、安排及机构、市场、产品、人才和交易活动。[①]绿色金融随绿色发展应运而生，绿色发展是科学发展、可持续发展，人与自然的和谐发展，绿色金融为绿色发展提供动力和支撑，绿色发展为绿色金融提供方向和市场。2007 年以来，由国家环保总局与金融业联手推出的“绿色信贷”“绿色保险”“绿色证券”三项绿色环保政策，使“绿色金融”制度初具框架。在我国，绿色金融目前尚处于初级阶段，无论是对自身发展，还是对建设美丽中国、促进生态文明的支持，都存在诸多困难和阻碍。据估算，目前绿色融资在我国商业银行资产占比仅为1%左右。资金缺口高达现有融资的 20 倍，远远不能满足实际需要。[②]

完善我国的绿色金融法律制度。法律法规的支撑是推进绿色金融健康发展的制度保障。由于经济社会形势发展的变化，适时调整、完善，为推进绿色金融的有效实施构建坚实的制度支撑，提供充分的法律依据。为此，第一，制定绿色政策银行法，建立绿色政策性银行。政策性银行是不以营利为目的，为实现国家的产业政策而从事金融活动的机构，专门从事环保产业专项资金的管理。第二，完善绿色融资法律制度。第三，完善绿色信贷法律制度。银行在确定贷款额度时，把环保因素加进去，即对有利于环保的借款项目给予比较优惠的利率，鼓励有利于环保的企业优先发展。通过运用贷款利率杠杆，可以从源头上解决环境污染问题。通过国家立法，确定指标，完善考核体系。

加大绿色金融的政策引导，出台绿色信贷的扶持政策，制定环保标准和环境风险评级标准，放宽绿色信贷规模控制，实施差别信贷政策，对从事绿色经济研究开发、设备投资、工艺改进等活动的民间企业，根据不同情况由政策开发银行提供不同级别的政策贷款利率。积极探索对绿色新型产业实行低利率政策。鼓励金融业对绿色企业优先贷款和实行优惠利率，对符合上市条件的绿色企业提供上市的便利通道。

---

① 陈文喜：《“绿色金融”：中国未来经济增长的新动力》，2010 年 9 月 13 日《中国联合商报》。

② 殷兴山：《以绿色金融支持美丽中国建设》，2013 年 6 月 4 日《金融时报》。

7.4 加快形成有利于绿色经济发展的体制机制

一种不利于绿色经济发展的体制机制需要不断变革、创新，使之转向更有利于节约资源、保护环境、促进绿色经济发展的制度安排。

7.4.1 构建加快推进绿色、低碳能源发展的制度机制

7.4.1.1 树立尊重自然、顺应自然、保护自然的能源发展理念

化石能源是人类工业文明过程中并向自然攫取的最重要物质之一，对化石能源的大规模、高强度的开发、利用，造成了今天化石能源的枯竭、区域污染严重、全球气候变化等问题。能源要实现绿色、低碳发展，必须树立尊重自然、顺应自然、保护自然的生态文明理念。树立生态文明理念，否定了以过度消耗能源和资源、损害生态环境为代价的增长方式，但顺应自然不是被动地服从，而是要认识、尊重及其成长规律。发展绿色经济，就是要以资源环境承载力为基础、以自然规律为准则、以可持续发展为目标的资源节约型、环境友好型社会，积极推进能源生产和消费方式的革命。一方面，在能源生产方面，要大力发展绿色、低碳能源，促使能源供应结构向低碳化方向发展；另一方面，在能源消费方面，要更加重视能源资源的节约，把利用化石能源资源控制在资源环境可承受的范围之内。①

7.4.1.2 加大绿色、低碳能源的技术投入，加强能源技术创新

新一轮科技革命要求能源的生产和消费方式发生重大变化。在这一变革时期，谁能引领能源技术向绿色、循环、低碳的变革，谁就将成为最大的受益者。世界金融危机之后，可再生能源成为世界各国投资和创造新就业机会的热点。日本、欧盟都加大对能源领域的技术投资。中国必须成为新一轮工业革命的创新者、领导者和推动者。为此，中国必须也应该加强以下方面的工作：第一，加大能源技术的研发资金投入。如对勘探与开采技术领域、加工与转化技术领域、发电与配电技术领域、新能源技术领域等重点领域的资金投入。以期突破一批具有国际先进水平的能源技术，抢占未来能源绿色、低碳能源技术制高点。第二，中国必须也应该设立重大示

---

① 中国科学院可持续发展战略研究组：《2013 中国可持续发展战略报告》，北京：科学出版社，2013 年版，第 180～181 页。

范工程。加大对新能源汽车、工业和建筑节能与清洁生产的关键技术及设备的资金投入，加强对新能源产业化技术的示范推广。第三，强化能源科技创新，完善能源技术创新体系。加大对核心领域能源技术投入，如非常规油气资源的勘探开发技术、路基海基风基制造核心技术、太阳能热发电技术、先进生物燃料产业化关键技术、新一代核能技术等重点领域关键技术的投入；加强基础性研究能力和技术创新能力的培养；加快能源科技人才培养和引进，建立长效的科技投入机制，提高能源科技创新能力。

7.4.2 充分利用市场机制，吸引社会资本投入绿色发展

7.4.2.1 创新和加强政府环保投资，吸引社会资本进入生态环境保护领域

政府的主要职能是为社会经济活动提供优质的高效的服务，政府为了国民经济的协调发展，或者特殊需要，只在特殊领域进行投资，政府发挥的是公共服务职能。首先，发挥绿色财政资金的“种子”作用。利用财政中的税收、补贴、罚款、污染收费、排污权交易等财政政策，为投资者的绿色投资营造一个有利的环境。搭建环保投融资平台，吸引银行等社会资金进入生态环境保护领域，研究建立生态环境保护基金。其次，调整信贷资金投入结构，增加资金投放额度，引导资金投入森林、草原、河流、滩涂、湖泊的保护。创新信贷担保手段和担保方法，建立担保基金和担保机构，努力解决民营企业资金不足和民营中小企业、合作组织小额贷款抵押担保难的问题，提高民营企业、合作组织在生态环境保护与开发事业中的融资和承担风险的能力。

7.4.2.2 建立吸引社会资本投入生态环境保护的市场机制

为使市场在资源配置中起决定性作用，加快完善现代市场体系，必须切实转变政府职能，加强政府采购公共服务，推进基本公共服务均等化。吸引社会资本投入生态环境保护，制定社会资本投资于环境保护领域的产业指导目录，推行环境服务政府购买和环境污染第三方治理。环境保护领域普遍缺乏使用者付费机制，缺乏吸引社会资本投入的盈利机制。基于环境保护项目特征，应创新资源组合开发模式，以资源开发项目收益弥补污染防治项目投入成本与社会资本回报要求，对使用者付费、政府付费模式进行有益补充。考虑到环境保护的公益性，避免环境保护资金统筹到其他领域，应进一步强化环境保护专项资金，以调动市场积极性为目标，采用

财政资金引导、社会资本投入为主、市场运作的方式，逐步与社会资本相结合，建立国家环境保护基金。

7.4.2.3 制定政策吸引私人部门积极进行生态环保投资

民营企业利用社会资本参与生态环境保护与开发，发展高效生态农业、休闲旅游业等，应取得相应的物权或权益收益，为社会资本进入生态环境保护领域提供动力和法律保障。允许民营企业、合作组织和农民根据市场需求和产业化需要，自主选择经营内容和经营方式，调整优化产业结构。积极倡导民营企业参加各类生产性开发，形成利益连接机制，带动产业化经营发展。

7.4.3 建立健全有利于绿色经济发展的干部选用和考核制度

7.4.3.1 以自然资源资产负债表为依据，改革干部考核评价和任用制度

环境保护部环境与经济政策研究中心主任夏光（2013）认为，自然资源资产负债表是指财产有一个存量，即消耗量，把自然资源开发出来发展经济，但是自然资源有所减少，环境质量有所下降，生态系统有所退化，在一定限度内是可以承受的。[①]编制自然资源的资产负债表，就是看你原来多少资源，你为官一任之后消耗了多少，有没有超出极限。陶德田（2013）认为，自然资源资产负债表远不是一张表格那么简单，它是一个综合性的项目，涉及银行、保险等领域。简单来说，所谓自然资源负债表是将某个地区的自然资源受损程度、开发程度、破坏程度以及破坏生态环境的责任方进行确定，由环保部门将这张“黑榜”提供给银行、保险公司，作为当地政府、企业的征信条件。也就是说，自然资源负债表中“表现”不好的企业，将有可能在今后的贷款中受到限制。陈红蕊等（2014）认为，自然资源资产负债表应该是自然资源资产状况表，表明一届政府任期内发展经济所耗用的自然资源资产、生态环境破坏程度的状况，它包含资产量、消耗量、损害程度、结余量等各种项目的综合列表。就是把自然资源资产进行量化，通过存量、消耗、结余（正或负）进行衡量、考核领导干部发展经济对资源和生态环境的破坏状况或修复程度。[②]很显然，

---

① 《夏光解读〈中共中央关于全面深化改革若干重大问题的决定〉：自然资源欠账多 官员不应提拔》，人民网，2013-11-15，http：//politics.people.com.cn/n/2013/1115/c1001-23560058.html。

② 陈红蕊、黄卫果：《编制自然资源资产负债表的意义及探索》，载《环境与可持续发展》2014 年第 1 期，第 46～48 页。

自然资源资产负债表的提出，为今后发展经济指明了方向。发展经济，必须合理利用自然资源，保护环境。发展经济，一定要看看资产负债表，是不是自然资源欠债很多。先把自然资源恢复了，绿化、污染治理进行了才能进行经济活动。

因此，我们必须以自然资源资产负债表为依据，改革干部考核评价和任用制度。这需要考虑三个方面的因素：①指标体系要充分体现加快我国经济发展方式转变的要求，进一步突出对发展代价的考核；②指标体系要反映生态文明建设的一些刚性任务；③要根据不同区域、不同行业、不同层次的特点，建立各有侧重、各具特色的考核评价标准。[①]为此，必须统筹把握以下几个方面的关系：一要统筹把握经济发展与优化生态环境的关系。生态环境是经济持续发展的基础。要提高可持续发展能力，就必须改造和优化不利的生态环境，引导干部树立尊重自然、顺应自然、保护自然的生态文明理念，推动形成人与自然和谐发展的现代化建设新格局。国土开发与区域经济不合理是生态破坏的空间原因，因此必须统筹兼顾主体功能定位发展，对优化开发、重点开发、限制开发和禁止开发不同区域，实行有差别的绩效考核政策和指标体系。必须统筹兼顾经济发展政策和生态环境优化政策，对绿色发展、循环发展、低碳发展等相关政策制定和落实情况进行考核。二要统筹把握经济发展速度与质量效益的关系。生态文明建设所体现的效益，是生态效益、经济效益、社会效益三者的内在有机统一。因此，在设置考核指标时，应把推动发展的立足点转到提高质量和效益上来，坚持 GDP 增长与经济结构改善、经济发展的质量和效益一起抓。既要考核经济发展，更要考核经济与社会、人与自然和谐发展；既要看经济增长，更要关注民生。三要统筹把握提高群众收入水平与改善生产生活环境的关系。生态文明建设成效如何，群众感受最真切、群众评价最真实。在关注群众收入水平提高的同时，对企业的环境责任履行程度进行对照，对城镇污水集中处理率、生活垃圾无害化处理率和生态环境保护群众满意率、群众上访案件的发生率等进行考核，对人民生活水平的提高和生产生活环境的改善进行综合评价，建立“民评官”机制，使领导干部更积极地保护生态、关注民生、促进人与自然和谐。[②]

---

① 吴顺江：《健全有利于促进生态文明建设的干部考核评价机制》，中国共产党新闻网，2010-08-05，http：//renshi.people.com.cn/GB/140563/12352824.html。

② 刘帅：《建立生态文明的考核评价机制　引导干部牢固树立“绿色政绩观”》，中国共产党新闻网，2012-12-10，http：//dangjian.people.com.cn/n/2012/1210/c117092-19849132.html。

7.4.3.2 以资源环境生态红线管控等为基线，建立生态环保问责制，进行自然资源资产离任审计和责任追究

“资源环境生态红线”是党中央、国务院在《关于加快推进生态文明建设的意见》（以下简称《意见》）中首次提出的概念，“资源环境生态红线”是各级地方政府的环保责任红线。通俗易懂的一句话就是“只能更好、不能变坏”。为了实现这一目标需要守住环境质量的底线，在资源环境承载能力之内进行各类开发活动。

在我国过去的经济发展中，基本上没有自然资源核算，只要 GDP 搞上去了，城市建设搞得漂亮了，就提拔走了，至于留下的荒山、污染的水体，就不管了。一些地方领导为了政绩，一味追求 GDP 而损害环境，损害环境的官员们离开这个工作岗位，就把堪忧的环境问题留给当地老百姓。鉴于生态和环境保护工作具有周期长、专业性强、涉及面广等特点，《意见》首次提出，要建立生态环境损害责任终身追究制。所谓建立生态环境损害责任终身追究制，可以理解为一任领导在任时，环境退化没有显现出来，但如果是由于他在任时的决策造成的，即使离任了也要进行问责。至于恶化到什么程度才追责，有专家认为只要超出预先的评估就应该追责，恶化程度越高，追责力度就应该越大。①

为了更好地促进绿色经济发展，必须以资源环境生态红线管控等为基线，建立生态环保问责制。“资源环境生态红线管控”，主要是从资源、环境、生态三个方面进行控制。具体还要划出三条线，一个是决定资源开发的上限，也就是要划出“天花板”，再一个就是要严守环境质量的底线，环境质量“只能更好、不能变坏”，第三个就是要划定生态保护的红线，要坚决遏制住生态环境退化的势头。只有同时控制住资源、环境、生态的红线范围，才能有效地倒逼经济内涵式发展，形成生产、生活、生态“三生”空间维持稳定的发展格局。如何追责和保障责任落实到位，必须重视以下工作重点：①多元主体、多层主体的参与和问责。所谓多元主体，是指全社会各类组织及个人，包括政府、社会组织、公民等；所谓多层次主体，不仅是指行政机关，还包括立法机关、司法机关等。也就是说，建立生态环保问责制，进行生态环境损害责任终身追究制，不能仅仅针对地方政府主要领导，对造成生态环境损害的企业和个人，也应当终身追究其责任。毕竟直接造成生态环境损害的，通常不是地方政府及其主要领导，而是相关企业和个人。把生态环境损害责任完全推

---

① 刘旭涛：《建立生态环境损害责任终身追究制》，2014 年 2 月 10 日《中国环境报》。

到前者身上，也有失公允。同时，只有明确相关企业和个人对生态环境损害应当承担的责任，才能厘清地方政府及其主要领导的责任。只有相关主体各负其责，生态环境损害责任终身追究制才能行之有效，成为护卫生态环境的“法宝”。建立生态环境责任终身追究制，让生态损害者“无路可逃”。②要建立问责长效机制。问责必须入法，法就是制度、规矩，因此问责当然要入法。从责任的角度看，我们不仅有法律问责，还有政治问责、行政问责，甚至还有绩效问责等。比如，绩效不好，我们可以公开、通报、诫勉谈话、约谈、责令其限期整改，这些其实都是问责的手段，但不一定是法律问责。当然，各种问责之间不能发生冲突，尤其是下位法不能对上位法冲突。解决这一问题，仍然需要进一步规范问责体系，区分各种问责的功能，明确各种问责之间的关系。

7.4.4 建立健全生态环境治理体系，奠定实现绿色发展的现实基础

党的十八大向全党全国人民发出的“努力走向社会主义生态文明新时代”的伟大号召，意味着中国特色社会主义文明发展要努力迈向生态文明绿色经济与绿色发展新时代。生态文明建设的关键是建立健全生态环境治理体系，特别是把制度建设作为重中之重，发挥不同利益主体的积极性。

现代生态环境治理体系可理解为政府、市场和社会在法律规范和文化习俗基础上，依照生态系统的基本规律，运用行政、经济和社会管理的多元手段，协同保护生态环境的体制、制度体系及其互动合作过程，既强调体制、制度和机制建设，也强调治理能力、过程和效果，既重视普适的生态环境价值观，也重视特定的历史文化条件。[①]我国现行的生态环境治理体系仍存在很多问题，政府、企业和社会共治合作格局尚未建立，生态环境统一监管体系和协调合作机制尚未形成，还没有符合实际需求的生态环境法律体系。因此，构建生态环境治理体系对我国的生态文明建设具有至关重要的作用。

7.4.4.1 健全生态环境治理体系是从工业文明走向生态文明的实践进程中的必经之途

健全生态环境治理体系，是国家治理体系的部分内容之一，是国家治理体系在生态环境保护领域的具体体现。党的十八届三中全会对生态环境领域做了一系列部

① 中国科学院可持续发展战略研究组：《2015 中国可持续发展报告——重塑生态环境治理体系》，北京：科学出版社，2015 年版，第 22～24 页。

署，提出"紧紧围绕建设美丽中国深化生态文明体制改革，加快建立生态文明制度，健全国土空间开发、资源节约利用、生态环境保护的体制机制，推动形成人与自然和谐发展现代化建设新格局"的重要指导思想，还进一步提出"建立系统完整的生态文明制度体系，实行最严格的源头保护制度、损害赔偿制度、责任追究制度、完善环境治理和生态修复制度，用制度保护生态环境"。[①]不仅如此，健全生态环境治理体系，要求建立自然资源产权制度和用途管制制度体系，充分发挥市场在配置生态环境资源上的作用，完善资源性产品价格形成机制；健全生态环境法律法规体系，构建分权制衡、相互协调、上下联动的行政管理体制。生态环境治理体系与经济、政治、文化、社会等领域的治理体系相互协调、相互作用，形成解决生态破坏、应对气候变化、环境与发展冲突等问题的制度体系。

党的十八大和十八届三中、四中全会对生态文明建设作出了顶层设计和总体部署，提出要大力推进制度和法制建设，加快进行生态文明体制改革，建立系统完整的制度体系，把生态文明纳入制度化、法制化的轨道。因此，一个运转良好的生态环境治理体系，应该形成政府、企业、社会共担责任、共同参与、多元主体的治理格局；应该形成以法治为基础，采用多元（法律、行政、经济、技术）化的生态治理手段；形成治理主体的互动，从管制走向协调的治理机制；最终实现生态环境系统及其服务功能的整体保护，最大限度地提供规模化、优质化、多样化的生态环境公共产品和服务，满足社会日益提高的生态需求。

7.4.4.2 建立健全生态环境治理体系，有赖于强有力的法治保障

目前我国生态环境治理的法律和制度体系尚存在以下问题：法律和制度体系同社会经济发展脱节或者滞后；法律和制度体系同公共管理体系改革脱节等。因此，在健全生态环境治理过程中，必须同步构建相应的法律和制度体系。党的十八届四中全会通过的《中共中央关于全面推进依法治国若干重大问题的决定》中，进一步明确了同各项改革相对应的立法任务。

在环境保护领域的法律制度，必须从生态文明建设和生态环境治理的角度，重新考虑立法目的和思路，调整现行的以环境污染排放浓度达标和总量控制为核心的法律制度体系，以环境风险评价为基础，以环境质量保护和管理为基本导向，加快建立起保护公众身体健康和实现区域、流域环境质量改善为导向的法律制度体系；

---

① 十八届三中全会《中共中央关于全面深化改革若干重大问题的决定》，中国新闻网，2013-11-15，http://www.chinanews.com/gn/2013/11-15/5509681.shtml。

进一步明确和落实政府、企业和公众的环境保护权利和义务，构建起包括各种社会主体的权利和义务体系；强化有关产业结构调整和资源、能源利用方面的调控措施，增补有关财税、排放权市场与交易、价格、金融等方面的经济制度措施；加大对环境污染的行政处罚力度，完善有关环境损害赔偿和责任追究的规定，有效解决“守法成本高、违法成本低”的问题，为扭转环境质量继续恶化的局面，创造必要的法律制度保障。

在资源利用领域的法律制度，必须根据党的十八届三中全会、四中全会精神，从当前资源利用领域有关立法的基本情况来看，有两个基本的调整方向：①修改完善现行各项法律中有关自然资源产权及其资产管理的各项规定，逐步形成适应社会主义市场经济发展和生态文明建设要求的自然资源产权制度和资产管理制度体系；②修改完善各项法律中有关资源节约和资源保护的规定，形成有效限制资源消耗和鼓励资源节约的行政的、经济的与社会的管理制度体系，包括有关自然资源资产核算、自然资源资产审计和考核等制度，使现行各项“资源利用法”和“资源管理法”，真正转化为“资源保护法”和名副其实的“资源基本法”。①

在绿色转型发展和国土空间规划领域的法律制度，必须从绿色发展、循环发展、低碳发展等发展理念出发，深入开展相关领域的重大立法项目和重大法律制度的研究论证工作，总体规范经济社会发展和国土空间开发布局。我国现行的循环经济促进法、清洁生产促进法的可操作性不强、措施执行不得力、实施效果不明显。而现行的国土空间规划的各项法律法规之间有关规划的规定重叠交叉，规划体系混乱、层次不清，结果造成各种规划过多过滥，这不仅浪费了大量行政资源，也增加了社会负担。因此，必须修改完善相关领域的法律规范。

7.4.4.3 改革生态环境保护管理体制，加快推进生态文明的绿色发展

我国现行的生态环境保护管理体制，是在传统的土地、自然资源国有和集体所有制框架下，以及计划经济体制和资源开发计划管理体系下建立的，逐步发展形成现在的以政府主导和行政监管为特征的体系。随着环境问题日益凸显，传统意义上的政府职能已远远不能满足现代管理和绿色经济发展的需要，因此，必须理顺生态环境管理各部门之间、各级政府之间的关系，转变政府职能。

建立和完善严格监管所有污染物排放的环境保护管理制度，独立进行环境监管

① 中国科学院可持续发展战略研究组：《2015中国可持续发展报告——重塑生态环境治理体系》，北京：科学出版社，2015年版，第40～43页。

和行政执法。我国在污染防治领域采取环保部统一监管、各部门分工负责的模式。由于环保部门的权威性不足，很难肩负起统一监管的责任。因此，当前必须清理各部门污染防治方面的管理职责，强化污染防治的职能整合，把当前分散在各部门的环境污染防治的行政监管职能进一步整合到环境保护部门。理顺生态环境领域的条块关系，建立独立生态环境监管执法体系。强化环保部门的权威性，明确生态环境监管执法的法律地位。

建立陆海统筹的生态系统修复和污染防治区域联动机制。生态系统的整体性决定了生态保护修复和污染防治必须打破区域界限，统筹陆地与海洋保护，把海洋环境保护与陆源污染防治结合起来，控制陆源污染，提高海洋污染防治综合能力，抓好森林、湿地、海洋等重要生态系统的保护修复，促进流域、沿海陆域和海洋生态环境保护良性互动。强化机制建设和创新，强化部门间协调联动，建立环境保护综合执法体系。统筹陆海环境执法，建立环保部门与海洋部门间的协调合作机制，就海洋环境保护联合执法监督检查、陆源入海污染行为联合执法等方面开展合作，解决陆上污水排放超标超量、海洋海岸工程建设违规等问题。加快建立健全区域协作机制。建立区域监测网络和应急响应体系，联合应对重污染天气。在水污染防治方面，促进海洋环境保护与流域污染防治有效衔接，以流域为控制单元，建立流域环境综合管理模式。①

健全国有林区经营管理体制，完善集体林权制度改革。国有林区是重要的生态安全屏障和森林资源培育战略基地，在维护国家生态安全、木材安全、物种安全、粮食安全等方面具有特殊地位。推进国有林区和国有林场管理体制改革，完善森林经营和采伐管理制度，开展森林科学经营。深化集体林权制度改革，稳定林权承包关系，放活林地经营权，鼓励林权依法规范流转。鼓励荒山荒地造林和退耕还林林地林权依法流转。减免林权流转税费，有效降低流转成本。在严格保护森林资源的前提下，鼓励社会资本积极参与生态建设和保护，对社会资本利用荒山荒地进行植树造林的，在保障生态效益、符合土地用途管制要求的前提下，允许发展林下经济、森林旅游等生态产业。以固有林权制度改革试点为契机，深入实施国有森林资源管理体制改革，把着力点放在彻底解决国有森林资源所有者主体缺位、产权虚置问题上，进一步确立国有森林资源的所有者主体，明确其权责。

---

① 周生贤：《改革生态环境保护管理体制》，人民网，2014-02-10，http：//politics. people.com.cn/n/2014/0210/c70731-24312883.html。

参考文献

[1] 2004年9月19日中国共产党第十六届中央委员会第四次全体会议通过的《中共中央关于加强党的执政能力建设的决定. 人民网，2004-11-17，http: //www.people.com.cn/ GB/40531/40746/2994977.html.

[2] 安徽投入逾500亿元建设环巢湖生态示范区. 中国城市低碳经济网，2012-11-05，http: //www.cusdn.org.cn/ news_detail.php?id=225461.

[3] 比尔·麦吉本. 即将到来的地球末日. 束宇，译. 北京：中信出版社，2010.

[4] 毕淑娟. 华北平原地下水污染触目惊心　55 家企业是罪魁祸首. 中国联合商报，2013-05-27.

[5] 蔡琳海. 低碳经济大格局——绿色革命与全球创新竞争. 北京：经济科学出版社，2009.

[6] 《经济学家》：中国亟须提高水资源利用率. 参考消息网，2013-10-12，www.cankaoxiaoxi.com.

[7] 曹华飞. 建设生态文明就是发展生产力. 光明日报，2015-05-05.

[8] 曹健林. 发挥市场作用　推动大众创业万众创新. 中国高新技术产业导报，2015-02-09.

[9] 陈红蕊，黄卫果. 编制自然资源资产负债表的意义及探索. 环境与可持续发展，2014（1）：46-48.

[10] 陈华斌. 试论绿色创新及其激励机制. 软科学，1999（3）：43-44.

[11] 陈吉宁. 如何理解环境友好型社会. 表面工程资讯，2006（3）：2.

[12] 陈文科. 绿色经济战略：适应全球市场化竞争和生态竞争的第一位战略. 华中农业大学学报（社会科学版），2004（7）：7-10.

[13] 陈文玲，等. 加快建立我国绿色发展公共政策体系. 商业时代，2012（5）：4-5.

[14] 陈文玲. 绿色发展期待重点突破. 经济参考报，2012-12-26.

[15] 陈文喜. “绿色金融”：中国未来经济增长的新动力. 中国联合商报，2010-09-13.

[16] 陈银娥，高红贵. 绿色经济的制度创新. 北京：中国财政经济出版社，2011.

[17] 崔军. 健全资源性产品价格形成机制. 光明日报，2013-09-21.

[18] 邓小平. 在武昌、深圳、珠海、上海等的谈话要点（1992年1月18日—2月21日）//邓小平文选（第三卷）. 北京：人民出版社，1993.

[19] 发改委. 政府应为创新创业清障搭台做好服务. 新华网，2015-07-09，http: //news.xinhuanet.com/talking/2015-07/09/c_1115863474.htm.

[20] 访联合国副秘书长、联合国环境规划署执行主任阿齐姆·施泰纳：我们能否迈向绿色经济？中国环境报，2011-11-22（4）.
[21] 冯之浚. 科学发展与生态文明. 太平洋学报，2010（1）：1-2.
[22] 高红贵，刘忠超. 中国绿色经济发展模式构建研究. 科技进步与对策，2013（12）：23-26.
[23] 高红贵，汪成. 论生态文明建设的生态经济制度建设. 生态经济，2014（8）：135-137.
[24] 高红贵. 关于生态文明建设的几点思考. 中国地质大学学报：社会科学版，2013（5）：42-48.
[25] 高红贵. 为美丽中国创设制度基石. 湖北日报，2012-12-12.
[26] 郭爱丽. 发展生态经济是生态经济省建设的核心. 中国环境报，2006-09-13.
[27] 国家林业局. 2012：生态文明与可持续发展林业专题研究报告.
[28] 国土资源部部长：中国国土资源管理面临双重压力. 中国新闻网，2009-11-21，http：//www.chinanews.com/cj/cj-gncj/news/2009/11-21/1976830.shtml.
[29] 国务院. “十二五”国家战略性新兴产业发展规划. 中央政府门户网站，2012-07-20，http：//www. gov.cn/zwgk/2012-07/20/content_2187770.htm.
[30] 国务院. 21 世纪议程——中国 21 世纪人口、环境与发展白皮书. 北京：中国环境科学出版社，1994.
[31] 国务院. 关于在国民经济调整时期加强环境保护工作的决定（1981 年 2 月 24 日）//新时期环境保护重要文献选编. 北京：中央文献出版社、中国环境科学出版社，2001.
[32] 国务院. 全国生态环境保护纲要. 人民日报，2000-12-22.
[33] 国务院. 全国生态环境建设规划. 光明日报，1999-01-07.
[34] 海尔集团：锐意创新铸就世界品牌. 中国网，2012-11-09，http：//news.china.com.cn/txt/2012-11/09/content_27063461_2.htm.
[35] 胡鞍钢. 实施绿色发展战略是中国的必选之路[J]. 绿叶，2003（06）.
[36] 胡鞍钢. 中国：创新绿色发展. 北京：中国人民大学出版社，2012.
[37] 胡锦涛. 高举中国特色社会主义伟大旗帜　为争取全面建设小康社会新胜利而奋斗. 北京：人民出版社，2007.
[38] 胡锦涛. 在中央人口资源环境工作座谈会上的讲话（2004 年 3 月 10 日）//十六大以来中央文献选编. 中央文献出版社，2005.
[39] 《胡锦涛在省部级领导干部贯彻落实科学发展观加快经济发展方式转变专题研讨班上的讲话》，央视网，http://news.cntv.cn/news_2007/20100203/103784.shtml。
[40] 胡锦涛在中央人口资源环境工作座谈会上的讲话. 光明日报，2004-04-07.

[41] 环境保护部：《2012 年中国环境状况公报》，www.mep.gov.cn/gkml/hbb/qt/201407/t20140707_278319_wap.shtml。

[42] 黄晓勇. 新常态下能源革命蓄势待发. 人民日报，2015-05-06（7）.

[43] 江泽民. 江泽民文选（第 2 卷）. 北京：人民出版社，2006.

[44] 江泽民. 江泽民文选（第 3 卷）. 北京：人民出版社，2006.

[45] 江泽民. 全面建设小康社会 开创中国特色社会主义事业新局面——在中国共产党第十六次全国代表大会上的讲话. 人民日报，2002-11-08.

[46] 江泽民. 在第四次全国环保会议上的讲话. 人民日报，1996-07-19.

[47] 江泽民. 在中央计划生育工作座谈会上的讲话. 人民日报，1996-03-11.

[48] 江泽民. 在中央人口资源环境工作座谈会上的讲话. 人民日报，1999-03-14.

[49] 江泽民. 在中央人口资源环境工作座谈会上的讲话. 人民日报，2000-03-13.

[50] 江泽民. 正确处理社会主义现代化建设中的若干重大关系. 人民日报，1995-10-09.

[51] 姜山，陈伟. 中国对绿色能源投资力度全球最大. 科学时报，2010-08-10.

[52] 蒋涤非，宋杰. 城市生态可持续性的内涵及其支持系统评价指标体系研究. 生态环境学报，2012（2）：273-278.

[53] 揭益寿. 中国绿色产业的健康与发展. 北京：中国矿业大学出版社，2005.

[54] 杰弗里 • 萨克斯. 共同富裕——可持续发展奖如何改变人类命运. 石晓燕，译. 北京：中信出版社，2010.

[55] 杰里米 • 里夫金. 第三次工业革命——新经济模式如何改变世界. 张体伟，等译. 北京：中信出版社，2012.

[56] 解码“十二五”规划纲要 开创科学发展新局面. 新华网，2011-03-07，http://news.xinhuanet.com/ observation/2011-03/07c_121155540.htm.

[57] 科技部. 创业主体从精英到大众 形成创业“新四军”. 中国新闻网，2015-07-09，http: // www.chinanews.com/cj/2015/07-09/7394646.shtml.

[58] 莱斯特 •R. 布朗. B 模式 3.0——紧急动员 拯救文明. 刘志广，等译. 北京：东方出版社，2009.

[59] 莱斯特 • R. 布朗. 生态经济——有利于地球的经济构想. 林自新，等译. 北京：东方出版社，2002.

[60] 李海萍. 中国制造业绿色创新的环境效益向企业经济效益转换的制度条件初探. 科研管理，2005（2）：46-49.

[61] 李克强. 要掀起一个大众创业、草根创业的新浪潮. 新华网，2014-09-10，http：//news.xinhuanet.com/fortune/2014-09/10/c_126972327.htm.

[62] 李克强. 中国永远做开放、学习、包容、创新大国. 中国政府网，2014-09-11，http：//www.gov.cn/guowuyuan/2014-09/11/content_2748957.htm.

[63] 李克强在国家科学技术奖励大会上的讲话. 新华网，2014-01-10，http：//news.xinhuanet.com/politics/2014-01/10/c_118916327.htm.

[64] 李鹏.《环境保护知识读本》的序言（1998 年 11 月 11 日）//新时期环境保护重要文献选编. 北京：中央文献出版社、中国环境科学出版社，2001.

[65] 李鹏. 在第三次全国环境保护大会上的讲话（1989 年 5 月 1 日）//新时期环境保护重要文献选编. 北京：中央文献出版社、中国环境科学出版社，2001.

[66] 李鹏. 在第四次全国环境保护会议开幕式上的讲话（1996 年 7 月 15 日）//新时期环境保护重要文献选编. 中央文献出版社，2001.

[67] 李鹏. 在中央计划生育和环境保护工作座谈会上的讲话. 光明日报，1997-02-05.

[68] 李鹏. 在中央计划生育和环境保护工作座谈会上的讲话. 人民日报，1998-03-16.

[69] 李卫玲，陈丽娟. “绿色贸易政策”浮出水面. 国际金融报，2008-02-27.

[70] 理查德·瑞吉斯特. 生态城市——建设与自然平衡的人居环境. 王茹松，胡苒，译. 北京：社会科学文献出版社，2002：151.

[71] 连国辉. 美报：严重贫富差距拖累经济增长. 参考消息，2014-08-12.

[72] 联合国报告：世界正面临一场“全球性社会危机”. 中国新闻网，2011-06-23，http：//www.chinanews. com/gj/2011/06-23/3130930.shtml.

[73] 林娅. 环境哲学概论. 北京：中国政法大学出版社，2000.

[74] 刘帅. 建立生态文明的考核评价机制 引导干部牢固树立“绿色政绩观”. 中国共产党新闻网，2012-12-10，http：//dangjian.people.com.cn/n/2012/1210/c117092-19849132.html.

[75] 刘思华. 可持续发展经济学. 武汉：湖北人民出版社，1997.

[76] 刘思华. 理论生态经济学若干问题研究. 南宁：广西人民出版社，1989.

[77] 刘思华. 刘思华文集. 武汉：湖北人民出版社，2003.

[78] 刘思华. 刘思华选集. 南宁：广西人民出版社，2000.

[79] 刘思华. 绿色经济论. 北京：中国财政经济出版社，2001.

[80] 刘思华. 企业经济可持续发展论. 北京：中国环境科学出版社，2002.

[81] 刘思华. 深化社会主义生态文明理论研究 促进中国特色社会主义文明绿色创新发展.

2013.

[82] 刘思华. 生态马克思主义经济学原理（修订版）. 北京：人民出版社，2014：49-53.

[83] 刘思华. 生态马克思主义经济学原理. 北京：人民出版社，2006.

[84] 刘思华. 生态文明与绿色低碳发展总论. 北京：中国财政经济出版社，2011.

[85] 刘旭涛. 建立生态环境损害责任终身追究制. 中国环境报，2014-02-10.

[86] 卢现祥. 草根创新、大众创新是经济新动力. 湖北日报，2015-02-09.

[87] 卢现祥. 投资、机制和体制：创新的核心命题. 中国科学社会报，2012-09-10.

[88] "绿色发展与科技创新"高层论坛. 人民网，2010-01-03，www.people.com.cn.

[89] 绿色投资. 中国环境报，2009-08-18（8）.

[90] 马海涛，陈晨. 进一步完善我国政府绿色采购制度的思考. 中国政府采购，2010（8）：74-77.

[91] 马克思、恩格斯. 马克思恩格斯全集（第 1 卷）. 中共中央马克思恩格斯列宁斯大林著作编译局，译. 北京：人民出版社，1995.

[92] 马克思、恩格斯. 马克思恩格斯全集（第 20 卷）. 中共中央马克思恩格斯列宁斯大林著作编译局，译. 北京：人民出版社，1971.

[93] 马克思、恩格斯. 马克思恩格斯全集（第 23 卷）. 中共中央马克思恩格斯列宁斯大林著作编译局，译. 北京：人民出版社，1972.

[94] 马克思、恩格斯. 马克思恩格斯全集（第 25 卷）. 中共中央马克思恩格斯列宁斯大林著作编译局，译. 北京：人民出版社，1974.

[95] 马克思、恩格斯. 马克思恩格斯全集（第 2 卷）. 中共中央马克思恩格斯列宁斯大林著作编译局，译. 北京：人民出版社，1995.

[96] 马克思、恩格斯. 马克思恩格斯全集（第 3 卷）. 中共中央马克思恩格斯列宁斯大林著作编译局，译. 北京：人民出版社，1995.

[97] 马克思、恩格斯. 马克思恩格斯全集（第 42 卷）. 中共中央马克思恩格斯列宁斯大林著作编译局，译. 北京：人民出版社，1979.

[98] 马克思、恩格斯. 马克思恩格斯全集（第 46 卷）（上）. 中共中央马克思恩格斯列宁斯大林著作编译局，译. 北京：人民出版社，1979.

[99] 马克思、恩格斯. 马克思恩格斯全集（第 4 卷）. 中共中央马克思恩格斯列宁斯大林著作编译局，译. 北京：人民出版社，1995.

[100] 孟宪来. 未来 5 年到 10 年我国矿产资源供需矛盾最突出. 网易财经，2010-12-30，http：//money.163.com/10/1230/11/6P58J5KP00252G50.html.

[101] 孟耀. 绿色投资问题研究. 大连：东北财经大学出版社，2008.
[102] 米哈依罗 •米萨诺维克，等. 人类处在转折点. 刘长毅，等译. 北京：中国和平出版社，1987.
[103] 内蒙古草原生态环境缘何严重恶化. 财新网，2011-08-30，http：//magazine.caixin.com/2011-08-30/100296318.html.
[104] 娜仁图雅. 论生态资源环境建设的“绿色”财政措施. 绿色经济，2005（4）：76.
[105] 潘岳. 和谐社会目标下的环境友好型社会. 资源与人居环境，2008（4）：60-61.
[106] 彭攀，丁丹. 略论绿色技术创新. 学术交流，2005（12）：100-103.
[107] 祁苑玲. 美丽云南生态立省. 云南经济日报，2012-11-30.
[108] 青海建立绿色财政奖励机制. 2012-11-21，http：//money.163.com/12/1121/19/8GRVHODR00014JB5.html.
[109] 人均财富最富五国高出最穷五国 1700 倍. 新浪财经，2013-11-14，http：//finance.sina.com.cn/money/ zcsh/20131114/091617320029.shtml.
[110] 全球可再生能源投入不足. 商务部网站，2015-05-23，http：//www.escn.com.cn/news/show-239973.html。
[111] 十八届三中全会. 中共中央关于全面深化改革若干重大问题的决定. 中国新闻网，2013-11-15，http：//www.chinanews.com/gn/2013/11-15/5509681.shtml.
[112] 石永波. 农业专家解读“绿色农业”建设模式. 农民日报，2013-03-22.
[113] 世界环境与发展委员会. 我们共同的未来. 王之佳，柯金良，等译. 长春：吉林人民出版社，1997 .
[114] 首届“世界绿色论坛”在香港举行. 中国网，2011-06-02，www.china.com.
[115] 宋刚，张楠. 创新 2.0：知识社会环境下的创新民主化. 中国软科学，2009（10）：61.
[116] 孙海燕，孙杨. 绿金时代. 北京：中信出版社，2010.
[117] 孙建国，吴克昌. 基于生态城理论的我国生态城市建设研究. 特区经济，2007（2）：132-133.
[118] 孙祁祥. 中国绿色发展风险与应对. 和讯保险网，2015-04-24，http：//insurance.hexun.com/2015-04-24/ 175282465.html.
[119] 汤姆 • 泰坦伯格. 环境与自然资源经济学（第 5 版）. 北京：经济科学出版社，2003.
[120] 陶良虎. 中国低碳经济——面向未来的绿色产业革命. 北京：研究出版社，2010.
[121] 田江海. 绿色经济与绿色投资. 北京：中国市场出版社，2010.
[122] 通过政府财政补贴等方式全面提速中国绿色建筑发展. 中国低碳网，2012-05-07，http：//www.jleeex.com/a/news/ industry/2012/0507/733.html.

[123] 投资绿色产业是大趋势. 成都商报（电子版），2011-04-22.

[124] 托马斯•弗里德曼. 世界又热又平又挤. 王玮沁，译. 长沙：湖南科学技术出版社，2009.

[125] 外媒. 劳动力成本上升 中国将不再是世界工厂. 参考消息网，2014-08-23，http：//finance.cankaoxiaoxi.com/2014/0823/471118.shtml.

[126] 万喆. 绿色如何引导经济转型. 光明日报，2012-04-20（11）.

[127] 姜晓晓. 让科技创新成为驱动发展的最强引擎——访省科技厅党组书记、副厅长王东风. 政策，2015（7）：52-55.

[128] 王钢，王欣. 信息产业对国民经济增长的作用分析. 情报科学，2010（10）：1550-1553.

[129] 王兰英，邵宇宾，杨帆. 论信息产业与可持续发展. 中国人口•资源与环境，2011（2）：86-90.

[130] 王林. 绿色投资是非洲发展大趋势. 中国能源报，2012-01-09.

[131] 王玲玲，张艳国. “绿色发展”内涵探微. 社会主义研究，2012（5）：144.

[132] 王如松. 生态县的科学内涵及其指标体系. 生态学报，1999（6）：182-183.

[133] 王书明，高晓红，等. 海南生态省建设研究综述. 海南师范大学学报（社会科学版），2012（1）：1-8.

[134] 王涛，等. 近 50 年中国北方沙漠化土地的时空变化. 地理学报，2004（9）:203-212.

[135] 温家宝. 让科技引领中国可持续发展. 人民网，2009-11-23，http：//cpc.people.com.cn/GB/64093/64094/10433095.html.

[136] 温家宝. 在政协第九届全国委员会常务委员会第六次会议上的报告. 1999-06-22.

[137] 国民经济和社会发展“十二五”规划纲要. 人民日报，2011-03-17.

[138] 吴顺江. 健全有利于促进生态文明建设的干部考核评价机制. 中国共产党新闻网，2010-08-05，http：//renshi.people.com.cn/GB/140563/12352824.html.

[139] 西安建筑向绿色迈进 买绿色建筑可享受财政补贴. 2012-08-02，http：//sn.ifeng.com/fangchanpindo/kuaibao/detail_2012_08/02/273335_0.shtml.

[140] 西藏森林蓄积量全国第一 将建 20 座木材检查站. 中国西藏新闻网，2014-03-21，http：//www. chinatibetnews.com/2014/0321/1327709.shtml.

[141] 习近平. 积极推动我国能源生产和消费革命. 新华网，2014-06-13，http：//news.xinhuanet.com/politics/2014-06/13/c_1111139161.htm.

[142] 习近平. 坚持节约资源和保护环境的基本国策 努力走向社会主义生态文明新时代. 人民网，2013-05-27.

[143] 习近平任浙江省委书记时在浙江生态省建设领导小组会议上的讲话. 人民日报，2005-04-15（10）.
[144] 习近平于 2015 年 3 月 6 日参加十二届全国人大三次会议和全国政协十二届三次会议，在江西代表团参加审议时的讲话.
[145] 习近平在 2014 年 6 月 13 日中央财经领导小组第六次会议上的讲话. 中国新闻网，2014-06-13，http：//www.chinanews.com/gn/2014/06-13/6279712.shtml.
[146] 习近平在海南考察时的讲话. 瞭望新闻周刊，2013-04-22.
[147] 《习近平在中国科学院第十七次院士大会、中国工程院第十二次院士大会上的讲话》，中央政府门户网，2014-06-09，http://www.gov.cn/xinwen/2014-06/09/content_2697437.htm.
[148] 夏光. 环保，必须突破利益的藩篱. 中国水业网，2015-06-26，http：//www.water8848.com/news/201506/26/32216.html.
[149] 夏光解读《中共中央关于全面深化改革若干重大问题的决定》：自然资源欠账多　官员不应提拔，人民网，2013-11-15，http：//politics.people.com.cn/n/2013/1115/c1001-23560058.html.
[150] 谢高地，等. 发展转型的生态经济化和经济生态化过程. 资源科学，2010（4）：783.
[151] 梁嘉琳. 40 家重污染行业上市公司进入“黑名单”. 经济参考报，2011-06-24.
[152] 中国石油对外依存度近 6%　全年净进口约 3.08 亿吨. 新华网，2015-01-29，http：//news.xinhuanet.com/energy/2015-01/29/c_127434780.htm.
[153] 新时期环境保护重要文献选编. 北京：中央文献出版社、中国环境科学出版社，2001.
[154] 许宪春. 绿色经济发展与绿色经济核算. 统计与信息论坛，2010（11）：20-23.
[155] 宣晓伟. 能源改革何以步履维艰. 中国能源网，2015-05-22，http：//news.emca.cn/n/20150522102458.html.
[156] 杨蓓，李霞. “绿色财政”初探. 四川财政，1998（6）：9-11.
[157] 杨德勇，等. 生态投融资问题研究. 北京：中国金融出版社，2004.
[158] 杨帆. 发展与安全：“绿色 GDP”统计势在必行. 开放导报，2003（6）：19-22.
[159] 杨光梅，等. 对我国生态系统服务研究局限性的思考及建议. 中国人口·资源与环境，2007，17（1）：85-91.
[160] 杨文进. 和谐生态经济发展. 北京：中国财政经济出版社，2011.
[161] 杨云彦，陈浩人. 人口、资源与环境经济学. 武汉：湖北长江出版社，2011.
[162] 殷兴山. 以绿色金融支持美丽中国建设. 金融时报，2013-06-04.
[163] 俞可平. 收入分配不公是导致社会不公重要根源. 东方早报，2012-11-19.

[164] 袁增伟，等. 传统产业生态化模式研究及应用. 中国人口·资源与环境，2004（2）：108-111.

[165] 张萌，张斌. 浅析世界可再生能源政策及发展. 国家能源网，2014-05-14，http：//www.nea.gov.cn/2014-05/14/c_133332280.htm.

[166] 张平. 中国经济朝着更高水平更好质量的发展迈进. 中国发展观察，2012（4）：9-11.

[167] 张晓丽. 关于我国生态城市建设的几个误区. 北方经济，2009（20）：5-6.

[168] 张永生. 中国为什么要走绿色发展道路. 中国发展观察，2012（8）：44-48.

[169] 赵玉海：解读国务院关于加快科技服务业发展的若干意见. 中国政府网，2014-11-18，http：//www.gov.cn/wenzheng/wz_zxft_ft59/.

[170] 郑杰，王成才. 生态立省是建设和谐青海的根本. 攀登，2008（12）：77-80.

[171] 中共中央关于制定国民经济和社会发展第十一个五年规划的建议//十六大以来重要文献选编（中）. 北京：中央文献出版社，2006.

[172] 中国国际发展和改革委员会. 中国应对气候变化国家方案. 2007-12-27，http：//www.ccchina.gov.cn/ Web_Site/CCChina/UpFile/File189.pdf.

[173] 中国环境保护局. 关于落实环境保护政策法规防范信贷风险的意见（环发[2007]108 号）. 2007-07-12.

[174]《中国将采取四项措施大力发展绿色经济、低碳经济》，网易科技网，http://tech.163.com/10/0228/15/ 60KAJ8D5000945NN.html.

[175] 从全国能源危机中感受中国的特高压. 北极星电力网新闻频道，2015-01-28，http：// news.bjx.com.cn/html/ 20150128/585712.shtml.

[176] 中国科学院可持续发展战略研究组. 2010 中国可持续发展战略报告. 北京：科学出版社，2010.

[177] 中国科学院可持续发展战略研究组. 2011 中国可持续发展战略报告. 北京：科学出版社，2011.

[178] 中国科学院可持续发展战略研究组. 2013 中国可持续发展战略报告. 北京：科学出版社，2013.

[179] 中国科学院可持续发展战略研究组. 2015 中国可持续发展报告——重塑生态环境治理体系. 北京：科学出版社，2015：22-24.

[180] 中国煤层气开发利用效率偏低. 中国煤炭资源网，2015-05-29，http：//www.sxcoal.com/coal/4148993/articlenew.html.

[181] 危机拉大贫富差距？金融危机后全球亿万富翁倍增. 中国社会科学网，2014-11-04，

http：//www.cssn.cn/hqxx/tt/201411/t20141104_1388876.shtml.

[182] 小米手机 2014 年销售 6 122 万台　销售额达 743 亿元. 中国网，2015-01-04，http：//tech.china.com.cn/news/20150104/162850.shtml.

[183] 中国外来生物入侵形势严峻　百余物种常年发生危害. 中国新闻网，2012-08-24，http：//www.chinanews.com/gn/2012/08-24/4131010.shtml.

[184] “中国制造”变“印尼制造”　折射中国劳动力成本上升. 中国经济网，2014-10-20，http：//cen. ce.cn/more/201410/20/t20141020_3737537.shtml.

[185] 周龙. 小康要全面　生态是关键. 光明日报，2015-04-30.

[186] 周生贤. 改革生态环境保护管理体制. 人民网，2014-02-10，http：//politics. people.com.cn/n/2014/0210/c70731-24312883.html.

[187] 朱镕基. 在中央人口资源环境工作座谈会上的讲话. 人民日报，2000-03-10.

[188] Hueting R. The New Scarcity and Economic Growth：More Welfare Through Less Production? Amsterdam：North Holland，1980.

[189] International Energy Agency. World Energy Outlook 2009. 2011：64.

后　记

本书是中国生态经济学会生态经济教育委员会会长、中南财经政法大学刘思华教授主持的“十二五”国家重点图书规划项目“绿色经济与绿色发展丛书”（45部）中的一部。本书从开标到中标以及整个写作过程，历时3年时间。在本书付梓之时，心中百感交集。在感叹科学研究艰辛的同时，更感谢刘思华教授的悉心指导。

自2008年国际金融危机以来，绿色经济与绿色发展迅速兴起，我们必须认识和把握绿色经济发展新时代价值与绿色使命。中国为什么要选择走绿色经济发展道路？我们在绿色经济发展的道路上已经走了多远？应该选择什么样的绿色经济发展模式？绿色经济发展模式对人类社会福祉有何影响？这些问题都是我们必须为之思考的。由于本人才疏学浅，不能很好地界定、回答和构建绿色经济发展模式，书中有关阐述及理论观点分析仅代表我个人观点，并且有些观点还值得商榷。不足之处，欢迎广大学者和读者批评指正！

但希望本书的资料和研究思路对致力于研究绿色经济发展的学者有所帮助。

本书在写作过程中参考和引用了相关研究领域的学者和专家们的研究成果，并以注释或参考文献的形式予以表明，在此表示衷心的感谢！

感谢刘忠超博士和刘青硕士，他们参与了部分章节的资料搜集工作，刘忠超博士参与了第6章的写作工作，在此对他们的辛勤付出表示感谢！在书稿的格式编排、目录中英文及整个书稿的校对中，汪成、杜林远、陈峥、李攀、陈芳、江月亭、黄耶、王如琦、邓丽娟、孙铭璐付出了辛勤的劳动，在此一并感谢！

感谢中国环境出版社的陈金华编审、宾银平编辑以及其他各位编辑，他们为本书的出版付出了辛勤的劳动！

高红贵

2015 年 3 月 26 日于水蓝郡